JO BOALER

DAS NEUE LERNEN

SECHS STRATEGIEN FÜR NACHHALTIGEN LERNERFOLG – UND WIE DU DOCH NOCH WIRST, WAS NIEMAND IN DIR SIEHT

Aus dem amerikanischen Englisch von
Jürgen Neubauer

HarperCollins

1. Auflage 2021

Deutsche Erstveröffentlichung

Titel der amerikanischen Originalausgabe:
Limitless Mind. Learn, Lead, and Live Without Barriers

erschienen bei: HarperOne,
an imprint of HarperCollins *Publishers*, New York

Published by arrangement with
HarperOne, an imprint of HarperCollins *Publishers*, US

Lektorat: Steffen Geier
Satz: GGP Media GmbH, Pößneck
Printed in Germany
ISBN 978-3-95967-396-9

www.harpercollins.de

Klimaneutral
Druckprodukt
ClimatePartner.com/15109-2009-1001

Dieses Buch wurde klimaneutral auf FSC®-zertifiziertem Papier gedruckt.

Dieses Buch widme ich allen,
die mir ihre Geschichte erzählt haben –
ohne sie hätte ich es nicht schreiben können.
Außerdem widme ich es meinen
wunderbaren Töchtern Jaime und Ariane.

INHALT

EINLEITUNG
DIE SECHS SCHLÜSSEL

An einem sonnigen Tag blieb ich auf dem Weg zum San-Diego-Museum stehen, um das Spiel der Sonnenstrahlen zwischen den Säulen zu bewundern. Vor einem Ärzteplenum sollte ich meine neuesten Erkenntnisse über das Lernen präsentieren, und als ich die Treppen zum Auditorium hinaufstieg, verspürte ich einen Anflug von Lampenfieber. Ich halte oft Vorträge vor Lehrern und Eltern, doch ich hatte keine Ahnung, wie dieses für mich ungewohnte Publikum meine Entdeckungen aufnehmen würde.

Meine Sorgen waren unbegründet. Die Ärzte reagierten genauso wie die Studierenden und Lehrenden, mit denen ich regelmäßig zusammenarbeite. Die meisten waren verblüfft, einige betroffen, und alle erkannten sofort, was diese Erkenntnisse für ihre Arbeit und ihren Alltag bedeuteten. Einige sahen auch sich selbst in ganz neuem Licht. Eine Ergotherapeutin, die sich als Sara vorstellte, kam nach dem Vortrag auf mich zu, um mir zu erzählen, wie sie vor Jahren ihr Mathematikstudium abgebrochen hatte, weil ihr der Stoff nicht mehr so leicht fiel wie früher und sie das Gefühl hatte, Mathematik sei vielleicht doch nicht das Richtige für sie. Durch eine falsche Wahrnehmung ihrer Fähigkeiten hatte sie sich selbst geschadet und ausgebremst. Wie die meisten Menschen war sie davon ausgegangen, dass ihr Potenzial begrenzt war.

Was aber, wenn das Gegenteil der Fall wäre? Wenn jeder von uns alles lernen könnte? Wenn wir unbegrenzt und unser ganzes Leben lang in der Lage wären, neues Wissen zu erwerben, uns in neue Richtungen zu entwickeln und neue Identitäten anzunehmen? Wenn wir jeden Morgen mit einem neuen Gehirn aufwachen würden? Mithilfe aktueller wissenschaftlicher Erkenntnisse werde ich in diesem Buch zeigen, dass unser Gehirn – und damit auch unser Leben – in höchstem Maße wandelbar ist. In diesem Wissen können wir unser Lernen und unser Leben in ganz neuem Licht sehen und schier Unglaubliches erreichen.

Fast täglich begegne ich Menschen – Männern und Frauen in jedem Alter, mit jedem Bildungshintergrund und aus jeder gesellschaftlichen Schicht –, die mit falschen Annahmen über sich selbst und ihre Lernfähigkeit durchs Leben gehen und sich damit selbst große Steine in den Weg legen. Sie erzählen mir, dass sie in der Schule Mathematik, Kunst, Englisch oder ein anderes Fach gemocht hätten; doch als sie einen bestimmten Punkt erreicht hatten, an dem es ihnen nicht mehr spielend leicht von der Hand ging, kamen sie zu dem Schluss, dass ihr Gehirn nicht dafür gemacht war, und gaben auf. Aber wer Mathematik aufgibt, gibt auch alle damit verwandten Studiengebiete auf – die Naturwissenschaften, Medizin und technische Disziplinen. Wer zu dem Schluss kommt, nicht schreiben zu können, verschließt sich sämtlichen geisteswissenschaftlichen Fächern. Und wer glaubt, kein künstlerisches Talent zu besitzen, verabschiedet sich von Malerei, Bildhauerei und anderen schönen Künsten.

Jedes Jahr werden Millionen Kinder eingeschult, die sich auf die vielen Dinge freuen, die sie lernen werden. Doch sie werden rasch desillusioniert, weil sie zu dem Schluss kommen, dass sie weniger »schlau« sind als die anderen. Erwachsene beschließen, ihre Träume zu den Akten zu legen, weil sie glauben, dass sie nicht gut genug sind oder dass sie nicht so »intelligent« sind wie andere. Jeden Tag betreten Tausende Arbeitnehmer Konferenzräume in der Angst, ihre Kollegen und Vorgesetzten könnten sie durchschauen und herausfinden, dass sie nicht genug wissen. Diese Annahmen schaden uns ganz real, sie schränken uns ein, doch sie existieren nur in unseren Köpfen und sind oftmals das Ergebnis falscher Botschaften anderer Menschen, der Schule oder der Universität. In meiner Laufbahn bin ich so vielen Menschen begegnet, die sich durch solche und andere falsche Selbstbilder beschränkt hatten, dass ich irgendwann ein Buch schreiben wollte, das mit diesen Mythen aufräumt, die uns täglich im Weg stehen. Es ist Zeit für einen anderen Umgang mit Leben und Lernen.

Viele Menschen hören von Eltern und Lehrern, dass sie kein »Mathematiktalent«, keine »Sprachbegabung« oder keinen »Kunstsinn« haben. Erwachsene meinen noch, dass sie jungen Menschen einen Gefallen tun, wenn sie ihnen sagen, dass ein bestimmtes Thema »nichts für sie« sei. Die einen machen diese Erfahrung als Kinder, andere an der Universität, wieder andere während des ersten Vorstellungsgesprächs. Einige Menschen sagen uns auf den Kopf zu, dass wir nicht das erforderliche Talent mitbringen, andere begegnen uns mit unausgesprochenen und tief in der Kultur verwurzelten Vorurteilen, warum wir etwas können oder nicht.

Die neuen Erkenntnisse der Lernforschung und die sechs Lernschlüssel, die ich in diesem Buch vorstelle, werden Ihnen eine ganz neue Sichtweise eröffnen und damit Ihr gesamtes Leben verändern. Sie werden nicht nur Ihre Wahrnehmung der Realität verändern, sondern auch Ihre Realität selbst. Denn wenn wir unsere wahren Möglichkeiten erkennen, dann schließen wir einen Teil von uns auf, zu dem wir lange keinen Zugang hatten, und befreien uns von einengenden Vorstellungen. Wir versetzen uns selbst in die Lage, die kleinen und großen Herausforderungen des Lebens zu meistern und das zu werden, was wir wirklich wollen. Die neuen Erkenntnisse der Lernforschung sind für uns alle relevant und eröffnen ganz neue Perspektiven für Lehrende und Lernende.

Als Professorin für Pädagogik an der Stanford University arbeite ich seit Jahren mit Hirnforschern zusammen und verarbeite ihre Erkenntnisse in meiner Bildungs- und Lernforschung. In meinen Kursen vermittle ich regelmäßig das Wissen, das Sie gebündelt in diesem Buch finden; ich lade die Kursteilnehmer ein, anders mit ihren verschiedenen Herausforderungen umzugehen, und stelle fest, dass sie damit ein ganz neues Selbstverständnis entwickeln. Im Mittelpunkt meiner Arbeit steht das Schulfach Mathematik, weil hier unter Lehrern, Schülern und Eltern die problematischsten Vorstellungen herrschen. Die Annahme, dass jemand ein bestimmtes Talent für Mathematik (und alle anderen Disziplinen) mitbekommen hat, ist der Grund, warum dieses Fach solche Ängste schürt. Entweder man hat es drauf oder eben nicht – das glauben viele Kinder. Und wenn Kinder mit schwierigen Aufgaben konfrontiert werden, dann kommen sie sehr schnell zu dem Schluss, dass sie es eben nicht draufhaben. Von da an erinnert sie jede knifflige Aufgabe an ihren vermeintlichen Mangel an mathematischer Begabung. In einer Befragung unter Auszubildenden gaben 48 Prozent an, Angst vor Mathematik zu haben,[1] und in einer anderen Befragung hatten 50 Prozent aller Teilnehmer eines Mathematikgrundkurses an der Universität Angst vor dem Fach.[2] Es ist schwer zu sagen, wie viele Menschen mit solchen falschen und abträglichen Vorstellungen durchs Leben gehen, doch aufgrund dieser Zahlen würde ich davon ausgehen, dass mindestens die Hälfte der Bevölkerung betroffen ist.

Wenn Menschen, die unter Mathematikangst leiden, mit Zahlen in Berührung kommen, dann wird das Angstzentrum ihres Gehirns aktiviert – dasselbe Angstzentrum, das aktiv wird, wenn wir Schlangen oder Spinnen sehen.[3] Wenn jedoch das Angstzentrum in Aktion tritt, dann wird die Aktivität in denjenigen Hirnregionen schwächer, die für die Problemlösung zuständig sind. Kein Wunder, dass so viele Menschen schlecht in

Mathematik sind: Sobald ihre Ängste geweckt werden, kommt ihr Gehirn ins Straucheln. Angst sabotiert unser Denken, egal durch welches Fach oder Thema sie geweckt wird. Daher ist es so wichtig, Lernenden eine andere Wahrnehmung ihrer Fähigkeiten zu vermitteln und in Familien und Lehreinrichtungen mit allem aufzuräumen, was solche Ängste weckt.

Wir kommen nicht mit angeborenen Fähigkeiten zur Welt, und wenn jemand auf einem Gebiet besondere Leistungen vollbringt, dann nicht, weil es ihm oder ihr in die Wiege gelegt wurde.[4] Die Vorstellung, dass unser Gehirn weitgehend unveränderlich ist und man bestimmte Dinge einfach »draufhat« oder nicht, ist wissenschaftlich falsch. Trotzdem ist dieser Mythos allgegenwärtig – mit verheerenden Auswirkungen auf unsere Bildung und viele andere Lebensbereiche. Wenn wir uns von der irrigen Vorstellung frei machen, dass wir mit einem unveränderlichen Gehirn herumlaufen und dass unser Lebensweg von unseren Genen vorgezeichnet ist, und wenn wir stattdessen lernen, dass unsere Gehirne unvorstellbar flexibel und lernfähig sind, dann kann das ungemein befreiend wirken. Jedes Mal, wenn wir etwas lernen, verändert sich unser Gehirn und organisiert sich neu. Das zeigen die Arbeiten einer neuen Sparte der Hirnforschung, die sich mit der Veränderbarkeit des Gehirns beschäftigt, der sogenannten Neuroplastizität.[5] Dazu gleich mehr im ersten Kapitel.

Wenn ich Erwachsenen – meist Pädagogen und Lehrern – erkläre, dass wir uns von der Vorstellung eines unveränderlichen Gehirns befreien und stattdessen klarmachen müssen, dass jeder von uns die Anlagen mitbringt, alles zu lernen, dann erzählen sie mir unweigerlich von ihren eigenen Lernerfahrungen. Dabei erkennen die allermeisten, wie man ihnen Grenzen vorgab und sie beim Lernen behinderte. Wir sind mit dem Irrglauben aufgewachsen, dass einige von uns intelligent sind und eine bestimmte Begabung mitbringen und andere eben nicht, und dieses Märchen prägt uns ein Leben lang.

Heute wissen wir, dass diese Vorstellung von Begabung und Intelligenz falsch ist. Bedauerlicherweise hält sie sich noch immer hartnäckig. Die gute Nachricht: Wenn wir sie aus dem Weg räumen, eröffnen sich schier grenzenlose Möglichkeiten. In diesem Buch verabschieden wir uns von diesen tief verwurzelten und gefährlichen Annahmen, mit denen wir uns selbst Grenzen setzen, und erleben, welche Chancen sich eröffnen, wenn wir an unser grenzenloses Potenzial glauben. Dieser neue Ansatz basiert auf den aktuellen Erkenntnissen der Hirnforschung und bewirkt einen ganz neuen Umgang mit dem Lernen und unserem Leben ganz allgemein.

Die Entdeckung der Neuroplastizität liegt nun schon einige Jahrzehnte zurück, und es ist inzwischen bestens belegt, dass das Gehirn von Kindern und Erwachsenen ständig weiterwächst und sich verändert.[6] Doch in den Schulen, Vorstandsetagen und Familien ist diese Erkenntnis bislang noch nicht angekommen. Und vor allem wurde sie nicht in dringend benötigte neue Lernkonzepte übersetzt, wie ich sie in diesem Buch vorstelle. Zum Glück haben einige Pioniere ihre Erkenntnisse über das Potenzial unseres Gehirns einer breiteren Öffentlichkeit zugänglich gemacht. Einer war der im Juni 2020 verstorbene schwedische Psychologe K. Anders Ericsson. Aber es war nicht einmal die Hirnforschung, die ihn auf das unglaubliche Potenzial unseres Gehirns stieß, sondern Experimente mit einem jungen Sportler, einem Querfeldeinläufer namens Steve.[7]

Ericsson wollte herausfinden, wie viele Ziffern einer willkürlichen Zahlenfolge ein Mensch auswendig lernen kann. Schon 1929 hatte man beobachtet, dass unser Gedächtnis trainierbar ist. Damals hatten Psychologen einer Versuchsperson beigebracht, sich 13 Ziffern in Folge zu merken, eine andere kam auf 15. Ericsson wollte herausfinden, wie weit sich dies steigern ließ. Seine Testperson war ein junger Student namens Steve von der Carnegie Mellon University. Zu Beginn des Experiments war Steve nicht besser als alle anderen und konnte sich Folgen von sieben, manchmal acht Ziffern merken. Nach vier Tagen des Gedächtnistrainings kam er immerhin auf knapp unter neun Ziffern.

Dann passierte jedoch etwas Bemerkenswertes. Als Ericsson schon annahm, dass Steve an seine Grenzen gestoßen war, gelang ihm ein Sprung, und er konnte sich zehn Ziffern merken. Er beschrieb dies als den Beginn der zwei erstaunlichsten Jahre seiner Laufbahn. Von da an verbesserte sich Steve immer weiter, bis er sich irgendwann eine Folge von 82 zufälligen Zahlen merken konnte. Diese erstaunliche Leistung hatte nichts mit Magie zu tun. Steve war vielmehr ein »durchschnittlicher« Student, der sein Lernpotenzial entfaltet und eine seltene und beeindruckende Leistung zustande gebracht hatte.

Einige Jahre später führte Ericsson dasselbe Experiment mit einer Studentin namens Renee durch. Wie Steve verbesserte Renee ihr Gedächtnis weit über die Kapazität eines ungeübten Menschen hinaus und kam bald auf eine Folge von 20 Ziffern. An diesem Punkt blieb sie allerdings stecken, und nach 50 weiteren Übungsstunden gab sie auf. Das stellte Ericsson vor ein neues Rätsel: Warum war Steve so viel weiter gekommen als Renee?

Ericsson sah den Unterschied in einer Technik, die er als »gezieltes Üben« bezeichnete. Ihm wurde klar, dass Steve mit seiner Sportbegeisterung besonders konkurrenzorientiert und motivierbar war. Wenn er an eine vermeintliche Grenze stieß, entwickelte er neue Strategien, um sich weiter zu verbessern. Als er zum Beispiel bei 24 Ziffern eine Grenze erreicht zu haben schien, entwickelte er eine neue Methode, indem er die Ziffern zu Vierergruppen bündelte. Immer wieder dachte er sich etwas Neues aus.

Dieser Ansatz zeigt etwas Entscheidendes: Wenn Sie an eine Grenze stoßen, ist es sinnvoll, eine neue Herangehensweise zu entwickeln und die Aufgabe aus einer anderen Perspektive zu betrachten. Das klingt logisch, doch wir schaffen es oft nicht, uns eine neue Denkweise zuzulegen, wenn wir auf Widerstand stoßen. Stattdessen kommen wir zu dem Schluss, dass das Hindernis unüberwindlich sein muss. Ericsson hat die menschliche Leistungsfähigkeit auf vielen Gebieten erforscht und kommt zu einem ganz einfachen Schluss: »Egal auf welchem Gebiet, es gibt erstaunlich selten feste Obergrenzen für unser Leistungsvermögen. Vielmehr habe ich beobachtet, dass viele Menschen einfach aufgeben und keine weiteren Anstrengungen unternehmen, um sich zu verbessern.«[8]

Vielleicht sind Sie skeptisch und sehen in Steves Gedächtnisleistung einfach den Beweis für sein außergewöhnliches Talent. Doch Ericsson konnte das Experiment mit einem weiteren Läufer namens Dario wiederholen. Der neue Kandidat wurde sogar noch besser als Steve und konnte sich schließlich Folgen von mehr als 100 Ziffern merken. Wenn Wissenschaftler die außergewöhnliche Leistungen scheinbar normaler Menschen untersuchen, stellen sie fest, dass diese Menschen keine besonderen Gene mitbringen, sondern einfach nur viel Zeit und Energie in das Lernen investieren. Die Annahme, dass Fähigkeiten eine Frage der Veranlagung sind, ist nicht nur falsch, sondern sie ist auch gefährlich. Trotzdem baut unser Schulwesen auf der Vorstellung des angeborenen Talents auf und hindert Schüler auf diese Weise daran, Außergewöhnliches zu erreichen.

Die sechs Lernschlüssel, die ich Ihnen in diesem Buch vorstelle, geben Ihnen die Möglichkeit an die Hand, auf jedem beliebigen Gebiet große Leistungen zu erzielen und sich ganz neue Lebensperspektiven zu eröffnen. Sie entfalten ein Potenzial, zu dem Sie bislang keinen Zugang hatten. Bevor ich selbst den in diesem Buch beschriebenen Weg gegangen bin, war ich der Ansicht, dass die neuen Erkenntnisse zu unserer grenzenlosen Lernfähigkeit Pädagogen motivieren würden, ihre Arbeit in der Schule zu verändern. Doch die Gespräche, die ich im Rahmen meiner Recherchen zu diesem Buch geführt habe, zeigen mir, dass die Auswirkungen noch viel weitergehen.

Eine Frau, die viel dazu beigetragen hat, unser Potenzial in neuem Licht zu sehen, ist meine Kollegin Carol Dweck, die ebenfalls in Stanford unterrichtet. In ihren Untersuchungen hat Dweck gezeigt, dass unsere innere Einstellung gegenüber unseren Talenten und Fähigkeiten große Auswirkungen auf unser Potenzial hat.[9] Sie unterscheidet zwischen zwei Gruppen von Menschen: Die einen bringen ein »dynamisches Selbstbild« mit und glauben zu Recht, dass sie alles lernen können. Die anderen haben ein »statisches Selbstbild« und sind überzeugt, dass ihre Intelligenz mehr oder minder vorgegeben und unveränderlich ist; sie können zwar in gewissem Umfang Wissen erwerben, doch an ihrer Intelligenz ändert dies nichts. In jahrzehntelanger Forschung konnte Dweck zeigen, dass diese beiden Selbstbilder großen Einfluss darauf haben, was wir lernen und wie wir leben.

Eine ihrer Untersuchung führte Dweck in einen Mathematikkurs an der Columbia University.[10] Auch dort waren diese Vorurteile quicklebendig: Jungen Frauen vermittelte man direkt oder indirekt die Botschaft, dass sie in der Mathematik nichts verloren hatten. Interessanterweise zeigte diese Botschaft allerdings nur dann Wirkung, wenn die Betroffenen ein starres Selbstbild mitbrachten. Wenn man diesen Studentinnen signalisierte, dass Mathematik Männersache sei, brachen sie den Kurs ab. Studentinnen mit einem dynamischen Selbstbild waren dagegen überzeugt, dass sie alles lernen konnten; sie waren in der Lage, dem Vorurteil zu trotzen und den Kurs abzuschließen.

In diesem Buch erfahren Sie, wie wichtig eine positive Selbstwahrnehmung ist und wie Sie diese entwickeln können. Sie erfahren auch, wie wichtig es ist, sich selbst und anderen positive Botschaften zu vermitteln, egal ob als Lehrende, Eltern, Freund oder im Management.

Eine sozialpsychologische Studie demonstrierte auf eindrucksvolle Weise, wie stark positive Botschaften von Lehrern wirken.[11] Sie untersuchte Schüler der Oberstufe, die einen Aufsatz schreiben sollten. Alle erhielten konstruktive Rückmeldung von ihren Lehrern, doch die Hälfte der Schüler erhielt am Ende der Bewertung einen zusätzlichen Satz. Diejenigen, die diese zusätzliche Anmerkung erhalten hatten – vor allem Angehörige von Minderheiten –, erzielten im weiteren Verlauf des Schuljahres deutlich bessere Leistungen und erreichten insgesamt einen besseren Notendurchschnitt. Was hatten die Lehrerinnen und Lehrer in ihrer Bewertung geschrieben, das einen derartigen Eindruck machte? Ganz einfach: »Diese Rückmeldung gebe ich dir, weil ich an dich glaube.«

Ich erzähle Lehrern von dieser Untersuchung, um ihnen zu zeigen, welches Gewicht ihre Worte und Botschaften haben, und nicht etwa, damit sie jede Bewertung mit diesem Satz schließen. In einem meiner Workshops meldete sich eine Lehrerin zu Wort und fragte zur allgemeinen Erheiterung: »Würden Sie mir raten, mir einen Stempel mit dieser Botschaft anzuschaffen?«

Die aktuelle Hirnforschung unterstreicht die Bedeutung der Selbstwahrnehmung und den Einfluss, den Lehrende und Eltern auf sie haben. Trotzdem faseln die Medien täglich von Genie und Begabung.

Kinder – selbst Dreijährige – entwickeln ein destruktives statisches Selbstbild, weil sie immer wieder scheinbar unschuldigen Wörtchen wie diese hören: »klug«, »schlau« oder »intelligent«. Im Glauben, dass sie damit das Selbstbewusstsein ihrer Kinder stärken, loben Eltern sie und sagen ihnen, wie klug sie doch sind. Doch wenn wir Kinder für ihre Klugheit loben, dann denken sie: »Toll, ich bin intelligent!«; und wenn ihnen später etwas schwerfällt oder sie gar scheitern, wie es uns allen hin und wieder passiert, dann denken sie: »Ich bin ja doch nicht intelligent.« Das heißt, sie messen sich fortwährend an dieser statischen Vorstellung der Intelligenz. Es ist gut und richtig, Kinder zu loben, aber achten Sie darauf, sie für etwas zu loben, was sie *getan* haben und nicht für eine Eigenschaft. Hier einige Alternativen in Situationen, in denen Sie sonst vielleicht Wörter wie »klug« oder »schlau« verwendet hätten:

Statisches Lob	Dynamisches Lob
»Du kannst Bruchrechnen? Toll, du bist ein schlaues Kind!«	»Du kannst Bruchrechnen? Toll, dass du das gelernt hast!«
»Du hast diese schwierige Aufgabe gelöst? Du bist ja so intelligent!«	»Mir gefällt deine Antwort – das hast du sehr kreativ gelöst!«
»Du hast einen Abschluss in Physik? Du bist ein Genie!«	»Du hast einen Abschluss in Physik? Da musst du aber hart gearbeitet haben!«

An der Stanford University unterrichte ich einen Kurs mit dem Titel »Wie man Mathematik lernt«. Meine Studenten gehören sicher zu den besten des Landes, doch auch sie sind anfällig für destruktive Selbstbilder. Die meisten von ihnen haben im Laufe der Jahre immer wieder gehört, wie schlau sie sind, doch diese scheinbar positive Rückmeldung – »du bist intelligent« – ist keineswegs gut für sie. Wer sich für intelligent hält und plötzlich mit einer schweren Aufgabe konfrontiert wird, für den ist es eine vernichtende Erfahrung, dass ihm etwas nicht leicht von der Hand geht. Er muss nun glauben, dass er doch nicht intelligent ist, und läuft Gefahr, das Handtuch zu werfen.

Welche Erfahrungen auch immer Sie persönlich mit dem Mythos des statischen Gehirns gemacht haben, Sie werden nach der Lektüre dieses Buchs besser verstehen, wie Sie Ihr Potenzial und das anderer Menschen entfalten können. Wenn ich Sie davon überzeugen möchte, dass Ihre Lernfähigkeit grenzenlos ist, geht es nicht nur um eine Einstellung zum Erwerb von Wissen. Es geht um Ihr ganzes Wesen, Ihre Essenz, Ihre Identität. Wie diese neue Sichtweise wirkt, bemerken Sie vor allem dann, wenn Sie auf Schwierigkeiten stoßen oder Rückschläge erleben. Wenn Sie Ihr Potenzial entfaltet haben, werden Sie solche Momente als Lernchance begreifen, sie meistern und dabei wertvolle neue Erkenntnisse gewinnen.

George Adair lebte nach dem Amerikanischen Bürgerkrieg in Atlanta. Er hatte als Zeitungsverleger und Baumwollspekulant angefangen und sollte nun im Baugeschäft aufsteigen. Seinen Erfolg verdankte er einer wichtigen Erkenntnis, die seither zu einer Art geflügeltem Wort geworden ist: »Was Sie suchen, liegt jenseits der Angst.« Lassen Sie uns nun darüber nachdenken, wie wir unsere Angst hinter uns lassen und unser Potenzial entfalten können, um das zu werden, was wir sein wollen.

KAPITEL 1

DIE REVOLUTION DER NEUROPLASTIZITÄT

Mit den sechs Lernschlüsseln, die ich Ihnen in diesem Buch an die Hand gebe, können Sie unterschiedliche Potenziale erschließen. Der erste Schlüssel ist der wichtigste, auch wenn er oft vergessen wird. Er kommt aus der Neurologie, insbesondere der Erforschung der Plastizität unseres Gehirns. Vielleicht haben Sie das eine oder andere schon gehört, doch interessanterweise basieren die Lehrmethoden in Schulen und Universitäten noch immer auf der Vorstellung des statischen Gehirns. Die Folge ist, dass viele Menschen weit hinter ihren Möglichkeiten zurückbleiben.

LERNSCHLÜSSEL 1

Immer wenn wir etwas Neues lernen, werden in unserem Gehirn neuronale Verbindungen geknüpft oder gestärkt. Anstelle der Vorstellung einer statischen Lernkapazität muss die Erkenntnis treten, dass jedes Gehirn veränderbar ist und wachsen kann.

In einer Gegend, die auch als die »Toscana Kaliforniens« bezeichnet wird, lebt Michael Merzenich, einer der führenden

Hirnforscher der Welt. Durch Zufall stolperte Merzenich über eine der wichtigsten Entdeckungen der Gegenwart.[1] In den Siebzigerjahren arbeitete er an der Kartierung der Gehirne von Affen. Mithilfe neuester Geräte erstellte er sogenannte »mind maps«, Karten des Gehirns in Aktion. Er hatte die Hoffnung, mit seiner Arbeit ein paar Wellen in der wissenschaftlichen Zunft zu machen, doch seine Entdeckungen lösten einen Tsunami aus.[2]

Merzenich kartierte einige Affenhirne, dann legte er die Karten beiseite und wandte sich anderen Arbeiten zu. Als er die Karten wieder zur Hand nahm, stellte er fest, dass sich die Affenhirne auf neuronaler Ebene verändert hatten. »Diese Entdeckung war ganz erstaunlich«, schrieb Merzenich. »Ich war völlig verblüfft.«[3] Schließlich zog er den einzig möglichen Schluss: Die Gehirne der Affen veränderten sich, und zwar schnell. Damit hatte er die Neuroplastizität entdeckt.

Als Merzenich seine Erkenntnisse veröffentlichte, widersprachen viele seiner Kollegen. Die Entdeckung widersprach allem, was sie als erwiesen ansahen. Einige Wissenschaftler waren überzeugt, dass das Gehirn von Geburt an unveränderlich war, und andere, dass es sich mit dem Eintritt ins Erwachsenenalter nicht mehr veränderte. Sie konnten nicht akzeptieren, dass sich auch erwachsene Gehirne noch veränderten. Doch inzwischen haben selbst die vehementesten Kritiker der Neuroplastizität eingeräumt, dass Merzenich recht hatte.

Unsere Schulen, Universitäten, Unternehmen und unsere gesamte Kultur basieren allerdings auf einer ganz anderen Vorstellung: Die einen haben es drauf, die anderen nicht. Aus dieser Sicht liegt es nahe, Kinder in verschiedene Gruppen einzuteilen und diese unterschiedlich zu unterrichten. Wenn Schüler oder Mitarbeiter unterschiedliche Leistungen bringen, dann liegt das nach dieser Logik nicht an den Lehrmethoden und Umweltfaktoren, sondern an der begrenzten Kapazität ihrer Gehirne. Doch nach jahrzehntelanger Forschung über die Plastizität des

Gehirns ist es an der Zeit, mit diesem destruktiven Mythos aufzuräumen.

Angestoßen durch die Erkenntnisse über die Neuroplastizität bei Tieren untersuchten Wissenschaftler, inwieweit sich auch das menschliche Gehirn verändern kann. Eine der faszinierendsten Untersuchungen wurde in London durchgeführt, wo ich seinerzeit lehrte und forschte. London ist eine pulsierende Metropole mit Abermillionen Einwohnern, Pendlern und Touristen. Bei einem Besuch in der Stadt sehen Sie überall die legendären schwarzen Taxis. Die Fahrer müssen höchsten Anforderungen genügen: Wenn Fahrgäste in ein Taxi steigen und dem Fahrer eine Straße nennen, dann muss dieser wissen, wie er dort hinzukommen hat, ansonsten muss er mit einer Beschwerde bei der Taxiaufsicht rechnen.

Das gesamte Straßennetz von London zu kennen ist keine kleine Aufgabe, und die Fahrer müssen viel Zeit und Arbeit investieren, um es auswendig zu lernen. Viele büffeln vier Jahre lang, um die Taxiprüfung zu bestehen. Mein letzter Fahrer sagte mir, er habe ganze sieben Jahre dazu gebraucht. So viel Zeit ist nötig, um in einem Radius von zehn Kilometern um den Bahnhof von Charing Cross herum 25 000 Straßen und sämtliche Verbindungen zwischen ihnen auswendig zu lernen. Blindes Auswendiglernen reicht dazu nicht – die Kandidaten müssen die Straßen abfahren und die Auffälligkeiten und Verbindungen selbst erleben, um sie sich merken zu können. Zum Abschluss müssen sie sich einem Test unterziehen, der einfach nur »The Knowledge« heißt – »das Wissen«. Im Durchschnitt machen die Teilnehmer den Test zwölfmal, ehe sie ihn bestehen.

Diese breite und gleichzeitig hochspezialisierte Ausbildung der Taxifahrer weckte das Interesse von Hirnforschern, die die Gehirne der Fahrer vor und nach der Ausbildung untersuchen wollten. Dabei stellten sie fest, dass das intensive räumliche Lernen den Hippocampus der Taxifahrer messbar vergrößerte.[4] Diese Erkenntnis war in vielerlei Hinsicht faszinierend: Erstens wurde gezeigt, dass sich das Gehirn von Erwachsenen deutlich veränderte und vergrößerte. Zweitens ist die untersuchte Hirnregion – der Hippocampus – an ganz unterschiedlichen Formen des räumlichen und mathematischen Denkens beteiligt. Außerdem beobachteten die Wissenschaftler, dass sich der Hippocampus nach der Pensionierung der Fahrer wieder verkleinerte – nicht infolge eines Alterungsprozesses, sondern weil er weniger in Anspruch genommen wurde.[5] Der Grad der Plastizität des Gehirns und das Ausmaß der Veränderungen erstaunte die Wissenschaftsgemeinde. Wenn die Erwachsenen lernten, entstanden im Gehirn neue Synapsenverbindungen, und wenn diese nicht mehr gebraucht wurden, verschwanden sie wieder.

Diese Entdeckungen wurden Anfang des 21. Jahrhunderts gemacht. Etwa zur selben Zeit drang die Erkenntnis der Neuroplastizität auch in die Medizin vor. Ein neunjähriges Mädchen namens Cameron Mott litt unter einer seltenen Krankheit, die mit lebensbedrohlichen Anfällen einherging. Die Ärzte entschlossen sich zu einem drastischen Eingriff und entfernten ihr die gesamte rechte Gehirnhälfte. Sie gingen davon aus, dass Cameron Jahre oder vielleicht sogar ein Leben lang gelähmt sein würde, da das Gehirn den Bewegungsapparat kontrolliert. Doch nach der Operation beobachteten sie, dass sich das Mädchen unerwartet zu bewegen begann. Das ließ nur eine Schlussfolgerung zu: In der linken Hirnhälfte entstanden neue Verbindungen, welche die Aufgaben der rechten Gehirnhälfte übernahmen,[6] und zwar deutlich schneller, als die Ärzte erwartet hatten.

Seither wurde diese Operation auch bei anderen Kindern durchgeführt. Christina Santhouse war acht Jahre alt, als ihr eine Hirnhälfte entfernt wurde. Christina schloss die Schule als eine der Besten ihres Jahrgangs ab, danach studierte sie, und heute ist sie Sprecherzieherin.

Erkenntnisse aus der Hirnforschung und der Medizin lassen keinen Zweifel mehr daran, dass sich unser Gehirn in einem ständigen Wachstums- und Veränderungsprozess befindet. Das Gehirn, mit dem wir morgens aufwachen, ist nicht mehr dasselbe wie das, mit dem wir am Abend zuvor eingeschlafen sind. In den folgenden Kapiteln werden Sie erfahren, wie Sie das Wachstum Ihrer neuronalen Verbindungen Ihr gesamtes Leben lang nutzen können.

Vor einigen Jahren luden wir 83 Schülerinnen und Schüler der Mittelstufe zu einem 18-tägigen Mathematikworkshop an die Stanford University ein. Es waren normale Kinder mit den üblichen Leistungen und Einstellungen. Bei Einzelgesprächen am ersten Tag gaben sie durch die Bank an, kein Talent für Mathematik zu haben. Auf Nachfragen verwiesen alle auf den Mathecrack in ihrer Klasse – in der Regel meinten sie damit diejenigen, die eine Aufgabe am schnellsten lösten.

Unser Mathematikworkshop wollte die Vorstellungen der Kinder korrigieren. Alle hatten zuvor am üblichen Mathematiktest ihres Schulbezirks teilgenommen, und zum Abschluss des Workshops legten wir ihnen denselben Test noch einmal vor. Die Teilnehmer hatten sich im Durchschnitt um 50 Prozent verbessert, was der Leistung von 2,8 Schuljahren entspricht. Diese unglaublichen Ergebnisse waren ein weiterer Beleg für das Lernpotenzial, das unser Gehirn hat, wenn es die richtige Botschaft erhält und mit den richtigen Methoden unterrichtet wird.

Um die negative Selbstwahrnehmung der Schüler zu überwinden, zeigten wir ihnen unter anderem Bilder von Camerons Gehirn, das nur noch aus einer Hälfte bestand, und schilderten ihnen die Operation. Wir beschrieben ihre Genesung und das Staunen der Ärzte über das Wachstum der verbliebenen Gehirnhälfte. Für die Teilnehmerinnen und Teilnehmer unseres Workshops war Camerons Geschichte ein Ansporn. In den folgenden Wochen hörten wir immer wieder, wie die Kinder einander sagten: »Wenn das Mädchen das mit einem halben Hirn schafft, dann schaffe ich das auch!«

Viele Menschen glauben, dass ihr Gehirn nicht für Mathematik, Naturwissenschaften, Kunst, Sprachen oder was auch immer geschaffen ist. Wenn wir Schwierigkeiten mit einem Schulfach oder Thema haben, dann kommen wir zu dem Schluss, dass unser Gehirn einfach nicht dafür gemacht ist. Aber niemand kommt mit einem Gehirn zur Welt, das für ein bestimmtes Thema nötig ist. Wir alle müssen die dazu erforderlichen neuronalen Verbindungen erst allmählich entwickeln.

Wenn wir etwas Neues lernen, dann wächst unser Gehirn auf dreierlei Weise. Erstens kann ein neuer neuronaler Schaltkreis entstehen; dieser ist zunächst nicht sonderlich stark, aber je intensiver wir uns mit der fraglichen Sache beschäftigen, desto kräftiger wird er. Zweitens kann ein bereits bestehender Schaltkreis verstärkt und ausgebaut werden. Und drittens kann eine Verbindung zwischen zwei bislang nicht verbundenen Schaltkreisen hergestellt werden.

Auf diese drei Weisen wächst unser Gehirn beim Lernen, und dank der Prozesse, die Schaltkreise entstehen lassen und kräftigen, wird unser Einsatz in Mathematik, Geschichte, Naturwissenschaften, Kunst, Musik und jedem anderen beliebigen Gebiet von Erfolg gekrönt. Wir kommen nicht mit diesen Pfaden zur Welt – sie entstehen erst beim Lernen. Und je mehr Einsatz wir zeigen, desto stärker werden sie. Mehr noch: Unser Gehirn verändert sich mit allem, was wir tun, und die Schaltkreise werden optimiert, um die anstehenden Aufgaben besser zu lösen.[7]

Das Märchen vom statischen Gehirn

Diese Erkenntnis kann das Leben von Millionen Kindern und Erwachsenen verändern, die überzeugt sind, dass sie dies oder jenes niemals lernen werden. Aber sie hilft auch Lehrern und Managern, die Menschen für Versager halten, weil sie Schwierigkeiten mit einer bestimmten Aufgabe haben oder daran scheitern. Viele von uns glauben, dass sie auf einem bestimmten Gebiet unfähig sind, und viele haben es von ihren Lehrern gehört. Die Lehrer sagen das nicht, weil sie grausam sind, im Gegenteil: Viele halten es für ihre Aufgabe, Schüler darauf hinzuweisen, worauf sie sich konzentrieren sollten und wovon sie besser die Finger lassen.

Andere wollen mit dieser Botschaft trösten. »Mach dir nichts draus, dass Mathematik nicht dein Ding ist« – gerade Mädchen hören diesen traurigen Spruch immer wieder. Andere Schüler erhalten diese Botschaft indirekt durch unzureichende oder veraltete Lehrmethoden, etwa die Aufteilung von Schülern in Leistungsgruppen oder die Betonung der Geschwindigkeit. Aber egal woher die Botschaft stammt – vielen von uns wurde eingeimpft, dass wir dies und jenes nicht lernen können. Doch mit dieser schrecklichen Idee im Kopf verändern sich unsere Lern- und Denkprozesse.

Jennifer Brich leitet das Mathematiklabor der California State University in San Marcos und unterrichtet selbst Mathematik. Als eine der wenigen Lehrkräfte an Universitäten tut sie alles, um die falschen Vorstellungen zu korrigieren, die ihre Studenten von Mathematik und ihrem eigenen Gehirn mitbringen. Auch Brich war früher der Ansicht, »dass man eben mit bestimmten Begabungen zur Welt kommt und dass sich daran auch nichts ändert«. Dann beschäftigte sie sich mit der Forschung zur Neuroplastizität. Heute gibt sie diese Erkenntnisse an ihre Studenten weiter und vermittelt sie an die Lehrkräfte ihres Labors. Das ist nicht einfach, und sie stößt immer wieder auf Kritik von Leuten, die hartnäckig daran glauben, dass manche Menschen mit einem Talent für Mathematik zur Welt kommen und andere eben nicht.

Brich berichtete mir, wie sie eines Tages in ihrem Büro saß und ihre E-Mails durchging, als sie plötzlich aus dem Nachbarbüro ein lautes Schluchzen vernahm. Sie horchte auf und hörte, wie der Professor sagte: »Das ist doch nicht so schlimm. Sie sind nun mal eine Frau. Frauen haben ein anderes Gehirn als Männer. Es ist in Ordnung, wenn Sie das nicht gleich verstehen, und es ist auch in Ordnung, wenn Sie es überhaupt nicht verstehen.«

Brich war entsetzt. Sie nahm ihren Mut zusammen und klopfte an die Tür des Kollegen. Dann streckte sie den Kopf zur Tür herein und fragte, ob sie kurz mit ihm sprechen könne. Sie sprach mit ihm über die falschen Botschaften, die er vermittelte, woraufhin er sich derart aufregte, dass er sie bei der Direktion anschwärzte. Das Institut wurde zum Glück von einer Frau geleitet, die wusste, dass die Botschaft falsch war, und Brich unterstützte.

Brich hat den Kampf gegen die Talentlüge aufgenommen, und sie ist nicht die Einzige. Sie berichtete mir von ihrer eigenen Erfahrung als Studentin:

> *Ich war im ersten Jahr meines Magisterstudiums und hatte gerade mit der Planung meiner Abschlussarbeit begonnen. Es lief gut, ich habe fleißig gebüffelt und gute Noten bekommen. Ein Topologiekurs war eine echte Herausforderung für mich, aber ich habe mich reingehängt und in der Prüfung gut abgeschnitten. Ich war stolz. Wir bekamen die Ergebnisse, und ich hatte 98 von 100 Punkten. Ich habe mich riesig gefreut. Dann habe ich ans Ende der Prüfung geblättert und eine Bemerkung des Professors entdeckt. Er wollte mich gern sprechen. Ich dachte, na ja, vielleicht freut er sich ja auch. Ich war richtig froh und stolz.*
>
> *Aber als ich dann in sein Büro kam, hat er mir erklärt, dass ich nicht das Zeug für Mathematik hätte. Er wollte wissen, ob ich*

auswendig gelernt oder vielleicht geschummelt hätte, weil ich in der Prüfung so gut abgeschnitten hatte. Er hat mir mehr oder weniger gesagt, dass ich keine Mathematikerin bin, dass ich in der Mathematik keine Zukunft hätte, und dass ich mich nach anderen Optionen umsehen sollte.

Ich habe ihm gesagt, dass ich im Sommer meine Abschlussarbeit anfangen würde und was mein Durchschnitt war. Also hat er meine Akte aufgerufen und sich die Noten angesehen. Dabei hat er immer wieder Fragen gestellt und mir unterstellt, dass ich diese Noten nicht selbst erarbeitet hätte. Das hat mich total fertiggemacht, denn ich hatte Respekt vor dem Mann, das war jemand, den ich für intelligent gehalten hatte, er hatte einen guten Ruf in der Fakultät. Meine männlichen Kommilitonen waren begeistert von ihm. Nach dem Gespräch habe ich mich in mein Auto gesetzt und geheult. Ich habe mir die Augen aus dem Kopf geflennt.

Danach habe ich meine Mutter angerufen, die ist Lehrerin. Als ich ihr von dem Gespräch erzählt habe, ist sie sauer geworden. Sie hat mir gesagt, ich soll mal genau nachdenken und mich an Leute erinnern, die gut in Mathematik sind, und mich fragen, wie sie dahin gekommen sind. Sie hat mich veranlasst, mir Gedanken zu machen. Ich glaube, sie hat die Saat gelegt und mir geholfen zu verstehen, was ein dynamisches Selbstbild ist. Danach hat sich dann zum Glück mein Trotz gemeldet und mein Wille, und das hat mich motiviert, in diesem Kurs und im ganzen Studium noch mehr zu geben. Und bei der Abschlussfeier habe ich den Professor ganz besonders breit angegrinst.

In Brichs Geschichte begegnen wir einem Professor, der eine gewisse Verantwortung für das Leben seiner Studenten trägt und der überzeugt ist, dass Mathematik ausgewählten Menschen vorbehalten ist. Und bedauerlicherweise ist er nicht der Einzige, der so denkt. In westlichen Gesellschaften ist die Vorstellung tief verwurzelt, dass in jedem beliebigen Bereich nur manche Menschen das Talent mitbringen, um wirklich gut zu sein. Das hat man uns eingeimpft. Aber sobald wir glauben, dass Höchstleistungen nur einigen Auserwählten vorbehalten sind, betrifft dies unser ganzes Leben, und wir entscheiden uns gegen Wege, auf denen wir möglicherweise sehr weit gekommen wären. Die Überzeugung, dass nur einige wenige Menschen ein bestimmtes Talent haben, ist heimtückisch und hindert uns daran, unser Potenzial zu erschließen.

Wer anderen die Vorstellung vermittelt, dass sie nicht das Gehirn für ein bestimmtes Wissensgebiet haben, der kennt die wissenschaftlichen Tatsachen entweder nicht, oder er will sie nicht zur Kenntnis nehmen. Bedauerlicherweise unterrichten diese Menschen oftmals MINT-Fächer (Mathematik, Informatik, Naturwissenschaft und Technik), worauf ich später noch eingehen werde. Diese Menschen klammern sich geradezu an den Mythos vom statischen Gehirn, und es ist kein Wunder, dass so viele an dieser Vorstellung festhalten. Die Neuroplastizität wurde erst in den vergangenen beiden Jahrzehnten einer breiteren Öffentlichkeit bekannt; davor war alle Welt überzeugt, dass wir mit einem fest vorgegebenen Gehirn zur Welt kommen, das sich nicht mehr verändert. Viele der Lehrenden, die diesen Mythos glauben, haben keine Ahnung von der Forschungslage. Das Bonussystem der Universitäten honoriert die Veröffentlichung von Fachartikeln, aber nicht von allgemeinen Sachbüchern (wie dem, das Sie in der Hand halten), die aktuelle wissenschaftliche Erkenntnisse einer breiten Öffentlichkeit zugänglich machen. Wichtige Erkenntnisse bleiben in Fachzeitschriften und erreichen die Menschen nicht, die sie angehen – in diesem Fall Pädagogen, Manager und Eltern.

Neue Wahrnehmungen, neue Gehirne

Dieses Defizit veranlasste Cathy Williams und mich zur Gründung von youcubed. Dieses Zentrum in Stanford mit der dazugehörigen Internetseite (youcubed.org) dient dazu, die Ergebnisse der Lernforschung an die Menschen weiterzugeben, die sie angehen, allen voran Lehrende und Eltern. Wir leben in einem neuen Zeitalter, viele Hirnforscher und Mediziner schreiben Bücher und stellen Vorträge ins Internet, um Informationen zugänglicher zu machen. Norman Doidge ist einer der Autoren, die viel zur Veränderung von Wahrnehmungen und zur Verbreitung neuer Erkenntnisse der Hirnforschung beigetragen haben.

Doidge ist Arzt und Autor eines faszinierenden Buchs mit dem Titel *Neustart im Kopf: Wie sich unser Gehirn selbst repariert*. Dieses Buch ist unter anderem eine Sammlung inspirierender Beispiele von Menschen mit schweren Lernbehinderungen oder Hirnschädigungen (zum Beispiel Schlaganfallpatienten), die von Lehrern und Ärzten bereits abgeschrieben wurden und dank konzentrierten Gehirntrainings dennoch genesen konnten. In seinem Buch räumt Doidge mit einigen Mythen auf, zum Beispiel mit der Vorstellung, dass Hirnregionen spezialisiert sind und nicht miteinander kommunizieren, und vor allem mit der Vorstellung, dass sich Gehirne nicht verändern. Doidge beschreibt die »schweren Zeiten«, in denen Menschen an ein statisches Gehirn glaubten. Auch er wundert sich nicht, dass es so lange dauert, bis wir uns an die Vorstellung des formbaren Gehirns gewöhnen, und meint, dazu sei nichts weniger als eine Revolution nötig.[8] Das sehe ich ähnlich, denn seit ich versuche, die Erkenntnisse der Hirnforschung zu verbreiten, bin ich vielen Menschen begegnet, die sich schlicht weigern, diese neue Sichtweise des Gehirns und des menschlichen Potenzials zu akzeptieren.

Die große Mehrheit der Schulen pflegt noch immer den Mythos des unveränderlichen Gehirns. Die Unterrichtspraxis reicht Jahrzehnte zurück und ist schwer zu korrigieren. Eine der beliebtesten Praktiken ist die Differenzierung der Schüler nach ihren vermeintlichen Begabungen und Fähigkeiten. Eine britische Untersuchung ergab, dass 88 Prozent der Kinder, die in der Vorschule einer bestimmten Anforderungsstufe zugeordnet werden, für den Rest ihres Schülerlebens auf dieser Stufe stehen bleiben.[9] Das ist ein gruseliges Ergebnis, doch überraschend ist es nicht. Sobald wir Kindern mitteilen, dass sie einer der unteren Anforderungsstufen angehören, wird ihre Leistung zu einer sich selbst erfüllenden Prophezeiung.

Das gilt natürlich auch für die Lehrer, die ihre Schüler bewusst oder unbewusst je nach Anforderungsstufe unterschiedlich behandeln. Die Ergebnisse einer Untersuchung von 12 000 amerikanischen Kindern zwischen der Vorschule und der dritten Klasse fielen ähnlich aus.[10] Nicht ein einziges Kind, das in die unterste Lesestufe eingeordnet wurde, erreichte die Lesekompetenz der Kinder aus der höchsten Stufe. Die Differenzierung nach Fähigkeiten ließe sich vielleicht noch rechtfertigen, wenn die Schüler auf diese Weise besser gefördert würden, doch das ist nicht der Fall.

Untersuchungen beim Lesen ergeben, dass Schüler von Schulen, die nach Begabung differenzieren, im Durchschnitt über eine geringere Lesekompetenz verfügen als Schüler anderer Schulen.[11] In der Mathematik ist das Bild nicht anders: In den Vereinigten Staaten und Großbritannien habe ich Untersuchungen an Schülern der Mittel- und Oberstufe durchgeführt und festgestellt, dass in gemischten Gruppen unterrichtete Schüler im Durchschnitt besser sind als Schüler, die nach ihrer vermeintlichen Begabung eingeteilt werden.[12]

Der Schulbezirk San Francisco entschied sich, die Differenzierung in den ersten zehn Jahrgangsstufen abzuschaffen. Viele Eltern protestierten und wehrten sich, doch innerhalb von nur zwei Jahren sank die Durchfallrate in Mathematik von 40 auf 8 Prozent, und die Zahl der Schüler, die das Fach nach der zehnten Klasse weiter belegten, stieg um ein Drittel.[13]

Dieser gewaltige Sprung erklärt sich nicht dadurch, dass in diesen zwei Jahren radikal neue Lehrmethoden eingeführt worden wären, sondern allein dadurch, dass die Schüler neue Lernmöglichkeiten erhielten und sich selbst neu und anders wahrnahmen. Nun erhielten nicht nur einige wenige Kinder Zugang zu anspruchsvollen Inhalten, sondern alle, und sie antworteten mit besseren Leistungen. In internationalen Vergleichen schneiden diejenigen Länder am besten ab, die am spätesten und wenigsten differenzieren. Die Vereinigten Staaten und Großbritannien, zwei Länder, in denen ich selbst gearbeitet habe, gehören zu den Ländern mit den am stärksten differenzierten Schulsystemen der Welt.

Niemand weiß, was Kinder alles lernen können, und Schulsysteme, die ihre Lernmöglichkeiten einengen, müssen radikal umgekrempelt werden. Die Geschichte von Nicholas Letchford zeigt exemplarisch, dass wir unsere Erwartungen an Kinder korrigieren müssen. Nicholas wuchs in Australien auf. Nachdem er eingeschult worden war, teilten die Lehrer den Eltern mit, ihr Kind sei »lernbehindert« und habe einen »sehr niedrigen Intelligenzquotienten«. Als die Mutter in die Sprechstunde kam, teilten ihre die Lehrer mit, Nicholas sei das schwierigste Kind, das ihnen in 20 Jahren Lehrerfahrung untergekommen sei. Nicholas habe Probleme sich zu konzentrieren, Beziehungen zu entwickeln, zu lesen und zu schreiben. Doch die Mutter wollte nicht glauben, dass ihr Nicholas nicht lernen könne. Sie arbeitete mit ihm und brachte ihm bei, sich zu konzentrieren, zu lesen und zu schreiben. 2018 war ein wichtiges Jahr für Lois Letchford: In diesem Jahr veröffentlichte sie ihr Buch *Reversed*[14] über ihre Arbeit mit Nicholas, und Nicholas erhielt seinen Doktortitel in Angewandter Mathematik von der University of Oxford.

Wissenschaft und Forschung haben das Zeitalter des statischen Gehirns längst hinter sich gelassen, doch die Schulen halten an der Vorstellung fest, dass unser Potenzial vorgegeben ist.

Solange Schulen, Universitäten und Eltern diese Botschaft vermitteln, wenden sich Schüler und Studenten von den Fachbereichen ab, auf denen sie viel hätten erreichen können.

Die neuen Erkenntnisse der Hirnforschung, die unser uneingeschränktes Lernpotenzial aufzeigen, bedeuten für viele eine Revolution – auch für Kinder, bei denen eine Lernschwäche oder Lernbehinderung diagnostiziert wurde. Diese Kinder kommen mit neuronalen Besonderheiten zur Welt (die sie durch Unfall oder Krankheit erwerben), die das Lernen erschweren. Jahrzehntelang wurden diese Kinder auf Sonderschulen geschickt, wo sie lernen sollten, mit diesen Behinderungen zu leben.

Barbara Arrowsmith-Young geht einen ganz anderen Weg. Ich hatte das Glück, sie bei einem Besuch in einer ihrer Arrowsmith-Schulen in Toronto kennenzulernen. Schon bei der ersten Begegnung wird klar, dass sie eine Naturgewalt ist – leidenschaftlich vermittelt sie ihr Wissen über das Gehirn und seine Entwicklung, und mit derselben Leidenschaft nutzt sie dieses Wissen, um durch gezieltes Hirntraining die neuronalen Pfade der Kinder mit Förderbedarf zu verändern.

Arrowsmith, die in den Fünfziger- und Sechzigerjahren in Toronto aufwuchs, war selbst als schwer lernbehindert diagnostiziert worden. Sie und ihre Eltern wussten, dass sie auf einigen Gebieten genial war, doch man teilte ihnen mit, dass sie auf anderen »zurückgeblieben« sei. Sie hatte Schwierigkeiten bei der Aussprache und beim räumlichen Denken. Sie verstand Zusammenhänge von Ursache und Wirkung nicht und vertauschte Buchstaben. Sie verstand die Wörter »Mutter« und »Tochter«, nicht, aber den Ausdruck »die Tochter der Mutter«.[15] Zum Glück hatte sie ein fabelhaftes Gedächtnis und schlug sich mit Auswendiglernen durch ihre Schulzeit.

Ihre eigenen Lernschwierigkeiten veranlassten sie als Erwachsene, Kindesentwicklung zu studieren. Dabei stieß sie irgendwann auf die Arbeiten des russischen Neuropsychologen Alexander Luria, der über Schlaganfallpatienten geschrieben hatte, die Schwierigkeiten mit Grammatik, logischem Denken und dem Lesen der Uhr hatten. Luria hatte mit Patienten mit Gehirnläsionen gearbeitet, gründliche Analysen der Funktionsweise verschiedener Hirnregionen erarbeitet und zahlreiche neuropsychologische Tests entwickelt. Als Arrowsmith Lurias Arbeiten las, wurde ihr klar, dass auch sie eine solche Gehirnschädigung haben musste. Sie verfiel in Depression und dachte daran, sich das Leben zu nehmen. Doch dann stieß sie auf erste Arbeiten über die Neuroplastizität und stellte fest, dass bestimmte Aktivitäten das Wachstum des Gehirns fördern können. Monatelang arbeitete sie an Dingen, in denen sie besonders schwach war. Sie erstellte Hunderte Kärtchen mit Zifferblättern und übte so lange, bis sie die Uhr schneller lesen konnte als »normale« Menschen. Auch ihr symbolisches Denken wurde besser, und zum ersten Mal verstand sie Grammatik, Mathematik und Logik.

Heute leitet Arrowsmith Schulen und Programme, in denen Kinder mit Lernbehinderungen ihre Gehirne trainieren. Bei unserer Begegnung war ich beeindruckt von ihrer Eloquenz und ihrem Denken, und es fiel mir schwer zu glauben, dass diese Frau in der Vergangenheit derart schwer lernbehindert gewesen sein sollte. Sie hat einen 40-stündigen Test entwickelt, mit denen die neuronalen Stärken und Schwächen der Kinder ermittelt werden sollen. Außerdem hat sie eine ganze Reihe gezielter kognitiver Übungen erarbeitet, mit denen die Kinder ihre neuronalen Schaltkreise entwickeln können. Wenn ihre Schüler an ihre Schule kommen, haben sie schwere Lernbehinderungen, und wenn sie wieder gehen, sind diese behoben.

Bei meinem ersten Besuch in einer Arrowsmith-Schule sah ich Kinder, die vor Computern saßen und hoch konzentriert ihre kognitiven Aufgaben lösten. Ich fragte Arrowsmith, ob den Kindern das Spaß mache, und sie erwiderte, sie seien motiviert, weil sich schnell Erfolge einstellten. Das bestätigten viele Kinder, mit denen ich sprach: Nachdem sie mit den kognitiven Aufgaben begonnen hätten, habe sich »ein Nebel gelüftet«, und sie seien in der Lage gewesen, die Welt zu verstehen. Bei meinem zweiten Besuch unterhielt ich mich mit einigen der erwachsenen Schüler.

Shannon war eine junge Rechtsanwältin. Sie war hier, weil Klienten sie kritisiert hatten, sie arbeite zu langsam – kein Wunder, denn Anwälte werden stundenweise bezahlt. Jemand empfahl ihr Arrowsmith, und sie beschloss, an einem Sommerkurs teilzunehmen. Sie hatte erst vor wenigen Wochen begonnen und sagte mir, schon diese kurze Zeit habe ihr Leben verändert. Sie denke effizienter und sei in der Lage, Verbindungen zu erkennen, die sie früher nicht gesehen hatte. Nun verstand sie auch Dinge, die ihr in der Vergangenheit zugestoßen waren und die sie damals nicht einordnen konnte. Wie viele andere sprach sie von einem Nebel in ihrem Kopf, der sich gelichtet habe; früher sei sie bei Gesprächen nur Zuhörerin gewesen, heute sei »alles klar«, und sie könne sich beteiligen.

Inzwischen erreicht Arrowsmith auch Schüler weit über Toronto hinaus. Heute bildet sie Lehrer aus, die diese Methode an ihren Schulen zum Einsatz bringen wollen. Ein Teil ihrer Schüler nimmt nur wenige Monate an ihrem Programm teil, andere brauchen Jahre, und zurzeit ist eine Fernausbildung in Entwicklung. Mit ihrem Gehirntraining leistet Arrowsmith Pionierarbeit. Wie viele Vorreiter musste sie viel Kritik von Menschen einstecken, die nicht an die Formbarkeit des Gehirns glauben und sich nicht vorstellen können, dass es sich trainieren lässt. Doch das hindert sie nicht daran, für die Rechte von Schülern einzutreten, denen man einreden will, dass sie »nicht funktionieren«.

Den meisten Arrowsmith-Schülern wurde eingeredet, dass etwas mit ihnen nicht stimme, und viele wurden vom herkömmlichen Schulsystem aussortiert. Sie verlassen die Arrowsmith-Schule als neue Menschen. Nach meinem Besuch war ich entschlossen, die Arrowsmith-Methode auf youcubed bekannt zu machen und zu verbreiten, was mit Hirntraining alles möglich ist. Der traditionelle Ansatz der Sonderschulen besteht darin, die Probleme der Kinder zu identifizieren, sie innerhalb der durch die Schwächen vorgegebenen Grenzen zu unterrichten und ihre Stärken zu stärken. Arrowsmith tut das glatte Gegenteil. Sie identifiziert die Schwächen und stärkt genau diese, indem sie die entsprechenden neuronalen Schaltkreise stärkt. Ich hoffe, dass irgendwann alle Kinder mit Lernschwächen diese Art von Gehirntraining erhalten und sich so von Etiketten und Einschränkungen befreien und mit einem verwandelten Gehirn ein besseres Leben führen können.

Viele Menschen, die Großes erreicht haben, wurden zunächst abgeschrieben. Man riet ihnen, sich besser nicht auf dem Gebiet zu betätigen, auf dem sie sich später hervortun sollten. Dylan Lynn sagte man, sie habe eine Rechenschwäche, doch sie weigerte sich, das anzuerkennen, und studierte schließlich Statistik. Sie verschloss einfach die Ohren vor den Stimmen, die ihr rieten, Mathematik abzuwählen, und entwickelte ihre eigene Herangehensweise. Heute arbeitet sie mit Katherine Lewis von der University of Washington zusammen und motiviert mit ihrer Geschichte andere Schüler, die ihr Ziel nicht erreichen konnten.[16]

Wir müssen endlich einsehen, dass wir Kinder nicht in Schubladen stecken und wir unsere Erwartungen an sie nicht herunterschrauben können. Das trifft auf jede Form von Lernbehinderung zu. Wie wir selbst in diesem Buch lernen, ist die herausragende Eigenschaft unseres Gehirns seine Anpassungsfähigkeit und sein Potenzial für Wandel und Wachstum.

Aber nicht nur Kinder mit echten Lernbehinderungen sind betroffen. Auch Kindern ohne jedes körperliche Defizit redet man eine Lernbehinderung oder -schwäche ein – vor allem in Mathematik. Seit Jahrzehnten hängt man Kindern, die im Unterricht hinterherhinken, eine Rechenschwäche oder gar eine Behinderung an.

Eine Untersuchung der Neurowissenschaftlerin Teresa Iuculano von der medizinischen Fakultät der Stanford University zeigt eindeutig das Wachstumspotenzial kindlicher Gehirne, aber auch die Gefahr der Fehldiagnose von Schülern.[17] Sie untersuchte zwei Gruppen – Kinder, bei denen eine Rechenschwäche festgestellt worden war, und Kinder ohne eine solche Diagnose. Mithilfe einer Magnetresonanztomografie untersuchte sie die Aktivität der Gehirne dieser Kinder, während sie Mathematikaufgaben lösten. Die Gehirne funktionierten in der Tat unterschiedlich, aber jetzt kommt das Interessante: In den Gehirnen der Kinder mit Lernschwäche wurden bei der Arbeit an Mathematikaufgaben mehr Hirnregionen aktiv.

Dieses Ergebnis widerspricht zunächst allen Erwartungen, denn viele gehen davon aus, dass bei Kindern mit Förderbedarf im Gehirn weniger passiert, nicht mehr. Andererseits ist es natürlich nicht von Vorteil, wenn beim Rechnen das gesamte Gehirn aktiv wird – wir wollen schließlich, dass sich die Aktivität auf bestimmte Regionen konzentriert. Iuculano forschte weiter und gab beiden Gruppen von Schülern Einzelunterricht. Nach acht Wochen zeigten beide Gruppen die gleiche Leistung, und die gleichen Gehirnregionen wurden aktiv.

Das ist eine von vielen wichtigen Untersuchungen, die zeigen, dass sich das Gehirn in relativ kurzer Zeit – die Interventionen der Wissenschaftler dauern oft nicht mehr als acht Wochen – vollständig verändern und umstrukturieren lässt. Die »lernbehinderten« Schüler dieser Studie entwickelten ihr Gehirn so weit, dass es genauso funktionierte wie das von »normalen« Kindern. Wenn diese Kinder nach ihrer Rückkehr in die Schule nicht mehr in die lernbehinderte Schublade gesteckt werden, kann man sich leicht vorstellen, wie dies das Leben dieser Kinder vollkommen verändern kann.

Überflieger

Die Forschung zum Hirnwachstum ist allerdings nicht nur für Kinder mit vermeintlichen Lernschwächen interessant, sondern für Kinder auf dem gesamten Leistungsspektrum. Viele der Studierenden, die sich an der Stanford University einschreiben, waren Einserschüler. Wenn sie nun im ersten Semester erleben, dass ihnen Mathematik oder ein anderes Fach nicht mehr so einfach von der Hand geht, kommen viele zu dem Schluss, dass das Fach nichts für sie ist, und geben auf.

Seit Jahren bemühe ich mich, mit diesen falschen Vorstellungen aufzuräumen. Dazu unterrichte ich unter anderem einen Kurs, in dem Studierende lernen, wie sie lernen können. Der Kurs verbindet die Erkenntnisse der Hirnforschung mit neuen Herangehensweisen an die Mathematik und hat mir selbst die Augen geöffnet. Ich habe viele Studierende kennengelernt, die im neuen Umfeld der Universität verunsichert sind und allzu leicht zu dem Schluss kommen, dass sie nicht für MINT-Fächer taugen. Bedauerlicherweise handelt es sich dabei überwiegend um Frauen und Angehörige von Minderheiten. Es ist leicht nachvollziehbar, warum diese Gruppen eher verunsichert sind: Die Vorurteile in unserer Gesellschaft sitzen tief und besagen, dass Frauen und Minderheiten einfach nicht für MINT-Fächer geeignet sind.

Eine in der renommierten Zeitschrift *Science* veröffentlichte Untersuchung unterstrich dies eindrucksvoll.[18] Sarah-Jane Leslie und Andrei Cimpian befragten Universitätsprofessoren unterschiedlicher Studiengänge, wie verbreitet die Vorstellung der »Begabung« in ihrem Fach war, also die Annahme, dass man eine bestimmte Fähigkeit mitbringen muss, um auf ihrem Gebiet Erfolg zu haben. Die Ergebnisse waren erschütternd. Je verbreiteter die Vorstellung der Begabung in einem Fach war, umso weniger Frauen und Angehörige von Minderheiten studierten es. Dies traf auf alle der 30 untersuchten Studiengänge zu. Die folgende Grafik zeigt den von den Wissenschaftlern beobachteten Zusammenhang; die obere Grafik zeigt naturwissenschaftliche und technische Fächer, die untere Geistes- und Gesellschaftswissenschaften.

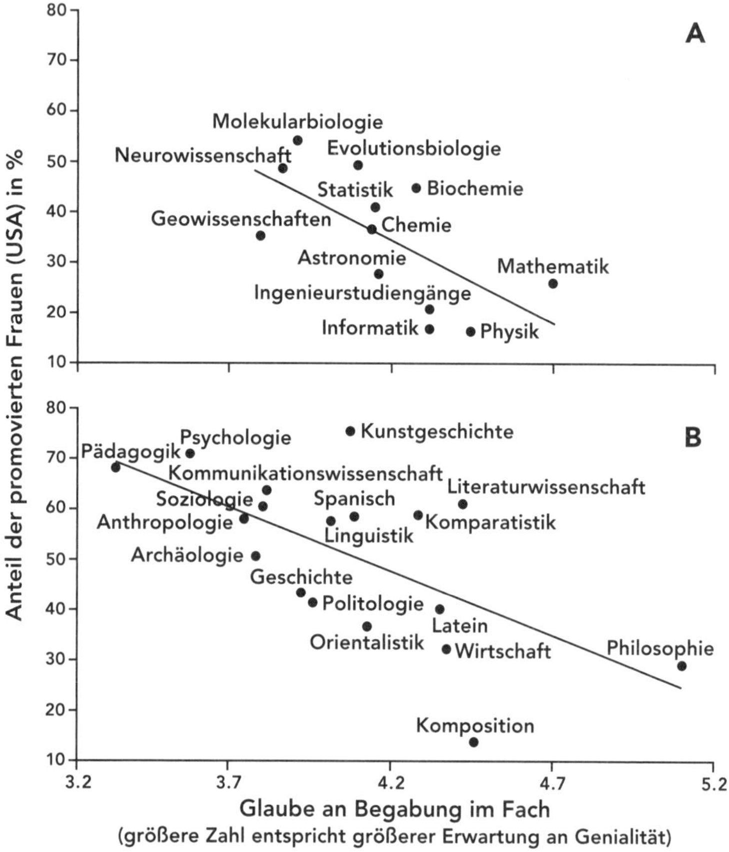

Angesichts solcher Daten frage ich mich immer: Wenn die Vorstellung der Begabung noch bei jungen Erwachsenen derartige Konsequenzen hat, welchen Schaden richtet sie dann erst bei Kindern an?

Der Gedanke der Begabung ist für alle falsch und destruktiv, doch Frauen und Angehörige von Minderheiten trifft er besonders. Viele Untersuchungen zeigen, dass Menschen, die an ein unveränderliches Gehirn und Talent glauben, auch der Ansicht sind, dass Jungen, Männer und Angehörige bestimmter ethnischer Gruppen begabt sind und Mädchen, Frauen und Angehörige anderer ethnischer Gruppen nicht.

Das zeigt unter anderem eine Auswertung von Google-Suchen durch Seth Stephens-Davidowitz.[19] Das Ergebnis seiner Analyse war so interessant wie erschreckend: Auf die Eingabe des Satzes »Ist mein zweijähriger Sohn …« folgte in den meisten Fällen das Wort »begabt«. Außerdem googelten zweieinhalbmal so viele Eltern »Ist mein Sohn begabt?« wie »Ist meine Tochter begabt?«. Und das, obwohl Mädchen und Jungen gleiches Potenzial haben.

Das Problem ist leider nicht auf Eltern beschränkt. Bei einer Auswertung anonymer Onlinebewertungen von Professoren stellten Daniel Storage und seine Kollegen fest, dass männliche Lehrende doppelt so häufig als »brillant« und dreimal so häufig als »Genies« bezeichnet werden wie weibliche.[20] Diese und andere Untersuchungen zeigen, dass die Vorstellung von Begabung und Genialität oftmals mit diskriminierenden Annahmen einhergeht.

Ich bin überzeugt, dass die Mehrheit der Menschen mit rassistischen oder sexistischen Vorurteilen sich deren gar nicht bewusst ist. Ich bin mir auch sicher, wenn wir den Mythos vom Naturtalent abschütteln und uns klarmachen, dass alle Menschen das Potenzial haben, zu lernen und Erstaunliches zu erreichen, dann würden einige der heimtückischsten Vorurteile gegen Frauen und Minderheiten verschwinden. In den MINT-Fächern ist das wichtiger als anderswo, und es ist kein Zufall, dass gerade hier der Glaube an das unveränderliche Gehirn und die Ungleichheit am größten sind.

Wenn sich so viele Schülerinnen und Schüler und Studentinnen und Studenten einreden lassen, dass sie nicht das Zeug dazu haben, Mathematik zu verstehen, dann liegt das unter anderem an der Einstellung der Lehrkräfte. Inzwischen habe ich einige großartige Mathematikerinnen kennengelernt, die alles dafür tun, die Mathematik vom Elitedenken zu befreien. Eine davon, zu der ich besonders aufschaue, ist Piper Harron. Auf ihrer Internetseite schreibt sie: »Die Mathematik ist in einem schlechten Zustand, doch sie vergrault Menschen, die das ändern könnten. Mit Möchtegerngenies kann ich nichts anfangen. Ich will Fähigkeiten vermitteln.«[21] Harron und andere tragen dazu bei, den Mythos um das Mathematikgenie zu vertreiben.

Leider gibt es noch immer zu viele Wissenschaftler und Lehrer, die einen falschen Elitismus predigen und unverblümt behaupten, dass nur einige wenige Auserwählte die Eignung für ihr Fach mitbringen. Erst kürzlich bin ich wieder zwei typischen Beispielen begegnet. Die Professorin eines Community College begann ihren Kurs mit der Ankündigung, nur jeder dritte Teilnehmer würde sein Studium abschließen. Und ein Mathematiklehrer in meinem Schulbezirk verkündete den lernbegierigen 15-jährigen in seinem Kurs für Fortgeschrittene: »Ihr haltet euch wahrscheinlich alle für superschlau, aber ich kann euch gleich sagen: Hier kommt niemand über ein Befriedigend hinaus.« So reden Elitisten, die sich freuen, dass nur wenige Teilnehmer ihre Kurse bestehen, weil sie darin einen Beweis für ihre hohen Ansprüche sehen. Dieses Gerede hält viele fähige Menschen von Laufbahnen ab, die ihnen große Befriedigung verschaffen könnten. Das schadet den Betroffenen genauso wie den Fächern, weil es Vielfalt unterdrückt und Menschen ausschließt, die dem Gebiet wichtige Erkenntnisse und Fortschritte bringen könnten.

Eine war die Mathematikerin Maryam Mirzakhani. Sie erlangte internationale Berühmtheit, weil sie 2014 als erste Frau mit der begehrten Fields-Medaille ausgezeichnet wurde – einer Art Nobelpreis für Mathematiker. Mirzakhani wuchs im Iran auf und wurde wie so viele vom Mathematikunterricht ihrer Schule eher abgeschreckt. In der siebten Klasse sagte ein Lehrer zu ihr, sie sei nicht gut in Mathematik. Zum Glück hatte sie andere Lehrer, die an sie glaubten.

Im Alter von 15 Jahren erlebte Mirzakhani eine Wende, als sie sich zu einem Mathematikkurs an der Sharif-Universität für Technologie in Teheran anmeldete. Dort lernte sie das Fach lieben und schrieb sich schließlich zu einem Mathematikstudium ein. Im Rahmen ihrer Doktorarbeit bewies sie einige bislang nicht bewiesene Theoreme. Sie wählte einen ganz anderen Ansatz als die meisten Mathematiker, denn ihre Arbeiten waren vor allem visuell. Das Fach wäre ärmer ohne sie, und es hätte sie leicht verlieren können, wenn sie auf den Lehrer gehört hätte, der ihr sagte, sie tauge nicht für die Mathematik.

Als Mirzakhani nach Stanford kam, hatten wir viel Gelegenheit, über Mathematikunterricht zu sprechen, und ich leitete die Disputation einer ihrer Doktorandinnen. Als sie im Alter von nur 40 Jahren an Brustkrebs starb, verlor die Welt eine unglaubliche Frau – doch ihre Ideen leben weiter und bereichern die Mathematik.

Die American Mathematical Society hat Mirzakhani unlängst eine Sonderausgabe ihrer Zeitschrift gewidmet. Eine der Beiträgerinnen war Jenya Sapir, die Doktorandin, deren Disputation ich geleitet hatte und die heute selbst eine Mathematikerin ist. Sie schrieb:

> *In ihren Vorlesungen zeichnete Maryam wunderschöne und detaillierte Landschaften. Wenn sie über die Konzepte A, B und C sprach, dann erklärte sie nicht nur, dass C aus B und B aus A folgt. Vielmehr zeichnete sie mathematische Landschaften, in denen A, B und C gemeinsam lebten und auf komplexe Weise miteinander interagierten. Mehr noch, sie erweckte den Eindruck, als würden die Gesetze des Universums harmonisch zusammenwirken, um A, B und C hervorzubringen. Ich fragte mich oft staunend, wie ihre innere Welt wohl aussah. Ich stellte mir vor, wie hier komplexe Konzepte aus verschiedenen Bereichen der Mathematik zusammenlebten und aufeinander wirkten. Und aus der Beobachtung ihres Zusammenspiels erkannte Maryam die wesentlichen Wahrheiten ihres mathematischen Universums.*[22]

Die Welt ist voller Menschen, die anders und oft besonders kreativ denken und die daran gehindert werden, eine Laufbahn in Sport, Musik, Wissenschaft oder einem beliebigen anderen Gebiet einzuschlagen. Wer trotz der abschreckenden Botschaften hartnäckig bleibt, kann ganz Erstaunliches erreichen.

Aber wie viele lassen sich abschrecken? Wie viele glauben das negative Urteil, verlassen bestimmte Gebiete und verfolgen ihre Träume nicht weiter? Eine Frau, die diese Ablehnung kennenlernte, war J. K. Rowling, Autorin der *Harry Potter*-Romane und heute eine der erfolgreichsten Romanautorinnen aller Zeiten. Kurz nach dem Tod ihrer Mutter war sie ganz unten angekommen: Sie war frisch geschieden, alleinerziehende Mutter und lebte in Armut, doch sie konzentrierte sich auf etwas, das ihr am Herzen lag – das Schreiben. Rowling schickte ihr Manuskript an zwölf Verlage und erhielt eine Absage nach der anderen.

Als sie schon die Hoffnung aufgeben wollte, las die Programmleiterin der Kinderbuchabteilung von Bloomsbury ihr Buch und gab es ihrer achtjährigen Tochter zum Lesen. Dem Mädchen gefiel das Buch, und das überzeugte die Mutter, es zu verlegen. Inzwischen hat Rowling mehr als 500 Millionen Exemplare ihrer Bücher verkauft, und sie ist ein Vorbild für alle, die auf Ablehnung stoßen und trotzdem an ihre Ideen glauben. Heute engagiert sie sich in der Armutsbekämpfung und der Förderung benachteiligter Kinder. Ich liebe vieles von dem, was Rowling gesagt und geschrieben hat, aber das ist vielleicht mein Lieblingssatz:

> *Es ist unmöglich zu leben, ohne an etwas zu scheitern, es sei denn, Sie leben so vorsichtig, dass Sie es auch gleich sein lassen können – und in diesem Fall scheitern Sie selbstredend auch.*[*]

---

* J. K. Rowling: »Very Good lives.« (Dt. Was wichtig ist: Vom Nutzen des Scheiterns und der Kraft der Fantasie. Aus dem Englischen von Klaus Fritz, Hamburg: Carlsen 2017, S. 34).

Das Problem mit der Begabung

Lehrende und Eltern, die glauben, dass bestimmte Fächer den Begabten vorbehalten sind, berufen sich auf die Fehlinformationen aus einem früheren Zeitalter. Vielleicht ist es kein Wunder, dass so viele Menschen noch an das statische Gehirn glauben, denn sie sind in einer Zeit aufgewachsen, in der man es nicht besser wusste. Dieser Mythos war jedoch verheerend für Lernende jeden Alters, die in der Schule und zu Hause abgeschrieben wurden – für Millionen von Kindern, denen man einredete, dass nie etwas aus ihnen werden würde. Doch die Geschichte hat noch eine andere Seite. Der Mythos erwies sich auch als destruktiv für diejenigen Kinder, denen man sagte, sie seien »begabt«. Das klingt paradox – wie kann es jemandem schaden, als »begabt« zu gelten? Wir haben schon gesehen, dass die Vorstellung der Begabung Frauen, Minderheiten und allen anderen schadet, denen sie abgesprochen wird – aber wie sollte sie Menschen schaden, denen man sie zuspricht?

Vor einigen Monaten sprach mich ein Filmemacher an, der eine Dokumentation über Begabung und soziale Gerechtigkeit drehen wollte. Das klang interessant, bis ich mir seinen Trailer ansah. Zu meiner Enttäuschung lief der Film auf die Forderung hinaus, dass man mehr Angehörige von Minderheiten als begabt anerkennen müsse. Ich verstehe das Motiv, denn Programme zur Begabtenförderung zeichnen sich durch eine extreme Schieflage aus. Doch es geht um viel mehr, nämlich um ein Ende dieser ewigen Etikettierung nach dem Mythos des statischen Gehirns.

In diesem Moment beschloss ich, zusammen mit meinem Team von youcubed einen eigenen Film zu drehen und die wunderbare Filmemacherin Sophie Constantinou von Citizen Film zu verpflichten. Ich bat einige meiner Studenten von Stanford, darüber nachzudenken, was es für sie bedeutete, als »begabt« etikettiert zu werden.[23] Die zwölf Studenten, die in dem Film zu

Wort kommen, vermitteln eine ähnliche Botschaft: Es bringt durchaus Vorteile, hat aber auch seinen Preis. Sie berichten, sie hätten das Gefühl, eine feste Menge von Begabung zu haben, und wenn ihnen etwas schwerfiel, dann war dies ein Zeichen dafür, dass sie diesen Vorrat ausgeschöpft hatten. Sie hätten gelernt, keine Fragen zu stellen – ihre Aufgabe war es, Antworten auf die Fragen anderer zu haben. Wenn sie an einem Punkt Schwierigkeiten hatten, dann durften sie das nicht zeigen, um die anderen nicht merken zu lassen, dass sie vielleicht doch keine »Begabung« hatten. Am Ende des Films sagt eine Studentin namens Julia: »Wenn ich in einer Welt aufgewachsen wäre, in dem niemand das Etikett ›begabt‹ bekommt, dann hätte ich viel mehr Fragen gestellt.«

Die Begabtenförderung will sicherstellen, dass gute Schüler ein geeignetes Lernumfeld erhalten. Das ist an sich ein lobenswertes Ziel, würde sie nicht die Vorstellung bemühen, dass nur ausgewählte Schüler diese Förderung verdienen, weil sie eine feste »Gabe« haben – wie ein Geschenk, das man ihnen bei Geburt mitgegeben hat. Diese Programme betonen zwar, dass einige Schüler besonders anspruchsvolles Material benötigen, weil sie besonders weit sind, doch sie vergessen darauf hinzuweisen, dass auch andere diesen Punkt erreichen können, wenn sie fleißig genug arbeiten. Sie vermitteln die Botschaft, dass einige wenige mit einer Gabe zur Welt kommen, die anderen verwehrt ist. Das schadet meiner Ansicht nach nicht nur den angeblich Unbegabten, sondern auch den vermeintlich Begabten, denen die Botschaft vermittelt wird, dass sich ihr Gehirn nicht verändern kann.

Als »begabt« etikettiert zu werden hat den Nachteil, dass die angeblich Begabten davon ausgehen, sich niemals anstrengen zu müssen. Und wenn sie doch einmal etwas tun müssen, dann kann das eine niederschmetternde Erfahrung sein. Daran musste ich bei einem Gespräch mit meinen Pädagogikstudenten denken. Als ich die Forschung zum Hirnwachstum erläuterte und erklärte, welchen Schaden die Etikettierung anrichten kann, meldete sich Susannah und sagte traurig: »Sie haben eben mein Leben beschrieben.«

Dann berichtete uns Susannah von ihrer Kindheit. In Mathematik war sie immer eine der Besten gewesen. Sie hatte an einem Begabtenförderprogramm teilgenommen und hörte immer wieder, sie habe ein »Mathehirn« und ein besonderes Talent. Also schrieb sie sich an der University of California für Mathematik ein. Im zweiten Jahr belegte sie einen Kurs, in dem ihr nicht mehr alles zuflog; sie kam zu dem Schluss, dass sie doch kein Mathehirn hatte, und brach das Studium ab. Was sie nicht wusste: Anstrengung ist das beste Rezept für das Wachstum des Gehirns (dazu später mehr), sie hätte ihr geholfen, neue neuronale Verbindungen herzustellen und mehr zu lernen. Wenn sie das gewusst hätte, hätte sie ihr Studium vermutlich fortgesetzt und abgeschlossen. Solchen Schaden kann die Vorstellung von starren Fähigkeiten anrichten.

Susannahs Geschichte ist die einer jungen Frau, die als »begabt« und als »Mathehirn« etikettiert wurde und die aufgrund dieser Schublade ein Studium abbrach, das ihr Spaß machte. Die gleiche Geschichte ließe sich aus jedem beliebigen Fach erzählen – ob Literatur, Naturwissenschaften, Geschichte, Theater oder Geografie. Wenn wir wegen eines Gehirns geschätzt werden, das wir uns nicht selbst antrainiert, sondern bei Geburt mitbekommen haben, dann entwickeln wir eine Abneigung gegen jede Art von Lernanstrengung; wenn wir doch einmal schwitzen müssen, kommen wir zu dem Schluss, dass das betreffende Gebiet nichts für uns ist. In meinem Fachgebiet lerne ich natürlich vor allem Menschen kennen, die MINT-Studiengänge abbrechen, weil sie glauben, dass sie nicht das richtige Gehirn dafür haben. Doch das Problem ist keineswegs auf diese Fächer beschränkt. Es begegnet uns immer dann, wenn Menschen überzeugt sind, dass sich ihr Gehirn nicht verändern kann.

Wenn ich Schubladen ablehne – egal ob »begabt« oder »unbegabt« –, behaupte ich damit keineswegs, dass jeder von uns mit demselben Gehirn zur Welt kommt. Jeder von uns hat einen ganz einmaligen Denkapparat, jeder ist anders. Doch die Unterschiede treten hinter der Tatsache zurück, dass wir unser Gehirn verändern können. Der Anteil der Menschen, deren Gehirn von Geburt an so außergewöhnlich ist, dass es schon ihren gesamten weiteren Lebensweg vorzeichnet, ist verschwindend gering – weniger als 0,001 Prozent der Bevölkerung. Einige dieser Unterschiede des Gehirns können in mancher Hinsicht hinderlich und in anderer produktiv sein, wie etwa bei einer Autismus-Spektrum-Störung. Doch obwohl wir alle mit unterschiedlichen Gehirnen zur Welt kommen, gibt es keine »Mathematikgehirne«, keine »Künstlergehirne« und keine »musikalischen Gehirne«. Wir alle müssen konkrete neuronale Verbindungen aufbauen, um es auf einem bestimmten Gebiet zu etwas zu bringen, und jeder von uns hat das Potenzial, anspruchsvolle Dinge zu lernen.

Der Autor Daniel Coyle, der viel Zeit in »Talentschmieden« verbracht hat, sieht das genauso. Er hat die Lehrer der »größten Talente« interviewt – Menschen, die nach Ansicht von Coyle besonders effektiv arbeiten. Ihre Lehrer sagen, dass sie bestenfalls einmal im Jahrzehnt jemandem begegnen, den sie als »Genie« bezeichnen würden.[24] Es ist einfach lächerlich anzunehmen, dass 6 Prozent aller Schüler ein Gehirn haben sollen, das eine Sonderbehandlung verdient, wie dies einige Schulbezirke in den Vereinigten Staaten tun. K. Anders Ericsson beschäftigte sich jahrzehntelang mit Intelligenzquotienten und Lernen und kam zu dem Schluss, dass selbst Menschen, die wir als Genies bezeichnen – Einstein, Mozart oder Newton –, »nicht geboren, sondern gemacht werden«, und dass sie ihren Erfolg ihrem großen Einsatz verdanken.[25] Daher sollten wir allen Lernenden vermitteln, dass sie dasselbe Lernpotenzial haben und dass nichts unveränderlich ist, egal ob wir es nun »Talent« oder »Behinderung« nennen.

Die Zeit des statischen Gehirns ist vorbei. Heute leben wir im Zeitalter des wachsenden und sich verändernden Gehirns. Wir müssen mit veralteten Vorstellungen und Programmen aufräumen, die fälschlicherweise davon ausgehen, dass manche Menschen fähiger sind als andere, vor allem, wenn diese veralteten Etiketten Frauen und Minderheiten benachteiligen. Wir dürfen Kinder und Erwachsene nicht mit einem gefährlichen Schwarz-Weiß-Denken behindern, das zwischen Begabten und Unbegabten unterscheidet.

Die Vorstellung, dass sich Mädchen besonders anstrengen müssen, um erfolgreich zu sein, während Jungen von Natur aus begabt sind, war auch an meiner Schule verbreitet. Nicht im Mathematikunterricht, wohl aber in Physik. Ich erinnere mich gut an einen Tag, an dem wir eine Probeprüfung für die englandweit einheitliche Abschlussprüfung gemacht haben. Acht Schüler – vier Jungen und vier Mädchen – hatten knappe Ergebnisse, und eine davon war ich. Der Lehrer war der Ansicht, dass alle Jungen ihre Ergebnisse ohne größere Anstrengung erzielt hatten, während alle Mädchen dafür büffeln mussten – deshalb konnten sie auch keine besseren Noten mehr erzielen. Daher ließ er alle Jungen zur höheren Prüfung zu und die Mädchen nur zur niedrigeren.

Da ich in der Mittelstufe kaum etwas für die Schule tat (das viele Auswendiglernen langweilte mich) und mich mit einem Minimalaufwand durchmogelte, wusste ich, dass sich der Physiklehrer irrte, was den Lernaufwand der Mädchen anging. Meine Mutter, eine wackere Feministin, beschwerte sich bei der Schulleitung, und diese ließ mich widerwillig zu den höheren Prüfungen zu – nicht ohne mir mitzuteilen, dass das angesichts meiner mittelmäßigen Noten riskant sei. Ich sagte, dass ich das Risiko eingehen würde.

In der Prüfung erhielt ich in Physik die Bestnote. Ich hatte Glück, dass sich meine Mutter gegen die diskriminierende Entscheidung meines Lehrers wehrte, und dieser Sieg motivierte mich, mich besonders gut auf die Prüfung vorzubereiten. Die bedauerliche Folge war allerdings, dass ich beschloss, Physik in der Oberstufe abzuwählen – ich wollte weder mit dem Mann noch mit dem Fach weiter zu tun haben.

In Mathematik erlebte ich zum Glück keine solche diskriminierende Behandlung, und einige meiner besten Kurse wurden von Frauen unterrichtet. Daher belegte ich in der Oberstufe Mathematik, Chemie und Biologie; von den Naturwissenschaften legte ich nur Physik ab. Das unterstreicht wieder einmal, welche Folgen es haben kann, wenn Männer wie mein Physiklehrer Mädchen (oder Minderheiten) den Zugang zu bestimmten Fächern verstellen.

Einige junge Frauen erzählten mir, wie es ihnen erging, als sie nach einer der ersten Stunden an einer renommierten Hochschule mit einer Frage auf ihren Mathematikprofessor zugingen. Der Professor erwiderte, die Frage sei Kinderkram, und empfahl ihnen, lieber einen Kurs an einem Community College zu belegen. In diesem Moment beschlossen die Frauen, allesamt Afroamerikanerinnen, den MINT-Fächern den Rücken zu kehren. Sie hatten diese Botschaft oft genug gehört und gingen, wie so viele vor ihnen.

Mathematik ist natürlich nicht das einzige Fach, in dem man uns falsche Vorstellungen unseres Leistungsvermögens vermittelt. Kunst, Literatur, Musik, Sport – das alles sind Fächer, an denen Schüler zunächst Spaß haben, bis sie sich anstrengen müssen und zu dem Schluss kommen, dass ihr Gehirn (oder Körper) nicht dafür taugt. Immer wenn man Schülern diese destruktive Vorstellung vermittelt, verlieren sie den Zugang zu einem Teil ihres Potenzials. Und nicht nur in der Schule. Auch am Arbeitsplatz richtet die Vorstellung eines unveränderlichen Potenzials großen Schaden an.

Inzwischen habe ich mit vielen Menschen gesprochen, die mir berichteten, dass sie vor ihrer Begegnung mit der Hirnforschung zu nervös waren, sich in Besprechungen zu Wort zu melden, aus Furcht, sie könnten etwas Falsches sagen. Sie lebten in der ständigen Angst, in eine Schublade gesteckt zu werden. Das ist kein Wunder, denn wir sind in der Welt der statischen Gehirne aufgewachsen, die alle Menschen nach ihrer »Intelligenz« beurteilt. Viele von uns fühlten sich in ihrer Kindheit und Jugend andauernd beurteilt, sie hatten oft das Gefühl, »es nicht drauf zu haben«, und fürchteten, dass man sie durchschauen könnte. Wenn sie die Vorstellung vom statischen Gehirn überwinden, dann sind sie wie entfesselt, vor allem wenn sie andere Erkenntnisse der Hirnforschung hinzunehmen, auf die wir noch zu sprechen kommen.

Manager leiden genauso unter der Vorstellung des statischen Gehirns wie Mitarbeiter. Führungskräfte sind schnell dabei, ihre Mitarbeiter als nicht intelligent genug abzuschreiben. Wenn sie stattdessen das grenzenlose Potenzial ihrer Mitarbeiter erkennen würden, könnten sie anders mit ihnen umgehen und ihnen Möglichkeiten eröffnen, statt sie zu verbauen. Anstatt einige Mitarbeiter als »unintelligent« abzustempeln, könnten sie ihnen verschiedene Lernmöglichkeiten anbieten – einige brauchen vielleicht etwas zum Lesen, andere zum Rechnen, wieder andere zum Bauen (auch hierzu später mehr). Das würde den Betrieb vieler Unternehmen revolutionieren und weit mehr Mitarbeitern die Möglichkeit geben, Ideen beizusteuern und neue Produkte zu kreieren.

Der erste Schritt in einem Leben, in dem wir unser Potenzial verwirklichen, ist zu wissen, dass unser Gehirn ständig im Umbau begriffen ist, dass es sich verändert und wächst. Wir sollten jeden Tag daran denken, dass wir mit einem neuen Gehirn aufwachen. In jedem Moment unseres Lebens haben unsere Gehirne die Möglichkeit, neue Schaltkreise aufzubauen, bestehende zu stärken und Verbindungen zwischen diesen herzustellen. Wenn wir vor einer schwierigen Situation stehen, dann laufen wir nicht mehr vor ihr davon, weil wir fürchten, nicht gut genug zu sein, sondern wir springen mit beiden Beinen hinein, weil wir wissen, dass sie eine Wachstumschance für unser Gehirn sind. Wenn wir erkennen, was die grenzenlose Lernfähigkeit unseres Gehirns bedeutet, dann bleiben wir aufgeschlossen und führen ein anderes Leben. Im folgenden Kapitel erfahren Sie, wie Sie diese neuen Pfade betreten können.

KAPITEL 2

JA ZU FEHLERN, SCHWIERIGKEITEN UND ZUM SCHEITERN

Fehler gehören zum Leben. Wir machen andauernd Fehler. Selbst wenn es am Ende oft keine Rolle spielt oder Fehler sogar noch etwas Positives bewirken können, machen wir uns meist Vorhaltungen und fühlen uns schlecht. Das ist kein Wunder, denn die meisten von uns sind mit der Vorstellung groß geworden, dass Fehler etwas Schlechtes sind, vor allem wenn unsere Eltern sie mit harschen Worten und Strafen geahndet haben. Das ist sehr bedauerlich.

LERNSCHLÜSSEL 2

Wenn wir uns anstrengen müssen und Fehler machen, ist das der beste Moment für das Wachstum unseres Gehirns.

Wenn wir bereit sind, Hindernisse anzupacken und beim Lernen Fehler zu machen, dann stärken wir die neuronalen Verbindungen, die das Lernen forcieren. Wie positiv sich Einsatz und Fehler auswirken, zeigen neurologische[1] und verhaltenspsychologische[2] Untersuchungen von Überfliegern. Einige dieser Erkenntnisse scheinen uns auf den ersten Blick widersprüchlich, weil wir so lange in dem Glauben gelebt haben, es käme immer darauf an, alles »richtig« zu machen. Doch es ist immens befreiend, sich von der Idee zu verabschieden, dass wir nie Fehler machen dürfen.

Die Wissenschaft der Fehler

Von der positiven Wirkung der Fehler erfuhr ich erstmals, als ich einen Lehrerworkshop ausrichtete. Die Gastrednerin und Selbstbildpionierin Carol Dweck erklärte den aufmerksam lauschenden Teilnehmern, wie bei jedem Fehler im Gehirn Synapsen aktiv werden, was auf das Wachstum des Gehirns hindeutet. Die Lehrer waren verstört, denn sie waren immer davon ausgegangen, man müsse Fehler unter allen Umständen vermeiden. Carol stellte wissenschaftliche Arbeiten vor, die untersuchen, wie unser Gehirn auf Fehler reagiert, und die Unterschiede zwischen Menschen mit statischem und dynamischem Selbstbild aufzeigen.[3]

Aufbauend auf Carol Dwecks Arbeiten untersuchte der Neuropsychologe Jason Moser, wie unser Gehirn reagiert, wenn wir Fehler machen. Seine Erkenntnisse sind verblüffend. Er ließ Versuchsteilnehmer Tests durchführen, während er ihr Gehirn mit einem Magnetresonanztomografen beobachtete. Dann verglich er die neuronale Aktivität bei falschen und bei richtigen Antworten. Wenn die Teilnehmer Fehler machten, war ihr Gehirn aktiver als bei korrekten Antworten, das heißt, es wurde gestärkt und wuchs.[4] Heute sind sich Hirnforscher einig, dass Fehler zu einer Stärkung neuronaler Schaltkreise beitragen.

Dieser Lernschlüssel ist besonders bedeutsam, da viele Lehrer ihren Unterricht so aufbauen, dass ihre Schüler Erfolgserlebnisse haben. Schulbücher strotzen vor einfachen und trivialen Fragen, die gewährleisten sollen, dass Schüler einen großen

Teil richtig beantworten. Dahinter steckt die Vorstellung, dass die Schüler motiviert werden, wenn sie richtige Antworten geben. Die Sache hat allerdings einen Haken: Eine richtige Antwort ist keine gute Übung für unser Gehirn.

Damit unser Gehirn wächst, müssen wir uns mit Aufgaben beschäftigen, die an die Grenzen unseres Wissens reichen und Schwierigkeiten darstellen. Und wir benötigen ein Umfeld, das Fehler zulässt und uns über den Nutzen von Fehlern aufklärt. Das ist entscheidend. Es reicht nicht, wenn die Aufgaben schwierig sind und Fehler wahrscheinlicher machen; das Umfeld muss entsprechend sein, damit wir uns nicht von Anstrengungen abschrecken lassen.

Daniel Coyle untersuchte »Talentschmieden«, die einen überdurchschnittlichen Anteil Höchstleister hervorbringen, und kam zu dem Schluss, dass Leistung nicht von einem angeborenen Talent herrührt, sondern aus einer besonderen Art des Lernens und Übens. Er untersuchte Menschen, die in der Musik, im Sport oder in der Wissenschaft Höchstleistungen bringen, und zeigte, dass diese Leistungen mit der sogenannten Myelinisierung von Nervenbahnen im Gehirn zusammenhängen.

Unser Gehirn ist ein engmaschiges Netz, in dem Nervenzellen über Fasern miteinander verbunden sind. Das Myelin ist eine Art Isolierband, das sich um die Fasern herumlegt und dafür sorgt, dass die Signale stärker, korrekter und schneller übertragen werden. Wenn wir zum Beispiel ein Thema vertiefen oder Fußball spielen, legt sich das Myelin um die beteiligten Nervenfasern herum und optimiert auf diese Weise die beteiligten Schaltkreise, sodass unsere Gedanken und Bewegungen beim nächsten Mal flüssiger und effizienter sind. Das Myelin ist entscheidend am Lernprozess beteiligt. Lernen erfordert Zeit, und das Myelin unterstützt den Prozess, indem es Signale verstärkt und allmählich Schaltkreise kräftigt. Als Beispiele beschreibt Coyle, wie Mathematiker, Golfspieler, Fußballer und

Klavierspieler lernen, und er erläutert die Rolle des Myelins in diesem Prozess. Die Experten verfügen über dick mit Myelin beschichtete und besonders effektive »Superschaltkreise«.

Und wie können wir diese »Superschaltkreise« bekommen? Unter anderem, indem wir an die Grenze unserer Fähigkeiten gehen, neue Schwierigkeiten suchen und dabei immer wieder Fehler machen und korrigieren.

Zu Beginn seines Buchs schildert Coyle eine faszinierende Lerngeschichte. Er beschreibt die 13-jährige Clarissa, ein Mädchen ohne »musikalisches Ohr und Talent«, die ein durchschnittliches Rhythmusgefühl mitbringt und ihr Instrument eher lustlos lernt, die jedoch in Musikerkreisen eine gewisse Berühmtheit erlangte, weil sie ihre Lerngeschwindigkeit verzehnfachte. Diese erstaunliche Lernleistung wurde auf Video aufgezeichnet und von Musikexperten analysiert. Coyle, der sich das Video angesehen hat, gab ihm den Titel »Ein Mädchen, das in sechs Minuten so viel lernte wie sonst in einem Monat«. Er beschreibt die Übungsstunde wie folgt:

Clarissa holt Luft und spielt zwei Noten. Dann hält sie inne. Sie nimmt die Klarinette ab und starrt auf die Noten. Ihre Augen verengen sich zu einem Schlitz. Dann spielt sie die ersten sieben Noten. Die Eröffnung des Stücks. Die letzte Note ist falsch, sie unterbricht sich sofort und reißt sich fast die Klarinette aus dem Mund. Sie starrt erneut auf die Noten und singt sich die Passage leise vor: »Da da dämm dam.«

Sie fängt wieder von vorn an und schafft es diesmal ein paar Noten weiter, bis sie sich erneut verspielt. Wieder geht sie zum Anfang zurück und korrigiert den Fehler. Das Vorspiel nimmt Form an, sie spielt mit Gefühl und Schwung. Am Ende der Phrase hält sie sechs lange Sekunden lang inne und scheint die Melodie im Geiste noch einmal durchzuspielen. Dabei drückt sie die Knöpfe der Klarinette. Dann beugt sie sich vor, holt Luft und beginnt erneut.

> *Es klingt schauderhaft. Es ist keine Musik, sondern ein stockendes, unrhythmisches Nacheinander von Tönen, das immer wieder von Pausen und Missklängen unterbrochen wird. Wenn wir unserem gesunden Menschenverstand Glauben schenken, dann versagt Clarissa kläglich. Doch unser gesunder Menschenverstand täuscht sich.*[5]

Ein Musikexperte, der das Video sah, bezeichnete Clarissas Übungsstunde als »verblüffend« und sagte: »Wenn jemand diesen Moment herausdestillieren könnte, wäre das Millionen wert.« Und Coyle erklärt: »Was wir sehen, ist keine gewöhnliche Übungsstunde. Es ist vielmehr ein hochgradig zielführender und auf Fehlerkorrektur ausgerichteter Prozess. Hier wächst und entsteht etwas. Das Stück nimmt Gestalt an, und mit ihm entsteht eine neue Qualität in Clarissa.«[6]

Jeder der von Coyle vorgestellten Lernenden »nutzt einen Mechanismus im Gehirn, der bestimmte Formen des gezielten Übens in neue Fähigkeiten verwandelt. Ohne es zu bemerken, treten sie in eine Phase des beschleunigten Lernens ein, die sich zwar leider nicht in Flaschen abfüllen lässt, die wir aber selbst herbeiführen können, wenn wir nur wissen, wie«; sie haben »das Geheimnis des Talents geknackt«.[7]

Das hier beschriebene hocheffiziente Lernen zeichnet sich durch Fehler aus – Anfänger werden zu Experten, indem sie sich an Schwierigkeiten abarbeiten und Fehler machen. Das wird durch Hirnforschung bestätigt, die zeigt, dass unser Gehirn aktiver ist, wenn wir mit Schwierigkeiten konfrontiert sind und Fehler machen, und dass es weniger aktiv ist, wenn wir alles richtig machen.[8] Bedauerlicherweise glauben jedoch viele Lernende, dass sie von Anfang an alles richtig machen müssen und dass sie schlechte Schüler sind, wenn sie sich an etwas abarbeiten müssen und Fehler machen. Dabei ist das das Beste, was ihnen passieren kann.

Übung macht den Meister, egal auf welchem Gebiet. K. Anders

Ericsson erforschte Experten – Pianisten, Schachspieler, Romanautoren, Sportler – und zeigte, dass die meisten über einen Zeitraum von 20 Jahren etwa 10 000 Stunden lang übten. Ihr Erfolg hatte nichts mit Intelligenz zu tun, sondern mit ihrer »gezielten Übung«.[9] Aber Übung allein reicht nicht aus – um Experten zu werden, müssen wir *richtig* üben. Alle Wissenschaftler beschreiben wirkungsvolles Üben gleich: Wir gehen an die Grenze unserer Fähigkeiten, machen Fehler, korrigieren sie – und machen wieder Fehler.

Schwierigkeiten einmal anders gesehen

Alle vier Jahre wird ein internationaler Vergleichstest namens TIMSS (Trends in International Mathematics and Science Study) durchgeführt, an dem Schüler aus 57 Ländern in Mathematik und Naturwissenschaften geprüft werden. Beim letzten Test im Jahr 2015 schnitt Singapur in Mathematik am besten ab. Diese Tests sind nur dann aufschlussreich, wenn man sich ansieht, mit welchem Ansatz die jeweiligen Länder zu ihren Ergebnissen kommen. Daher besuchten Bildungsforscher Schulen von sieben Teilnehmerländern und zeichneten repräsentative Beispiele für den Mathematikunterricht auf. Das Ergebnis war aufschlussreich.[10] Eine Erkenntnis war zum Beispiel, dass der Mathematiklehrplan in den Vereinigten Staaten »kilometerbreit und millimetertief« ist, verglichen mit den Lehrplänen von erfolgreicheren Ländern.

Eines der untersuchten Länder war Japan, das bei den TIMSS-Tests bislang stets unter den ersten Fünf zu finden war. Die Bildungsforscher beobachteten, dass japanische Kinder 44 Prozent der Unterrichtszeit darauf verwenden, »zu erfinden, zu denken und sich mit Grundlagen auseinanderzusetzen« – in den Vereinigten Staaten wird gerade einmal ein Prozent der Unterrichtszeit darauf verwendet.

Jim Stigler, einer der Autoren der Untersuchung, kam zu dem Schluss, japanischen Lehrern gehe es darum, dass sich ihre Schüler mit Schwierigkeiten auseinandersetzen. Er schildert zum Beispiel Situationen, in denen die Lehrer bewusst falsche Antworten gaben, um die Schüler zu zwingen, sich noch einmal mit den Grundlagen zu beschäftigen. In den Vereinigten Staaten und Großbritannien, wo ich Tausende Unterrichtsstunden besucht habe, habe ich das nie erlebt. Hier traf ich vor allem auf den Typ Lehrer, der Kinder am liebsten vor allen Schwierigkeiten behüten möchte. Wenn Kinder um Unterstützung baten, dann bereiteten die Lehrer die Aufgaben oft für sie auf und zerlegten sie in mundfertige Häppchen. Damit nehmen sie der Aufgabe die Schwierigkeit und die Möglichkeit zur Auseinandersetzung. Die Schüler erledigen die Aufgabe und fühlen sich gut, aber gelernt haben sie dabei nur wenig.

Bei einem Besuch in China, das im Mathematikvergleich ebenfalls regelmäßig gut abschneidet, sah ich einen ähnlichen, auf Auseinandersetzung mit dem Stoff abzielenden Unterricht. Ich war zu einer Tagung eingeladen worden, und es gelang mir, mich davonzuschleichen und einige Unterrichtsstunden zu besuchen. Der Mathematikunterricht der Oberstufe dauerte meist eine volle Stunde, doch in dieser Zeit arbeiteten die Schüler nie an mehr als drei Aufgaben. Aus den Vereinigten Staaten kenne ich es, dass die Schüler in derselben Zeit 30 Aufgaben durchgehen – zehnmal so viele. Im chinesischen Unterricht waren die Aufgaben tiefer und verlangten mehr Auseinandersetzung. Die Lehrer stellten Fragen, die Einsatz verlangten, und gaben bewusst falsche Antworten, um die Schüler zum Widerspruch anzuhalten.

In einer Unterrichtsstunde ging es um ein Thema, das im amerikanischen Unterricht oft langweilig ist – Komplementär- und Ergänzungswinkel. Der chinesische Lehrer forderte die Schüler auf, einen Komplementärwinkel zu erklären, und die Schüler versuchten sich an Definitionen. Oft führte der Lehrer die Definition bis zu einem Punkt fort, an dem sie falsch war, und fragte dann spielerisch: »Ist das dann auch noch richtig?« Dann stöhnten die Schüler auf und versuchten, ihre Definition zu korrigieren. Der Lehrer scherzte mit den Schülern und spielte mit ihren Ideen, um sie zu einer tiefergehenden Auseinandersetzung mit der Frage zu zwingen. Die Schüler erforschten, erweiterten, klärten und rechtfertigten ihre Überlegungen und erreichten dabei ein beeindruckend tiefgründiges Verständnis.

Welch ein Gegensatz zum Unterricht in den Vereinigten Staaten! Dort geben die Lehrer die Definitionen von Komplementär- und Ergänzungswinkeln vor und lassen das Thema dann mit 30 kurzen Aufgaben einüben. Der chinesische Unterricht zeichnete sich dagegen durch eine Auseinandersetzung mit dem Thema aus – der Lehrer brachte die Schüler gezielt in Situationen, in denen sie nicht mehr weiterwussten und sich erneut den Kopf zerbrechen mussten. Die Methode entspricht der wissenschaftlichen Definition des gezielten und fehlerzentrierten Übens. Um es mit Coyle zu sagen, lässt sich ein effektiver Schaltkreis am besten optimieren, »indem man ihn betätigt, Fehler beseitigt, ihn wieder betätigt und so weiter«. Genau darauf zielte der chinesische Unterricht ab.

Die Lernforscher Elizabeth und Robert Bjork von der University of California in Los Angeles beschäftigen sich seit Jahrzehnten mit dem Thema. Ihrer Ansicht nach ist der Unterricht oft unproduktiv, weil wahres Lernen unserem spontanen Verständnis zuwiderläuft und in der gängigen Praxis in der Schule gar nicht vorkommt. Sie unterstreichen die Bedeutung der »erwünschten Schwierigkeiten« und betonen, dass das Gehirn Dinge tun muss, die ihm schwerfallen. Besonderes Augenmerk schenken sie dem Gedächtnis, denn jedes Mal, wenn wir Information aus dem Gedächtnis abrufen müssen, verändert sie sich im Gehirn, damit sie beim nächsten Mal leichter zugänglich ist.[11]

Viele Schüler bereiten sich auf Prüfungen vor, indem sie ihre Unterlagen mehrmals durchgehen, doch nach den Erkenntnissen der Bjorks bringt das dem Gehirn nicht allzu viel. Sinnvoller ist es, sich selbst zu testen und den Stoff aktiv abrufen zu müssen – und dabei hoffentlich Fehler zu machen und diese zu korrigieren. Lernforscher weisen darauf hin, dass es sich dabei nicht um Leistungstests handeln sollte, denn diese verursachen Stress und beeinträchtigen den Lernprozess. Am besten sind nicht bewertete Selbsttests oder Prüfungen, bei denen sich die Schüler gegenseitig abfragen.

Warum Fehler wertvoll sind

Neuere Erkenntnisse der Hirnforschung zeigen immer deutlicher, wie wichtig es ist, sich mit Schwierigkeiten auseinanderzusetzen und Fehler zu machen. Gute Lehrer wussten das schon lange und haben ihre Schüler darauf hingewiesen, dass Fehler eine Lernchance sind. Leider dringt diese Botschaft nicht durch, und Schüler haben trotzdem ein schlechtes Gefühl, wenn sie Fehler machen – was oftmals mit der Leistungskultur der Schulen zusammenhängt. Selbst wenn Lehrer ausdrücklich betonen, dass Fehler den Lernerfolg und das Wachstum neuronaler Verbindungen fördern, kommt die Botschaft oft nicht an, weil das System sie dazu zwingt, die Leistung ihrer Schüler in Tests abzufragen und dann natürlich jeden Fehler zu bestrafen.

Das verdeutlicht wieder einmal, wie schwierig es ist, unsere Bildung zu ändern – es handelt sich um ein komplexes System mit vielen ineinandergreifenden Rädchen. Auch wenn Lehrer die richtige Botschaft vermitteln, wird diese oft von der Schulleitung oder dem Bildungswesen sabotiert. Deshalb ermutige ich Lehrer, ihr Wissen um effektives Lernen auch an die Schulverwaltung und an Eltern weiterzugeben.

Wenn Lehrer ihre Schüler motivieren, sich mit dem Stoff auseinanderzusetzen und Fehler zu machen, dann wirkt dies immens befreiend. Die Grundschullehrerin Suzanne Harris aus Neuseeland begann an einer klassischen Schule, die großen Wert auf Faktenwissen und Prüfungen legte. Nachdem sie eines meiner Bücher gelesen hatte, wusste sie, dass ihre Ansichten zum Unterricht von der Forschung bestätigt wurden, und bat ihren Schulleiter, nach der »Jo-Boaler-Methode« unterrichten zu dürfen, wie sie sie nannte. Der Direktor stimmte zu, und Harris baute ihren Unterricht um. Unter anderem erklärte sie den Kindern, wie gut und wichtig es ist, Fehler zu machen. Als ich sie kennenlernte, beschrieb sie mir, wie diese und andere Botschaften das Leben eines ihrer Schüler radikal veränderte.

Dex, bei dem eine Lernbehinderung festgestellt worden war, nahm Medikamente, um den Schultag durchzustehen. Eines Tages gab Harris ihren Kindern eine Aufgabe namens »vier Vierer« von meiner Website youcubed:

Versuche, jede Zahl zwischen 1 und 20 aus vier Vierern und jeder beliebigen Rechenoperation herzustellen.

Die Schüler hatten Spaß an der Aufgabe und gingen über die 20 hinaus. Während einer der Rechnungen musste Dex 16 und 64 addieren. Und als er später 64 und 16 addieren musste, stellte er fest, dass das Ergebnis dasselbe war. In diesem Moment hatte er das Kommutativ- oder Vertauschungsgesetz entdeckt – ein grundlegendes Gesetz der Mathematik. Addition und Multiplikation sind kommutativ, das heißt, die Reihenfolge der Argumente einer Operation spielt keine Rolle: Es ändert nichts am Ergebnis, ob man 18 zu 5 addiert oder 5 zu 18. Das ist wichtig, denn Division und Subtraktion sind nicht kommutativ, hier spielt die Reihenfolge sehr wohl eine Rolle.

Harris bemerkte, dass Dex das Vertauschungsgesetz erkannt hatte. Im Laufe der Zeit erfuhren auch andere Kinder von dieser

Strategie. Sie trieben ein Poster der Castingshow *X Factor* auf, schreiben die Regel darauf und nannten sie »Dex-Faktor«. Ein Schüler erzählte, der Dex-Faktor habe ihm geholfen, die Multiplikationstabellen zu lernen. Von da an sahen die Mitschüler Dex nicht mehr als »Depp« an, sondern als »Genie«.

Eines Tages kam der Direktor in den Unterricht und wollte die Kinder auf die Probe stellen, die den Wert von Fehlern kennengelernt hatten. Er sagte: »Ich kann also einfach sagen, 5 plus 3 gleich 10, und mein Gehirn wächst? Ich kann absichtlich Fehler machen? Funktioniert das so?«

Die Schüler waren entsetzt und antworteten: »Wie? Warum würde denn jemand absichtlich Fehler machen?«

Er erwiderte: »Aber Ihr habt mir doch gerade gesagt, dass mein Gehirn wächst, wenn ich Fehler mache!«

Sie antworteten: »Ja, aber Sie haben doch gar keinen Fehler gemacht. Das war ja Absicht! Deswegen ist es kein Fehler. So dumm wären Sie doch nicht!«

Ich freue mich immer, wenn ich höre, dass sich Kinder für etwas einsetzen, das sie gelernt haben, auch wenn Erwachsene es infrage stellen. Unlängst erhielt ich eine E-Mail von Tami Sanders, die an einer internationalen Schule in Hongkong eine dritte Klasse unterrichtet und mir von einer Schülerin berichtete, die durch das neue Wissen an Selbstbewusstsein gewann:

> *Heute ist das stillste Kind aus meiner Klasse zu mir gekommen. Das Mädchen hat so leise gesprochen, dass ich mich zu ihr hinunterbeugen musste, um sie zu hören. Sie hat mir ins Ohr geflüstert: »Mrs. Sanders, ich habe ein Buch aus Ihrem Regal gelesen, und ich finde, Sie sollten es lesen. Es ist so gut!« Ich sah mir an, was sie gelesen hatte, und erwartete ein Kindersachbuch. Wie überrascht war ich, als sie mir Ihr Buch* Mathematical Mindsets *in die Hand gedrückt hat.*

Auch Gisele, so der Name des Mädchens, schrieb mir eine E-Mail und empfahl mir, das Buch für verschiedene Altersgruppen zu schreiben, für Fünfjährige, für Sechs- bis Achtjährige, für Neun- bis Zwölfjährige, für 13- bis 15-jährige und für 16-jährige und Ältere. Das habe ich zwar noch nicht geschafft, aber ich war beeindruckt von ihren Ideen und ihrer Leidenschaft, diese Ideen zu verbreiten. Gisele schickte mir auch eine Zeichnung, in der sie festhielt, wie sie ihrer Lehrerin von meinem Buch erzählte.

In einem Mathematikcamp für Schüler der Mittelstufe, das ich vor einigen Jahren mit Cathy Williams abhielt, erklärten wir den Teilnehmern, dass wir Fehler liebten, weil sie das Gehirn wachsen lassen und im Lernprozess eine entscheidende Rolle spielen. Das half den Kindern, freier zu lernen, und veränderte ihren ganzen Umgang mit der Mathematik. Sie waren eher bereit, anderen ihre Überlegungen mitzuteilen, selbst wenn sie nicht sicher waren, ob sie damit recht hatten. Außerdem arbeiteten sie hartnäckiger an schwierigen Aufgaben. Der einfache Gedanke, dass es gut für unser Gehirn ist, wenn wir Fehler machen, wirkte befreiend. Die Botschaft, dass Fehler positiv sind, spielte eine wichtige Rolle bei der Veränderung des Lernens und ihrer Entwicklung als Lernende.

Eine der Teilnehmerinnen hieß Ellie. Ellie war die Kleinste und trug immer eine Baseballmütze, die sie sich schief auf den Kopf setzte. Wenn sie mit anderen Kindern an der Tafel stand, um Ideen zu skizzieren, musste sie sich auf die Zehenspitzen stellen. Aber ihre Statur stand in keinem Zusammenhang mit ihrem Lerneifer. Wenn ich Wörter finden sollte, um sie zu beschreiben, fallen mir »entschlossen« und »hartnäckig« ein und »ich krieg das raus, und wenn es das Letzte ist, was ich mache«.

Im Eingangstest gehörte Ellie zu den Schlechtesten, von 83 Kindern belegte sie den 73. Platz. Im Vorgespräch erklärte sie, Mathe sei langweilig, und sie wolle nicht teilnehmen. Viel lieber wäre sie zu Hause geblieben und hätte Videospiele gespielt. Aber im Mathematikcamp war sie in jedem Moment präsent, sie trat immer für ihre Position ein und wollte alles verstehen. Manchmal war sie frustriert, wenn sie eine Aufgabe nicht auf Anhieb durchschaute, doch sie blieb am Ball und stellte eine Frage nach der anderen. Sie machte viele Fehler, doch sie gab nicht auf, bis sie die richtige Antwort hatte.

Was macht Ellie so besonders? Von allen Teilnehmern des Sommerkurses erzielte sie die größten Fortschritte, und als sie

18 Tage später den Abschlusstest machte, gehörte sie zu den Besten. Sie hatte auf Platz 73 begonnen, und nun war sie auf Platz 13 und hatte ihr Ergebnis um 450 Prozent verbessert! Ellie befand sich in der »Phase des beschleunigten Lernens«[13], sie schob die Grenze ihres Wissens immer weiter hinaus, indem sie Fehler machte und korrigierte.

Wie lässt sich dieses beschleunigte Lernen fördern? Worin unterschied sich Ellie von anderen Kindern? Was sie in der Gruppe auszeichnete, war nicht ihr Wissen – sie war nicht die Schülerin mit den meisten richtigen Antworten –, sondern ihre hartnäckige Entschlossenheit im Angesicht von Fehlern. Wenn ich mich mit Lehrern unterhalte, dann sagen sie mir oft, dass sie genau diese Einstellung bei ihren Schülern vermissen. Immer wieder höre ich, dass sich die Kinder nicht anstrengen wollen und dass sie wollen, dass man ihnen sagt, was sie zu tun haben. Die Lehrer haben den Eindruck, dass die Kinder einfach keine Lust haben, sich anzustrengen. Aber wenn sich Kinder nicht anstrengen wollen, dann liegt das an ihrem statischen Selbstbild – irgendwann hat man ihnen die Vorstellung vermittelt, dass sie nichts erreichen werden und Anstrengungen nur ein Zeichen dafür sind, dass sie nichts wissen.

Viele der Kursteilnehmer waren risikoscheu und nicht bereit, beharrlich nach einer Lösung zu suchen, genau wie von diesen Lehrern beschrieben. Aber im Umfeld unseres Mathematikcamps, in dem wir eine positive Einstellung zu Fehlern und Auseinandersetzungen mit Schwierigkeiten vermittelten, waren sie eher bereit, am Ball zu bleiben, auch wenn ihnen eine Aufgabe schwerfiel. Wenn sie sich an uns wandten und verzweifelt ausriefen: »Das ist zu schwer!«, antworteten wir: »Das ist die beste Gelegenheit für Gehirnwachstum – dieses Gefühl, dass etwas zu schwer ist, zeigt dir, dass dein Gehirn wächst. Mach weiter. Das ist wichtig!« Dann machten sie sich wieder an die Arbeit. Am Ende des Kurses waren viele Schüler bereit, sich anzustrengen und weiterzumachen, wenn die Aufgaben schwer wurden. Wenn wir Fragen an die ganze Gruppe richteten, schossen überall die Hände in die Luft.

Wenn ich Lehrern von Ellie erzähle, dann wollen sie wissen, wie sie ihren Schülern diese Einstellung vermitteln können. Sie wollen, dass ihre Schüler Einsatz zeigen, sich mit Schwierigkeiten auseinandersetzen und hartnäckig an Lösungen arbeiten. Eine der Lehrerinnen, die gelernt hat, ihre Schüler im Unterricht zum Einsatz zu motivieren, ist Jennifer Schaefer.

Schaefer unterrichtet Sechstklässler im kanadischen Ontario. Sie nahm Kontakt zu mir auf, weil es ihr gelungen war, ihrem Unterricht mit den Erkenntnissen der Hirnforschung eine Kehrtwende zu geben. Wie viele andere Frauen, mit denen ich sprach, erzählte auch sie mir, dass es in ihrer eigenen Erziehung darum gegangen sei, ein gehorsames Mädchen aus ihr zu machen – sie wurde dafür belohnt, artig und nett zu sein, und nicht dafür, Risiken einzugehen. Im Unterricht habe sie sich nur dann zu Wort gemeldet, wenn sie absolut sicher war, dass sie die richtige Antwort wusste.

Als ehemalige Sozialarbeiterin verstand Schaefer, wie wichtig es war, das Selbstbewusstsein der Kinder zu fördern, weshalb dies fest zu ihrem Unterricht gehörte. Die Erkenntnisse der Hirnforschung gaben ihr eine »zusätzliche Wissensebene« – eine Ebene, die ihre Lehrmethode hinterfragte. Ihr war bewusst, dass die Kinder, wenn sie in ihre Klasse kommen, bereits davon ausgehen, »intelligent« zu sein oder eben nicht. Als sie von der Neuroplastizität und den Selbstbildern erfuhr, verbrachte sie die ersten Monate des neuen Schuljahrs damit, den Kindern wichtige neue Vorstellungen in die Köpfe zu pflanzen.

Es ging nicht nur darum, ihr Selbstbewusstsein aufzubauen. Es ging auch darum, ihnen Wissen über ihr Gehirn zu vermitteln. Das ist die zusätzliche Ebene. Das waren handfeste Informationen darüber, wie sie lernen.

Es war immer mein Anliegen, das Selbstbewusstsein der Kinder zu stärken, doch das ist etwas anderes. Weil es mit dem Lernen selbst zu tun hat, geht es nicht nur darum, dass sie sich im Umgang mit ihren Freunden gut fühlen; es geht ums Lernen.

Wenn Schaefer die Selbstbild- und Hirnforschung in ihren Unterricht und die Erziehung ihrer eigenen Kinder eingebaut hat, dann ist sie damit eine Ausnahme. Viele Lehrer arbeiten an den Selbstbildern ihrer Schüler, doch ihr Unterricht ist nicht so sehr von den neuen Erkenntnissen der Hirnforschung durchdrungen wie der von Jennifer Schaefer. In meiner Arbeit habe ich beobachtet, wie entscheidend der Beitrag von Lehrern und Eltern für die Entwicklung eines dynamischen Selbstbildes ist, vor allem in den wichtigen Momenten, in denen Kinder Schwierigkeiten beim Lernen haben. Als Schaefer begann, die Kinder zu motivieren, Schwierigkeiten anzunehmen, verwendete sie das Bild der Lerntreppe. Heute klebt sie dieses Bild auf kleinen Zetteln überall in ihr Klassenzimmer.

Lerntreppe

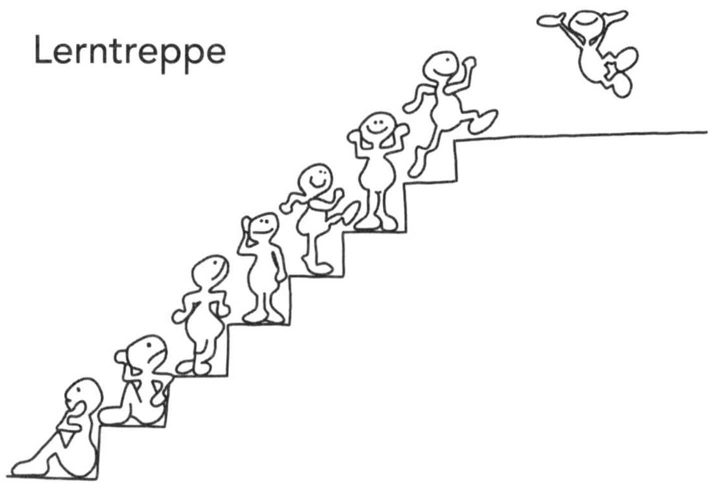

Wie weit bist du heute gekommen?

Das ist die Lerntreppe. Schaefer sagt ihren Schülern, es sei gar nicht nötig, der jubelnde Schüler auf der obersten Stufe zu sein, aber sie brauchen auch nicht der Trauerkloß auf der untersten Stufe zu bleiben. Das Entscheidende ist, dass sie sich auf den Weg machen, denn die Lerntreppe ist der eigentlich wichtige Ort. In unserem Gespräch sagte sie mir:

> *Niemand will der Typ ganz unten sein. Der wirkt beleidigt und wütend. Und der ganz oben ist auch ein bisschen nervig, weil er fertig ist und sich freut. Ich sage immer: »So weit müsst ihr gar nicht kommen. Es reicht, wenn ihr irgendwo in der Mitte seid!«*

Den Schülern gefällt das Bild, aber ein anderes gefällt ihnen noch besser. Es stammt von dem britischen Pädagogen James Nottingham. Der erfand die »Lerngrube« – den ganz wichtigen Ort der Schwierigkeiten.

Schaefer ließ ihre Schüler ihre eigene Lerngrube zeichnen, und das ist das Ergebnis:

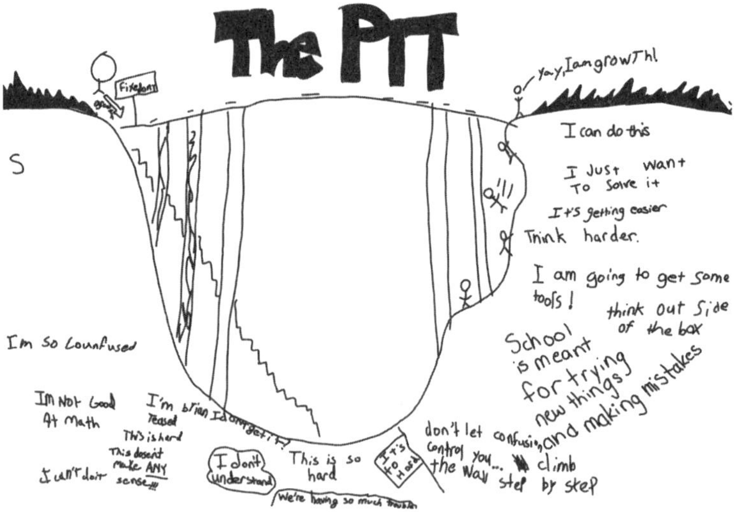

Die Schüler schreiben, was sie fühlen, wenn ihnen etwas schwerfällt – »mir schwirrt der Kopf«, »ich bin schlecht in Mathe«, »das passt doch alles nicht zusammen« –; wir alle kennen das Gefühl. Sie schreiben auch, was sie erleben, wenn sie sich aus der Grube herausarbeiten – »lass dich nicht von der Verwirrung fertigmachen«, »steig Schritt für Schritt aus der Grube« und andere positive Gedanken. Schaefer freut sich, wenn die Kinder in der Grube sind; sie sagt, sie könnte ihnen die Hand geben, damit sie gemeinsam über die Grube hinwegspringen, aber dann würden sie die Chance verpassen, und das würde ihrem Gehirn nicht helfen.

Wenn die Schüler frustriert sind, sagen sie manchmal zu ihr: »Mrs. Schaefer, ich sitze voll in der Grube!«

Und sie antwortet: »Prima! Was brauchst du?«

Diese Antwort signalisiert zweierlei: Erstens freut sich Schaefer, dass die Kinder in der Grube sind. Und zweitens hilft sie ihnen nicht, indem sie die Aufgabe in verdauliche Häppchen herunterbricht, sondern sie fragt, welche Hilfsmittel die Kinder benötigen, um sie selbst zu lösen. Sie versteht, wie wichtig dieser Ort der Auseinandersetzung ist und dass sie Schüler anfeuern, aber nicht retten sollte.

Leah Haworth, eine weitere Lehrerin, mit der ich gesprochen habe, unterstrich eine andere und ebenso effektive Möglichkeit, mit Auseinandersetzungen umzugehen. Sie erzählte mir erst ihre eigene Geschichte, dann beschrieb sie ihre Unterrichtsmethode und wie sie einer Schülerin half, die das Schuljahr mit Tränen begonnen hatte.

Haworth erinnerte sich an einige sehr negative Erlebnisse aus ihrer eigenen Grundschulzeit. Eingeschult wurde sie in England, wo sie als eines von vielen Kinder in eine »Fördergruppe« gesteckt wurde. Man hätte ihr genauso gut direkt sagen können, dass bei ihr Hopfen und Malz verloren war. Kein Wunder, dass sie kaum Selbstbewusstsein entwickelte. Zu ihrem Glück zog sie mit 13 nach Neuseeland, wo die Lehrer sich sehr um sie bemühten. Als Haworth selbst Lehrerin wurde, war ihr bewusst, wie wichtig es war, Kinder zu motivieren – vor allem Kinder, die sich bereits aufgegeben hatten. Eins davon war Kelly. Als Haworth Kelly weinen sah, kannte sie den Grund: Das Mädchen war überzeugt, dass sie eine schlechte Schülerin war. Sie wusste auch, dass Kelly besondere Ängste entwickeln würde, wenn ihr etwas schwerfiel. Daher beschloss Haworth, dem Mädchen zu helfen, wenn sie bei einer Aufgabe ins Straucheln geriet, und ihr diese Hilfe dann ganz allmählich zu entziehen. Außerdem erzählte sie Kelly und den anderen Kindern, sie selbst habe als Schülerin keine hohe Meinung von sich gehabt und geweint, wenn sie das Gefühl hatte, dass sie etwas nicht packte. Im Laufe des Schuljahrs gab Haworth Kelly immer schwierigere Aufgaben und immer weniger Unterstützung, und dabei ging ein Wandel in Kelly vor. Sie wurde selbstbewusster, weinte seltener und begann zu lächeln. Haworth sagte mir:

Es war erstaunlich zu beobachten, wie weit dieses Mädchen in nur einem Jahr gekommen war, und zwar nicht nur in Mathematik. Ihr ganzes Selbstbild hatte sich verändert, und das übertrug sie auch auf andere Fächer. Am Anfang glaubte sie, dass sie keine Mathematikaufgaben lösen könne (sie weinte und war nicht bereit, sich auch nur auf ein Gespräch einzulassen), und am Ende war sie bereit, jede Aufgabe anzugehen und sogar offen vor der Klasse über ihre falsche Selbstwahrnehmung zu sprechen. Die ganze Klasse machte diese Reise, aber ihr Weg war ganz besonders erstaunlich. Das war einer der Momente, in denen ich gedacht habe: Genau deshalb bin ich Lehrerin geworden.

Haworth änderte ihre Unterrichtsmethoden, um das Selbstbild ihrer Schüler dynamischer zu machen und sie anzuhalten, sich Schwierigkeiten zu stellen. Für viele Kinder war das entscheidend. Bevor Haworth ihren Unterricht umstrukturierte, erreichten 64 Prozent ihrer Schüler das Klassenziel. Im ersten Jahr mit dem neuen Ansatz waren es 84 Prozent. Dieser Sprung ist typisch für die Lehrer, mit denen wir arbeiten. Wir wollen natürlich 100 Prozent erreichen, doch 84 Prozent im ersten Jahr ist sehr beeindruckend. Haworth schaffte das, indem sie allen Schülern, auch denen mit mangelndem Selbstbewusstsein, positive Botschaften vermittelte und sie in den entscheidenden schwierigen Momenten anfeuerte.

Als ich Schüler und die breitere Öffentlichkeit erstmals mit der neuen Forschung über Fehler und Schwierigkeiten bekannt machte, schrieb ich: »Fehler lassen dein Gehirn wachsen.« Diese Botschaft ist so schlicht wie kraftvoll, und ich weiß, dass sie vielen Schülern in aller Welt geholfen hat. Ich wurde von Leuten kritisiert, die »wachsen« wörtlich verstanden und mir vorwarfen, ich behauptete, dass das Gehirn immer größer wird. Wir wissen, dass Fehler die Zahl der Vernetzungen steigern und die Leistung des Gehirns verbessern. Ich stehe zu der Formulierung, denn die Botschaft soll schließlich auch schon Kinder im

Vorschulalter erreichen, und Wachstum kann verschiedene Formen annehmen. Ich finde, stärkere Vernetzung und künftige Kapazitäten sind sehr wichtige Formen von Wachstum.

Scheitern neu verstehen

Wenn wir die positiven Folgen von Fehlern verstehen, dann können wir auch das Scheitern in einem neuen Licht sehen. Das ist ein entscheidender Schritt, um unser Potenzial zu erschließen. Ich habe am eigenen Leib erlebt, was es bedeutet, die Angst vor dem Scheitern zu überwinden und mein Potenzial zu entfalten. Es ist ein Prozess, an dem wir fortwährend arbeiten müssen.

Für mich als Wissenschaftlerin gehört Scheitern schon fast zum täglichen Brot. Um unser youcubed-Zentrum in Stanford zu finanzieren, Mitarbeiter zu bezahlen und kostenloses Lehrmaterial für Lehrkräfte und Eltern zur Verfügung zu stellen, sind wir auf Fördermittel angewiesen, doch die meisten unserer Anträge werden abgewiesen. Außerdem muss ich Artikel an Fachzeitschriften schicken, und auch hier gehören Ablehnungen zum Alltag. Und wenn sie nicht vom Herausgeber direkt abgelehnt werden, bekommt sie eine Kollegin zur Prüfung. Mir ist es schon passiert, dass diese Kollegin meine Artikel zerriss mit der Begründung, das sei doch »keine Forschung, sondern nur eine Geschichte«. Man kann als Wissenschaftler kaum überleben, wenn man das Scheitern nicht als Chance begreift. Mein weiser Doktorvater Paul Black meinte einmal zu mir: »Wenn Sie einen Artikel verschicken, dann sollten Sie immer schon wissen, an welche Zeitschrift Sie ihn verschicken, wenn er von der ersten abgelehnt wird.« Diesen Rat habe ich zahllose Male beherzigt.

Wenn Sie Ihr Lernpotenzial erschließen und Herausforderungen und Schwierigkeiten annehmen, dann hilft Ihnen das auch beim Umgang mit schwierigen Menschen. In der Welt der sozialen Medien scheint es unmöglich, den Mund aufzumachen, ohne dass man attackiert wird, manchmal sehr aggressiv. Ich erhalte oft extremes und ausgesprochen unangenehmes Feedback, und heute weiß ich, wie wichtig es ist, in diesen Momenten stark zu sein und etwas Positives darin zu suchen. Statt einen Angriff einfach zu ignorieren oder sich selbst fertigzumachen, sollten Sie denken: »Ich will etwas daraus lernen und es verwenden, um besser zu werden.«

Diese Haltung gegenüber dem Scheitern eignete sich auch Karen Gauthier an, nachdem sie sich mit der Forschung zum Hirnwachstum beschäftigt hatte. Gauthier ist Lehrerin und Mutter und wuchs mit selektivem Mutismus auf, denn »es war leichter, nichts zu sagen als etwas Falsches«. Als Kind erlaubten ihr ihre Eltern, Beschäftigungen aufzugeben, die ihr schwerfielen. So gab sie Softball, Klavierunterricht und andere Dinge auf, sobald es ihr nicht mehr ganz so leichtfiel. Viele Lehrkräfte und Eltern sind der Ansicht, es sei der beste Weg, die Kinder aufgeben zu lassen, um sie vor Schwierigkeiten und Frustrationen zu behüten. Das mag so wirken, als unterstützte man damit das Kind, doch in Wirklichkeit ist es ein Bumerang.

Ich erinnere mich an den Besuch in einem besonders guten Mathematikunterricht an einer Highschool in Railside. Eine Schülerin stand an der Tafel und löste eine Aufgabe. Sie erklärte den Mitschülern die Lösung, als sie sich plötzlich unterbrach. Sie drehte sich um und gestand, dass sie nicht weiterwusste. Die ganze Klasse sah zu, keiner sagte etwas. Auf Außenstehende könnte diese Situation unerträglich wirken, doch die Lehrerin sagte der Schülerin, sie solle sich nicht setzen, sondern weiterrechnen. Also blieb das Mädchen an der Tafel stehen, klärte ihre Verwirrung und brachte die Aufgabe zu Ende.

Als ich das Mädchen später auf die Situation ansprach, dachte sie nach und gab eine verblüffende Antwort: »Die Lehrerin hat mich nicht aufgegeben.« Ihre Mitschüler stimmten ihr zu und sahen in der Aufforderung der Lehrerin, schwierige Aufgaben zu lösen, ein Zeichen, dass sie an sie glaubte. Zum ersten Mal verstand ich, dass ein hoher Anspruch an die Schüler oder die eigenen Kinder ein inspirierender Vertrauensbeweis sein kann.

Gauthier wurde Lehrerin, weil sie Schülern eine bessere Lernerfahrung vermitteln wollte, als sie selbst sie erlebt hatte. Für ihre großartigen Leistungen wurde sie von ihrem Schulbezirk zur »Lehrerin des Jahres« gekürt. Kurz darauf wurde sie zur Mathematikfachleiterin des Bezirks befördert, und jetzt erlebte sie, was Scheitern bedeutet. Gauthier hatte gerade ihre Arbeit als Fachleiterin aufgenommen und wollte neue Methoden einführen, doch die Lehrer sträubten sich. Keine drei Monate nachdem sie diese Aufgabe übernommen hatte, stellte sie fest, dass sie gescheitert war. In einer Kindheitsregression dachte sie: »Ich bin nicht gut genug! Wem will ich etwas vormachen? Das schaffe ich nie!«

Gauthier machte einige schwierige Wochen durch, doch eine Freundin half ihr, Zähigkeit und Selbstvertrauen zu entwickeln. Während dieser Zeit der Selbstzweifel las sie mit großem Interesse Forschungsarbeiten zu Fehlern und Hirnwachstum. Damals veränderte sich etwas in ihr. Um es mit ihren Worten zu sagen:

> *Mit einem Mal hatte ich ein ganz anderes Selbstbild. Ich habe gemerkt, dass das in Wirklichkeit eine Chance war. Das war etwas, was ich nicht aufgeben wollte, nur weil es schwer wurde.*

Genau das bedeutet es, in schwierigen Zeiten an unser unbegrenztes Lernpotenzial zu glauben. Wir wissen, dass die Aufgabe nicht größer ist als wir, sondern dass sie eine Chance bietet.

In ihrem Lernprozess erkannte Gauthier, dass alle irgendwann scheitern (auch wenn viele so tun, als wäre ihnen das noch nie passiert) und dass sich alle dabei so fühlen wie sie. Heute kann sie auf diese schwierige Phase zurückblicken und anders mit Scheitern und Schwierigkeiten umgehen. Ein Bild von Berg und Tal half ihr, sich in einem neuen Licht zu sehen:

> *Wenn Sie im Tal sind, stecken Sie im tiefen, dunklen Graben der Veränderung – nutzen Sie diese Zeit, ackern Sie sich da durch. Irgendwann stehen Sie dann wieder oben auf dem Berg und können zurückblicken und dankbar sein.*

Zu Gauthiers Verwandlung gehörte es auch, ihre negativen Selbstgespräche zu unterbinden und stattdessen positive Selbstgespräche zu führen und darauf zu achten, positive Gedanken zu denken.

Ehe Gauthier ihre eigenen Grenzen überwand, erzog sie ihre Kinder so, wie sie selbst erzogen worden war. Sie erlaubte ihnen, eine Beschäftigung aufzugeben, wenn sie ihnen zu schwierig wurde. Heute macht sie das anders. Sie erinnert sich an eine Erfahrung mit ihrem Sohn, die für sie »den Kreis geschlossen hat«:

> *Vor zwei Jahren habe ich meinen Sohn zu seinem letzten Baseballspiel in der Jugendliga gefahren. Er hatte noch nie einen Homerun geschlagen, und im Auto hat er zu mir gesagt: »Das ist jetzt mein letztes Spiel. Sieht so aus, als würde ich keinen Homerun mehr schlagen.«*
>
> *Und ich habe zu ihm gesagt: »Und was glaubst du? Glaubst du, dass du das packen kannst?«*
>
> *Darauf er: »Ich weiß nicht.«*
>
> *Und ich habe zu ihm gesagt: »Wenn du raus aufs Feld gehst, dann sag: ›Ich bin …, ich bin …‹ Du kannst die Lücke selbst füllen. ›Ich bin stark genug. Ich bin gut genug. Ich schlage einen Homerun.‹«*
>
> *Und das hat er dann auch gemacht. Er hat es geschafft! Als er raus aufs Feld gegangen ist, habe ich laut gerufen: ›Ich bin!‹ Er hat*

mich nur angeschaut, als wollte er sagen: ›Oh Mama, bitte nicht!‹ Dann ist er raus und hat einen Homerun geschlagen, und ich habe geschrien!

Gauthiers Befreiungsschlag war für ihre Rolle als Fachleiterin genauso wichtig wie für ihre Rolle als Mutter. Unlängst nahm sie ihr dynamisches Selbstbild beim Wort und bewarb sich auf eine höhere Stelle, die sie auch prompt bekam. Heute sitzt sie im Lehrplanausschuss eines der größten Schulbezirke von Kalifornien. Sie sagt, sie hätte sich nie auf diese Stelle beworben, wenn sie nicht selbst erlebt hätte, wie wichtig es ist, Herausforderungen anzunehmen. Gauthier brauchte Jahre, um ihr Potenzial zu erschließen. Alles begann mit ihrer Begegnung mit der Hirnforschung, die zeigt, wie wichtig Schwierigkeiten und Fehler sind. Wir sind alle auf unserem eigenen Weg zu unserem unbegrenzten Potenzial. Gauthier kam irgendwann auf ihrer Reise an den Punkt, an dem sie Scheitern als Chance begriff.

Im Umgang mit dem Scheitern zeigt sich, wie wichtig es ist, an unser grenzenloses Potenzial zu glauben. Menschen mit einem dynamischen Selbstbild können große Herausforderungen meistern, aber was passiert, wenn sie scheitern? Wer scheitert und unbeirrt weitermacht, wer zu Boden geht und gleich wieder aufsteht, wer Kritik einsteckt und sie als positives Zeichen sieht, dass er wichtige Arbeit leistet – der glaubt an sein wahrhaft grenzenloses Potenzial. Es ist leicht, selbstbewusst zu sein, wenn alles rundläuft. Erst wenn die Dinge ins Stocken geraten und wir auf Herausforderungen oder Anfeindungen treffen, bewährt sich diese Einstellung wirklich.

Das verdeutlicht das Beispiel von Kate Rizzi. Rizzi war ein wissbegieriges Kind, doch ihre Familie honorierte ihre Neugierde nicht, sie wollte eine artige und folgsame Tochter. Weil sie das Gefühl hatte, dass ihre Neugierde falsch war, zweifelte sie an sich selbst. Die Ablehnung gab ihr das Gefühl, sie müsse sich klein machen und dürfe nicht die sein, die sie war. Es war ein vernichtendes Gefühl, wie es auch viele homosexuelle Jugendliche kennen. Durch dieses »Kleinmachen« entwickelte Rizzi kein Selbstvertrauen. Als Kind ging es darum, »zu beweisen, dass ich intelligent war, obwohl ich mich nicht so fühlte«. In der Schule und der Universität wurde sie ständig von der Angst verfolgt, dass sie »auffliegen« könnte.

Die Wende kam, als Rizzi an einem Kurs des Bildungsseminaranbieters Landmark Education teilnahm, wo sie mit den Erkenntnissen der Hirnforschung in Berührung kam. So lernte sie zum Beispiel das limbische System des Gehirns kennen, das sich in grauer Vorzeit entwickelte, um den Menschen vor Gefahren wie Säbelzahntigern zu schützen. Heute müssen wir keine Angst mehr haben, dass hinter der nächsten Straßenecke ein wildes Raubtier auf uns lauert, doch das hindert das limbische System nicht daran, uns Botschaften zu senden wie: »Tu das nicht. Das ist gefährlich. Geh dieses Risiko nicht ein.« In ihrem Kurs lernte Rizzi, dass wir uns diesen Gedanken widersetzen können und sollten. Das half ihr, sich ihrer eigenen Gefühle bewusster zu werden und zu erkennen, dass sie ihr Leben selbst in die Hand nehmen konnte. Zuvor hatte sie immer Angst gehabt, dass jemand sie durchschauen könnte – ein Gefühl, von dem mir viele Menschen berichtet haben. Doch nach dem Kurs begann Rizzi ihr Potenzial zu entfalten und zu versuchen, »mein Leben als Experiment zu begreifen«, wie sie es ausdrückte.

Kurz nach dem Kurs sah sie eine Stellenausschreibung, die sie früher nie auch nur in Erwägung gezogen hätte. Die Universität ihrer Stadt schrieb die Stelle der Assistenz des Dekans im Fachbereich für Kommunikation aus. Mit ihrem neuen Selbstbild beschloss sie, sich auf die Stelle zu bewerben, und sie bekam sie auch. Rizzi beschrieb die Erfahrung der erfolgreichen Bewerbung als ersten »Datensatz« in ihrem neuen »Lebensexperiment« – man kann Risiken eingehen, und es kann gut gehen. Im Laufe der Zeit verlor sie ihre Furcht vor dem Leben und ließ sich von ihrer Leidenschaft und ihren Interessen leiten, nicht mehr von der Angst.

Vor nicht allzu langer Zeit erlebte sie allerdings einen Rückschlag. Inzwischen hatte sie eine Stelle als Lernspezialistin angetreten, doch nach nur vier Monaten wurde ihr unerwartet und ohne Erklärung gekündigt. Die Schule, an der sie gearbeitet hatte, war offenbar nicht bereit, ihre modernen Lernmethoden umzusetzen.

Für viele Menschen wäre das ein schwerer Schlag gewesen, doch Rizzi konnte das Erlebnis in einem anderen Licht sehen und ihr Scheitern als Chance begreifen. Nach dem ersten Schock erkannte sie, dass die Kündigung eine Chance für Erneuerung und Kreativität bot. Statt sich eine neue Anstellung zu suchen, machte sie sich als Vermittlerin zwischen Schulen und Familien selbstständig. Im Auftrag der Schüler trifft sie sich nun mit Lehrenden und erklärt, ihre Arbeit mache ihr großen Spaß. Im Gespräch mit ihr war ich beeindruckt von der Veränderung, die sie beschrieb – von einer Jugendlichen, die »Angst hatte aufzufliegen« zur starken Frau von heute, die sich von nichts aufhalten lässt.

Heute wissen wir, dass unsere Gehirne sich fortwährend verändern und wachsen. Nun wissen wir auch, dass Lernen und Wachstum von Fehlern und Schwierigkeiten gefördert werden. Diese beiden Erkenntnisse befreien uns vom Mythos des statischen Gehirns, der weite Teile unserer Welt bis heute beherrscht. Wenn wir uns klarmachen, dass wir alles lernen können und dass Schwierigkeiten ein Zeichen dafür sind, dass etwas Positives im Gange ist, dann haben wir weniger Angst davor, verwundbar zu sein, und handeln anders. Wir glauben nicht mehr, dass wir alles wissen müssen, sondern sind eher bereit, uns verwundbar zu machen und unsere Unsicherheit zu zeigen. In Sitzungen können wir nun Ideen beisteuern und müssen keine Angst davor haben, jemand könnte dahinterkommen, dass wir nicht alles wissen. Das wirkt ungemein befreiend. Die neue

Hirnforschung und die Erkenntnis von der Bedeutung der Herausforderungen nutzt Lernenden genauso wie Lehrenden, Eltern und Führungskräften. Wir alle können unsere Grenzen hinter uns lassen. Im nächsten Kapitel stelle ich Ihnen eine erstaunliche wissenschaftliche Erkenntnis vor, die zeigt, wie das geht.

KAPITEL 3

NEUES SELBSTBILD, NEUE WIRKLICHKEIT

Alle Lernschlüssel sind wichtig, aber einige sind absolut verblüffend. In diesem Kapitel stelle ich Ihnen den wohl erstaunlichsten Lernschlüssel von allen vor. Vereinfacht gesagt lautet er: Wenn wir unsere Selbstwahrnehmung ändern, ticken unsere Gehirne und Körper anders. Ehe ich zeige, was mit Schülern passiert, wenn sie ihr Selbstbild korrigieren, möchte ich Ihnen die verblüffenden Verwandlungen schildern, die in unserem Körper – unseren Organen und Muskeln – vorgehen, wenn wir an unserer Selbstwahrnehmung arbeiten.

LERNSCHLÜSSEL 3

Wenn sich unsere Selbstwahrnehmung ändert, hat dies auch Auswirkungen auf unseren Körper und unser Gehirn.

Selbstwahrnehmung und Gesundheit

Um die Auswirkungen der Selbstwahrnehmung auf unsere Gesundheit zu erforschen, untersuchten die Psychologinnen Alia Crum und Octavia Zahrt in einer 21 Jahre dauernden

Langzeituntersuchung 61 141 Freiwillige. Dabei beobachteten sie, dass Teilnehmer, die ihrer subjektiven Ansicht nach ausreichend Sport trieben, gesünder waren als andere, die glaubten, dass sie zu wenig taten, wobei beide Gruppen gleich viel Sport trieben. Der Unterschied zwischen den Teilnehmern mit einer positiven und einer negativen Selbstwahrnehmung hatte weitreichende Folgen: Diejenigen, die ihr sportliches Pensum als unzureichend wahrnahmen, hatten im Folgezeitraum eine 71 Prozent höhere Sterbewahrscheinlichkeit als diejenigen, die damit zufrieden waren.[1]

In einer weiteren Langzeitstudie befragten WissenschaftlerInnen 50-jährige nach ihrer Einstellung zum Älterwerden. Die Befragten mit einer positiven Einstellung lebten durchschnittlich 7,5 Jahre länger als diejenigen mit einer negativen Einstellung, und diese Unterschiede blieben auch bestehen, wenn man den aktuellen Gesundheitszustand und andere Variablen herausrechnete.[2] In einer Untersuchung mit 440 Personen im Alter von 18 bis 49 Jahren hatten Teilnehmer mit negativen Vorstellungen vom Älterwerden in den folgenden 38 Jahren deutlich häufiger Herzprobleme.[3] Und in einer anderen Befragung von 18- bis 39-Jährigen erlitten Teilnehmer mit negativen Vorstellungen ab einem Alter von 60 Jahren doppelt so häufig einen Herzinfarkt.[4]

Alia Crum und Ellen Langer führten ein bemerkenswertes Experiment mit den Reinigungskräften von Hotels durch. Sie teilten die Teilnehmerinnen in zwei Gruppen ein: Den ersten teilten sie mit, dass ihre Arbeit den Empfehlungen des Gesundheitsministeriums für körperliche Betätigung entsprach, den zweiten gaben sie diese Information nicht. Am Verhalten der beiden Gruppen änderte sich nichts, doch nach vier Wochen waren die Arbeitnehmerinnen, die ihre Tätigkeit für gesund hielten, tatsächlich deutlich gesünder als die der Kontrollgruppe: Sie hatten abgenommen, und ihr Blutdruck, Körperfett, Verhältnis von Taille zu Hüfte und Body-Mass-Index näherten sich gesünderen Werten. Das heißt, allein ihre Wahrnehmung ihrer körperlichen Betätigung hatte Auswirkungen auf ihr Gewicht und ihre Gesundheit.[5] Vor der Untersuchung hatten die Reinigungskräfte nicht geglaubt, sie bewegten sich genug, weshalb die Information, dass ihre Tätigkeit so gesund war wie Sport, einen großen Effekt auf sie hatte. Diese neue Erkenntnis veränderte ihr Selbstbild und offenbar auch ihr gesamtes Leben. Das neue Selbstbild wirkte sich auf ihre Körperfunktionen aus, genau wie sich die Veränderung des Selbstbilds auf unser Gehirn auswirkt, wie wir bereits gesehen haben.

Andere Untersuchungen haben gezeigt, dass wir allein durch mentale Konzentration Muskeln aufbauen oder Musikinstrumente erlernen können – ganz ohne körperlich zu trainieren oder zu üben. Versuchspersonen konnten ihre Muskeln in mentalem Training aufbauen, indem sie sich die Übungen ganz einfach vorstellten.[6] Die Teilnehmer der Untersuchung wurden in zwei Gruppen eingeteilt: Die einen sollten sich vorstellen, mit ihrem Finger gegen einen Widerstand zu drücken, und die anderen führten die Übung tatsächlich aus. Das Training dauerte zwölf Wochen und bestand aus fünf 15-minütigen Einheiten pro Tag. Die Gruppe, die die Übung körperlich ausführte, steigerte ihre Muskelkraft um 55 Prozent, die andere, die nur im Kopf trainierte, um 53 Prozent.

Die Wissenschaftler erklären dies damit, dass mentale Übungen das Outputsignal des Großhirns verstärken, das die Muskeln zu größerer Aktivität stimuliert und die Kraft steigert. Sie schreiben: »Der Geist hat beachtlichen Einfluss auf den Körper und seine Muskeln.« Als ich meinen Kollegen davon erzählte, machten sie ihre Witze und sagten, jetzt müssten sie endlich nicht mehr ins Fitnessstudio gehen – es reichte, wenn sie daran dachten! Tatsächlich ist das nicht ganz falsch. Wenn wir konzentriert an den Aufbau bestimmter Muskeln denken, dann werden diese Muskeln tatsächlich gekräftigt, weil dadurch die Signale des Gehirns verstärkt werden.

Ähnlich beeindruckend waren Experimente mit Klavierspielern.[7] Professionelle Pianisten sollten ein Stück lernen und aufführen, doch die Hälfte übte ausschließlich mental, indem sie sich das Stück vorstellte, und die andere übte am Klavier. Am Ende spielten Pianisten, die ausschließlich im Kopf geübt hatten, so gut, dass ihre Darbietungen kaum von denen zu unterscheiden waren, die am Instrument eingeübt wurden. Mehr noch, sie machten die gleichen Fortschritte, ihre Geschwindigkeit, ihr Rhythmus und ihr Gefühl für das Stück verbesserten sich auf die gleiche Weise. WissenschaftlerInnen heben die Vorteile der mentalen Übung für Konzertpianisten hervor, die damit eine Überbeanspruchung ihrer Hände vermeiden könnten.[8]

Selbstwahrnehmung und Konflikt

Es ist nicht übertrieben zu sagen, dass meine Kollegin Carol Dweck mit ihrer Arbeit zu Selbstbildern das Leben von Millionen von Menschen verändert hat. Jeder von uns schätzt seine Fähigkeiten anders ein. Die einen glauben, dass sie alles lernen können, andere sind der Ansicht, dass ihre Intelligenz statisch ist und sie daher nur bestimmte Dinge lernen können. In zahlreichen Untersuchungen hat Dweck die entscheidende Rolle unseres Selbstbilds nachgewiesen. Ehe ich jedoch darauf eingehe, wie wir unser Lernvermögen durch eine Veränderung unseres Selbstbildes verbessern können, möchte ich Ihnen einige der Arbeiten vorstellen, die zeigen, wie wir Konflikte überwinden und friedlicher leben können.

Als ich David Yeager kennenlernte, war er Doktorand in Stanford, heute ist er Psychologe an der University of Texas in Austin. In Zusammenarbeit mit Carol Dweck führte er Untersuchungen zu Selbstbildern und Konflikten durch. Die beiden fanden heraus, dass Menschen mit einem statischen Selbstbild in Konflikten einen aggressiveren Vergeltungsdrang verspüren.

Wenn sie jedoch Informationen erhalten, die ihr Selbstbild verändern, dann schwächen sich diese aggressiven Neigungen ab.[9]

Die Wissenschaftler weisen darauf hin, dass Menschen mit statischem Selbstbild eher zu Aggression neigen, da sie der Ansicht sind, dass sie und andere sich nicht verändern können, weshalb sie im Scheitern einen Ausdruck ihrer Schwäche sehen. So hegen sie mehr negative Gefühle gegen sich selbst und empfinden mehr Scham. Ihre Gegenspieler sehen sie eher als schlechte Menschen und äußern ihnen gegenüber mehr Hass.

Menschen mit dynamischem Selbstbild reagieren dagegen in Auseinandersetzungen seltener mit Hass, Scham und Aggression. Sie gehen besser mit Konflikten um, weil sie wissen, dass sie und andere in der Lage sind, sich zu ändern. Natürlich war auch die Aggressionsneigung der Menschen mit statischem Selbstbild nicht fest vorgegeben, und wenn sie ihr Selbstbild dynamisierten, wurden sie nachsichtiger und wollten anderen helfen, sich in Zukunft anders zu verhalten.

Andere Untersuchungen beobachteten, dass Menschen mit dynamischem Selbstbild weniger rassistisch sind.[10] Wenn wir wissen, dass andere in ihrem Denken nicht festgelegt sind und Vorurteile abbauen können, dann hat dies Auswirkungen auf unseren Umgang mit Ausländern und Menschen anderer Hautfarbe.

Forschungsarbeiten wie die genannten zeigen, wie viele Aspekte unseres Lebens durch starre Überzeugungen und Selbstwahrnehmungen beeinträchtigt werden. Sie beweisen auch, dass wir offener werden, wenn wir unsere Selbstwahrnehmung korrigieren und an unsere Fähigkeit zur Veränderung glauben, und dass wir so auch anderen gegenüber weniger aggressiv sind. Mehr noch, sie belegen, dass sich eine neue Selbstwahrnehmung positiv auf unsere Gesundheit und unser subjektives Wohlbefinden auswirkt. Angesichts dieser beeindruckenden Erkenntnisse ist es kein Wunder, dass wir mit einer neuen Wahrnehmung unseres Potenzials auch unseren Lernerfolg verbessern können.

Selbstwahrnehmung und Lernen

In einer bahnbrechenden Untersuchung demonstrierten Lisa Blackwell, Kali Trzesniewski und Carol Dweck, wie sich die Selbstwahrnehmung im Lernerfolg von Schulkindern niederschlägt. Dazu untersuchten die Wissenschaftlerinnen Schüler in Mathematikkursen der siebten und achten Klasse.[11] Die Schüler wurden in zwei Gruppen eingeteilt, die sich nur hinsichtlich ihrer Selbstwahrnehmung unterschieden. Die beiden Gruppen besuchten dieselbe Schule und hatten dieselben Lehrer. Die folgende Grafik zeigt, wie die Schüler mit einer dynamischen Selbstwahrnehmung ihre Leistung verbesserten, während sich die Schüler mit einem statischen Selbstbild nicht verbesserten oder gar verschlechterten. Zahlreiche Nachfolgeuntersuchungen haben diese Beobachtung bestätigt und gezeigt, wie wichtig das Selbstbild ist, und zwar in jedem Alter.

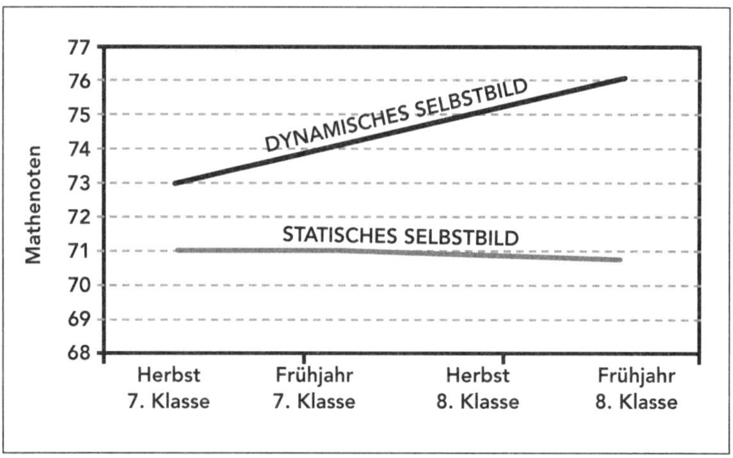

Im vorigen Kapitel habe ich Ihnen eine Untersuchung von Jason Moser vorgestellt, die zeigte, wie Fehler die Aktivität und das Wachstum des Gehirns fördern.[12] Diese Untersuchung ergab außerdem, dass die Gehirne von Menschen mit dynamischem

Selbstbild deutlich aktiver waren, wenn sie Fehler machten, als die Gehirne von Menschen mit statischem Selbstbild. Auf Mosers Aufnahmen wird die elektrische Aktivität der untersuchten Gehirne sichtbar – die Gehirne von Menschen mit dynamischem Selbstbild sind orange gefärbt, so als würden sie vor Wachstum glühen.

Diese Untersuchungen demonstrieren unmissverständlich, dass unsere Selbstwahrnehmung konkrete Auswirkungen auf das Funktionieren unseres Gehirns hat. Lange erkannte man keinen Zusammenhang zwischen unseren Emotionen auf der einen Seite und unseren Denkprozessen oder dem Wissenserwerb auf der anderen, doch das hat sich geändert. Heute wissen wir, dass sie im Gegenteil eng miteinander verwoben sind. Die Gehirne von Menschen, die an ihr Potenzial glauben, werden bei einem Fehler aktiver als die von Menschen, die nicht an ihr Potenzial glauben.

Diese Erkenntnis ist für uns alle von großer Bedeutung. Wenn Sie an sich glauben und an einer schwierigen Situation scheitern, dann reagiert Ihr Gehirn positiver, als wenn Sie mit derselben Situation konfrontiert werden und denken: »Das schaffe ich nicht.« Diese Erkenntnis sollte uns motivieren, schwierige Aufgaben im Beruf oder im Alltag mit einer positiven Einstellung anzugehen. Eine positive Selbstwahrnehmung macht unser Gehirn bei Fehlern widerstands- und anpassungsfähiger als Selbstzweifel. Die veränderte Selbstwahrnehmung wirkt bis in die physischen Strukturen unseres Gehirns hinein und eröffnet Möglichkeiten für flexible und kreative Problemlösungen. Genau wie Menschen gesünder sind, die glauben, dass ihr sportliches Pensum ausreicht, lernen Menschen mehr, wenn sie glauben, dass sie produktiver lernen.

Mosers Studien erklären auch die Untersuchung von Blackwell, Trzesniewski und Dweck, die eine Leistungssteigerung von Kindern mit einem dynamischen Selbstbild deutlich machte (siehe Schaubild). Diese Entwicklung ist einleuchtender, wenn wir wissen, dass die Gehirne von Kindern mit dynamischem

Selbstbild bei jedem Fehler aktiver reagieren. Diese Erkenntnisse liefert auch eine Erklärung für schlechte schulische Leistungen: Viele Schüler glauben, dass sie für bestimmte Fächer nicht gemacht sind. Jetzt wissen wir, dass das »Mathehirn« nichts ist als ein gefährlicher Mythos.

Arbeit am Selbstbild

Inzwischen gibt es zahlreiche Belege dafür, dass Schüler große Fortschritte erzielen, wenn sie an ihre Lernfähigkeit glauben und sich von dem Gedanken freimachen, ihr Lernerfolg könnte genetisch vorgegeben sein. Umso wichtiger ist es, Kindern und Erwachsenen die Chance zu geben, ein dynamisches Selbstbild zu entwickeln.

In einer ihrer Untersuchungen zeigte Dweck, dass die Selbstbilder mit der Art von Lob zusammenhängen, das die Eltern vermitteln, und bereits in einem Alter von drei Jahren ausgeprägt sind. Das Lob, das Kinder im Alter von 14 bis 38 Monaten erhalten, hat großen Einfluss auf das Selbstbild, das sie im Alter von sieben und acht Jahren haben.[13] Als schädlich erwies sich das Lob, das Kindern die Vorstellung vermittelt, sie verfügten über fest vorgegebene Fähigkeiten. Wenn man Kindern sagt, sie seien intelligent, dann freuen sie sich zunächst, aber wenn sie etwas falsch machen, kommen sie zu dem Schluss, dass sie doch nicht intelligent sind, und beurteilen sich in der Folge nach diesem statischen Maßstab.

In einer anderen Untersuchung zeigte Dweck, welch fatale Auswirkungen das Wort »intelligent« hat. Zwei Gruppen von Schülern sollten eine anspruchsvolle Aufgabe lösen. Wenn sie sie gelöst hatten, wurden die Kinder aus der ersten Gruppe dafür gelobt, wie intelligent sie seien, während die Kinder der zweiten für ihren Einsatz gelobt wurden. Dann erhielten die Kinder die Wahl zwischen zwei Aufgaben, von denen ihnen die eine als leicht und die andere als schwierig beschrieben wurde. 90 Prozent der Kinder, die für ihren Einsatz gelobt worden waren, entschieden sich für die schwierige Aufgabe, während die Mehrheit der Kinder, die für ihre Intelligenz gelobt worden waren, die leichtere Aufgabe wählten.[14] Wenn Kinder für ihre Intelligenz gelobt werden, dann wollen sie dieses Etikett behalten und entscheiden sich für eine Aufgabe, die sie auch weiterhin intelligent erscheinen lässt.

Diese Haltung steckt auch dahinter, wenn Schülerinnen und Schüler in der Oberstufe vermeintlich schwere Fächer wie Mathematik oder Naturwissenschaften abwählen. Die größte Gruppe mit statischem Selbstbild sind Mädchen mit guten Noten. Dweck beobachtete, dass junge Frauen, die Mathematik und Naturwissenschaften abwählten, überwiegend ein solches Mindset mitbrachten. Eine ihrer Untersuchungen führte sie an der Mathematischen Fakultät der Columbia University durch, wo die alten Vorurteile quicklebendig waren: Man bedeutete Frauen unmissverständlich, dass sie hier nicht hingehörten. Frauen mit dynamischem Selbstbild konnten diese Botschaft ignorieren, doch Frauen mit statischem Selbstbild wählten MINT-Fächer ab.[15]

Aber wie baut man ein dynamisches Selbstbild auf? So viel sei gesagt: Es gibt keinen Schalter, den man einfach umlegen kann, sondern es handelt sich um einen Prozess. Untersuchungen haben gezeigt, dass sich unsere Selbstwahrnehmung ändert, wenn wir Informationen über Hirnwachstum und Plastizität erhalten, wie ich sie Ihnen in den vorigen beiden Kapiteln vorgestellt habe. Dies bestätigt meine Erfahrung aus dem Unterricht und aus meinen Workshops. Sobald die Teilnehmer von den wissenschaftlichen Hintergründen erfahren, beginnen Wachstum und Veränderungen. Das höre ich von Lehrenden aus aller Welt, und auch die Wissenschaft bestätigt es.

Wenn Schüler erfahren, dass sie ihr Gehirn wie einen Muskel mit Einsatz trainieren können, dann verbessern sich ihre Leistungen. In einem Experiment boten Selbstbildforscher einen Workshop für Siebtklässler an. Die Teilnehmer wurden in zwei Gruppen eingeteilt: Die einen erhielten eine Einführung in Lerntechniken, die anderen zu Gehirnwachstum und Selbstbildern.[16] Im Laufe des Schuljahrs hatten sich die Leistungen der Siebtklässler verschlechtert, nur die Kinder aus dem Selbstbildworkshop konnten den Trend umkehren und ihre Leistung verbessern.

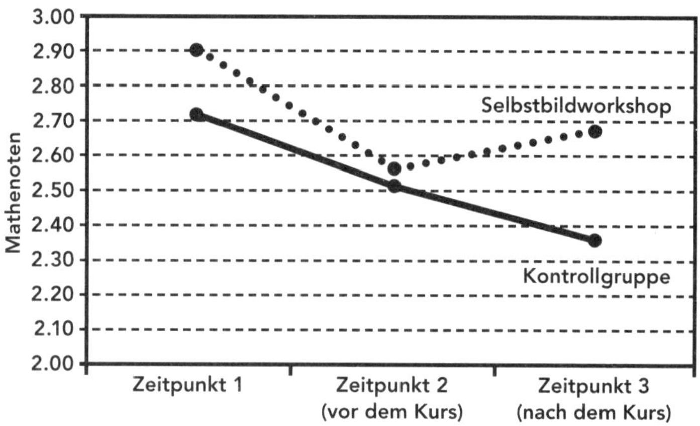

Cathy Williams und ich gründeten unser youcubed-Zentrum unter anderem, um Schülern Wissen über Gehirnwachstum und Selbstbilder zu vermitteln. In den Gesprächen mit Erwachsenen, die ich im Rahmen meiner Recherche zu diesem Buch geführt habe, wurde jedoch deutlich, dass sich Menschen jeden Alters verändern können.

Ein Beispiel dafür ist Mariève Gagné, eine Lehrerin aus Quebec, die als Kind wie so viele andere Mädchen überzeugt war, dass sie nicht für MINT-Fächer tauge. Und das obwohl sie zur Eliteklasse ihres Jahrgangs gehörte. Allerdings zählte sie innerhalb dieser Eliteklasse nicht zu den Besten, und deshalb kam sie zu der Überzeugung, dass sie nicht gut genug war. Das verrät uns, wie destruktiv diese Mythen sind: Selbst Eliteschüler glauben nicht an ihre Fähigkeiten, wenn sie innerhalb ihrer Gruppe nicht zu den Besten zählen.

In unserem youcubed-Film, in dem wir die Probleme des Etiketts »Begabung« darstellen, berichtet eine Studentin namens Jodie, sie habe mit dem Gedanken gespielt, ihr Ingenieurstudium abzubrechen, »weil ich in meinen Mathematik- und Chemiekursen nicht die Beste war«. Dieser soziale Vergleich verleitet Studenten – die mit großem Lerneifer an die Universität kommen – zu dem Schluss, dass sie nicht gut genug sind. Und damit beginnt die schrittweise Selbsteinschränkung ihrer Möglichkeiten. Das statische Selbstbild bringt diese starren Vorstellungen hervor und veranlasst zu unproduktiven Vergleichen.

Deshalb müssen wir Schülern nicht nur klarmachen, dass sich die Auseinandersetzung mit schwierigen Herausforderungen lohnt, sondern auch, dass soziale Vergleiche sinnlos sind. Von Lernenden jeden Alters habe ich gehört, die Eigenschaften des Gehirns müssten doch fest vorgegeben sein, denn manche Menschen scheinen schließlich schneller zu begreifen und besondere Begabungen mitzubringen. Dabei vergessen sie, dass sich unser Gehirn täglich verändert und wächst. Jeder Moment ist eine Chance für Wachstum und Entwicklung. Einige haben ihre Schaltkreise einfach schon gestärkt. Lernende müssen verstehen, dass auch sie mit dem richtigen Ansatz ihre Schaltkreise ausbauen und andere einholen können.

Angela Duckworth, Autorin von *GRIT – Die neue Formel zum Erfolg*[17], unterstreicht dies mit dem Beispiel von David, eines Förderschülers der Lowell High School in San Francisco, der an ihrem Aufbauunterricht in Mathematik teilnahm. Als Förderschüler hatte David natürlich keinen Zugang zu den Leistungskursen seiner Schule, doch weil David fleißig lernte und gute Beurteilungen erhielt, half sie ihm, in einen Leistungskurs zu wechseln. Der Übergang war nicht einfach, und zunächst bekam David schlechte Noten. Doch er nutzte die

Chance, um an seinen Fehlern zu arbeiten und sich zu verbessern.

Im Abschlussjahr belegte David den Mathematikleistungskurs und erhielt in der Abschlussprüfung die Bestnote. An der Universität studierte er Ingenieurwesen, und heute ist er Weltraumingenieur. Er wäre nie so weit gekommen, wenn er aufgegeben hätte, wenn man ihn in der Highschool weiter in der Förderstufe unterrichtet oder sich seine Lehrerin nicht für ihn eingesetzt hätte. Viele andere Schüler erhalten diese Chance nicht und kommen in der Schule auf keinen grünen Zweig, weil ihnen die weiterführenden Kurse verschlossen bleiben oder weil sie nicht an sich glauben.

Wenn Schüler frustriert sind, weil andere besser sind, oder wenn sie sich beklagen, dass sie etwas nicht verstehen, dann erinnert Dweck sie an das Wörtchen »noch«. Wenn ich Erwachsene bitte, diesen Gedanken visuell darzustellen, dann sagen sie oft »ich kann nicht zeichnen«. Worauf ich ihnen sage: »Sie meinen, dass Sie *noch* nicht gelernt haben, gut zu zeichnen.« Das klingt wie ein Wortspiel, doch es ist entscheidend. Es verschiebt den Blick von einer vermeintlichen Schwäche zu einem Lernprozess.

Genauso wichtig ist es, dass Lehrkräfte zu Beginn des Schuljahrs Informationen zu Gehirnwachstum vermitteln und ihren Schülern klarmachen, dass sie zwar nicht alle gleich sind, dass jedoch alle den Unterrichtsstoff lernen können und dass der Lernerfolg zu einem guten Teil von ihrer Einstellung abhängt. Das wirkt befreiend, ganz anders als die oben zitierte Androhung: »Hier kommt niemand über ein Befriedigend hinaus.« In Kapitel 1 habe ich erwähnt, dass in Fächern mit fortbestehendem Talentmythos die Frauen und Minderheiten in der Unterzahl sind. Schuld sind unter anderem die Lehrkräfte, die überzeugt sind, dass nur ein Bruchteil der Studenten Erfolg haben wird. Wenn sie den Lernenden diese Überzeugung vermitteln, stellen sie sicher, dass ihre Prophezeiung auch tatsächlich eintritt.

Als Eltern wissen wir zu gut, wie destruktiv soziale Vergleiche wirken, und wir haben immer wieder Gelegenheit, mit unseren Kindern zu sprechen und die Folgen abzumildern. Geschwister haben zahllose Gelegenheiten, sich miteinander zu vergleichen, und viele Kinder halten sich für schlechte Lerner, weil sie glauben, dass ihren Geschwistern die Schularbeiten leichterfallen. Besonders schädlich sind Vergleiche, wenn sie vermeintliche genetische Gaben anführen. Wenn Kinder glauben, dass ihre Geschwister oder Mitschüler mit einem besseren Gehirn zur Welt gekommen sind und ihnen immer überlegen sein werden, dann kann das sehr entmutigend wirken. Deshalb müssen wir Kindern helfen, die Leistungen ihrer Geschwister oder Mitschüler als Ansporn und Chance zu begreifen: »Wenn die das können, dann kann ich das auch!«

Wenn Kinder von Selbstbildern und Gehirnwachstum hören, machen sie eine entscheidende Entdeckung: Egal wo sie stehen, sie können sich verbessern und zu den Besten aufschließen. Das zeigte eine Untersuchung mit Schülern, die gerade auf die Highschool gewechselt waren. 68 Prozent verschlechterten sich im ersten Halbjahr und gaben an, sich deshalb gestresst zu fühlen (was nebenbei etwas über die Praxis der Benotung aussagt).[18] Doch Kinder mit einem dynamischen Selbstbild sahen in dieser Verschlechterung eher eine vorübergehende Erscheinung und litten weniger unter Stress. Kinder mit einem statischen Selbstbild bewerteten die Verschlechterung negativer und klagten über größeren Schulstress.[19] Das ist nur logisch, denn Kinder mit einem statischen Selbstbild sehen in schlechten Leistungen einen Beleg dafür, dass ihr Gehirn nicht geeignet ist.

Mariève Gagné, die überzeugt war, dass sie nicht für MINT-Fächer tauge, weil sie nicht die Klassenbeste war, entfaltete ihr Potenzial schließlich als Erwachsene, als sie von der Plastizität des Gehirns erfuhr. In den sozialen Medien stieß sie auf gleichgesinnte Lehrer, die ihre Ansicht teilten, dass man Schüler über das Gehirnwachstum aufklären müsse. Als sie diesen Gruppen beitrat, stellte sie erschrocken fest, wie viel Material es inzwischen zu diesem Thema gab. »Wo bin ich nur all die Jahre gewesen?«, fragte sie im Gespräch mit mir.

Sie entwickelte solche Leidenschaft für ihr Potenzial und das ihrer Schüler, dass sie sich ein Mathetattoo stechen ließ. Heute unterrichtet sie Erwachsene, die ihre Hochschulreife nachholen und die sie mit dieser wissenschaftlichen Information besonders gut motivieren kann. Angesichts von Gagnés Begeisterung musste ich daran denken, dass diese leidenschaftliche Lehrerin die Mathematik niemals wiederentdeckt hätte, wenn sie sich nicht mit der Hirnforschung beschäftigt und erkannt hätte, dass ihre Selbstwahrnehmung – nicht das richtige Gehirn mitzubringen – falsch war.

Um unser Potenzial zu erschließen, müssen wir uns auch von der Vorstellung freimachen, dass früheres Scheitern mit vermeintlichen Mängeln zu tun hat. Und wir müssen uns klarmachen, dass wir keine Experten werden müssen, sondern mit erhobenem Haupt über unsere eigene Unwissenheit sprechen können. Jesse Melgares berichtete mir, wie es ihm erging, als er sich von seinen Irrtümern befreite. Heute ist Melgares stellvertretender Schulleiter im Osten von Los Angeles; zuvor unterrichtete er Mathematik und gestand mir, er sei »extrem befangen« gewesen, weil er immer fürchtete, nicht genug zu wissen und nichts dagegen tun zu können. Als er in die Verwaltung wechselte, musste er Mathematiklehrer einweisen, doch er hatte immer Angst, sie könnten ihn als Hochstapler enttarnen:

> *Wenn jemand eine Frage gestellt hat, die mit Mathematik zu tun hatte, dann bin ich in eine Art Lähmung verfallen. Es war wie ein Schlag in die Magengrube. Morgens bin ich aufgewacht und habe mich gefragt: »Wird mich jemand etwas fragen, das ich nicht beantworten kann? Werden die anderen bemerken, dass ich ein Hochstapler bin?«*

Dieses lähmende Stressgefühl, das Melgares beschreibt, diese Angst, mit einer Frage konfrontiert zu werden, auf die man keine Antwort weiß, dieses Gefühl kennen Millionen Menschen von der Arbeit und vielen anderen Situationen. Dieses Gefühl ist kein Schicksal. Für Melgares begann die Befreiung, als er an einem meiner Internetkurse teilnahm und feststellte: »Alles, was ich als Schüler und Mathematiklehrer gelernt hatte, war falsch.«

Melgares begann, sein Potenzial zu entfalten, als ihm klar wurde, dass der Grund seiner schulischen Schwierigkeiten nicht etwa ein persönlicher Mangel war, sondern ein mit Mängeln behaftetes Schulsystem. Zu dieser Erkenntnis gelangen auch viele andere, und sie ist entscheidend für Menschen, die in Schule und Universität schlechte Erfahrungen gemacht haben. Nicht anders ging es den Teilnehmern unseres Mathematikcamps, die mit schlechten Noten zu uns kamen und überzeugt waren, dass mit ihnen etwas nicht stimmte. Sie erkannten, dass die Ursache ihrer schlechten Noten im schlechten Schulsystem zu suchen war. Damit ebneten sie den Weg zu einem neuen Verhältnis zur Mathematik. Und diese Erkenntnis half auch Melgares.

Heute geht er nicht nur entspannter mit der Mathematik um, er entdeckte sogar, dass sie seine große Leidenschaft ist. Er fühlt sich nicht mehr als Versager, sondern betrachtet die Mathematik als spannende Herausforderung. Inzwischen ist er Fachleiter seines Schulbezirks – ein großer Schritt für jemanden, der schon beim Gedanken an Mathematik von lähmendem Stress befallen wurde. Das neue Wissen über das Gehirn veränderte sein Selbstbild und verlieh ihm neues Selbstvertrauen. Natürlich wird er noch immer mit Fragen konfrontiert, auf die er keine Antwort parat hat. Doch statt in Angststarre zu verfallen, denkt er sich: »Ich habe zwar keine Antwort, aber ich bekomme es heraus. Das ist eine Herausforderung.« Diese neue Sichtweise ist typisch für Menschen, die ihr Potenzial entdeckt haben. Wenn sie ihr Selbstbild korrigieren und sich bewusst machen, dass

Schwierigkeiten eine Chance sind, dann sehen sie Herausforderungen und Ungewissheit in einem neuen und positiven Licht. Statt überall Experte sein zu wollen, verspüren sie Neugierde und den Wunsch, mit anderen zusammenzuarbeiten.

Eines der Hindernisse auf dem Weg zur Veränderung sind unsere Selbstzweifel. Der schwedische Psychologe K. Anders Ericsson erinnert uns daran, dass Selbstzweifel ganz natürlich sind, vor allem wenn wir nicht wissen, wie etwas weitergehen soll. Nicht natürlich sind sie allerdings, »wenn sich das Hindernis tatsächlich als unüberwindbar erweisen sollte«[20]. In den vielen Jahren seiner Forschung hat Ericsson erstaunlich wenige solcher absoluten Leistungsobergrenzen gefunden – stattdessen begegnete er Menschen, die sich selbst Hindernisse in den Weg legten und dann aufgaben.

Neulich sah ich eine Folge von *Madam Secretary*, meiner Lieblingsfernsehserie, die von einer fiktiven amerikanischen Außenministerin und ihren Mitarbeitern handelt. Neben der faszinierenden Darstellung von internationalen politischen Ereignissen gefällt mir vor allem das problemlösende Denken der Hauptfigur. In der besagten Folge ging es um eine Krise in Westafrika, die die Existenz der Volksgruppe der Beko bedrohte. Die Außenministerin sucht nach Möglichkeiten, einen Völkermord abzuwenden, doch nach einem anstrengenden Tag wendet sich ihr Berater Jay an sie und sagt: »Uns sind die Optionen ausgegangen.«

Wahrscheinlich würden viele seufzend dieser negativen Aussage zustimmen und aufgeben. Nicht so die Außenministerin, die ihren Berater ansieht und sagt: »Das kann ich nicht akzeptieren.« Ihre Antwort spornt das Team an, das schließlich eine kreative Lösung für die Krise findet. Natürlich ist die Geschichte erfunden, doch wenn ich sehe, wie die Ministerin mit ihrer positiven Einstellung motiviert, dann erinnert mich das daran, wie wichtig es ist, dass Führungskräfte ihren Mitarbeitern ein dynamisches Selbstbild vorleben.

In einem meiner Gespräche zu diesem Buch hörte ich die Geschichte eines kalifornischen Obstbauern, der mit einer kurzen Standpauke einen Jungen aufrüttelte. Dieser Junge war Daniel Rocha, der heute in Kalifornien Lehrkräfte ausbildet. Er hörte diese Standpauke im Sommer vor seinem letzten Jahr in der Highschool und ist überzeugt, dass er es ohne sie nie so weit gebracht hätte.

Rochas Vater war Landarbeiter auf einer Plantage, und der Junge arbeitete in den Sommer- und Winterferien als Erntehelfer, während seine Schulkameraden in Urlaub fuhren. Im Sommer vor seinem Abschlussjahr träumte Rocha von einem Paar Turnschuhe, das er sich von seinem Verdienst als Erntehelfer kaufen wollte. In diesem Jahr war die Arbeit anstrengender als in den Vorjahren, und ihm wurde schnell klar, dass die Turnschuhe diese Schinderei nicht wert waren. Doch das entscheidende Ereignis des Sommers war die besagte Ansprache, die sein Leben verändern sollte:

> *Wir waren draußen auf der Plantage, als ich sah, wie der Bauer kam. Mein Vater war der Vorarbeiter, und der Bauer ging zu ihm, um mit ihm zu sprechen. »Hey, Rocha«, sagte er. »Wer ist das? Wer ist der Junge?«*
>
> *»Das ist mein Sohn«, sagte mein Vater in gebrochenem Englisch.*
>
> *»Und hat dein Sohn Papiere?«, fragte der Bauer.*
>
> *»Natürlich«, antwortete mein Vater.*
>
> *Der Bauer sagte etwas zu meinem Vater, aber ich wollte nicht hinschauen. Ich wollte nicht auf mich aufmerksam machen. Ich stand auf einer Leiter, vor mir ein Sack mit 20, 25 Kilo Obst. Ich versuchte mein Gleichgewicht zu halten, als plötzlich die Leiter zu schwanken anfing. Als ich runterschaute, stand unten der Bauer und rüttelte an der Leiter.*
>
> *Er rief zu mir herauf: »Was machst du hier?«*
>
> *Ich war nervös und antwortete: »Ich versuche zu arbeiten.«*

Der Bauer rief: »Du musst hier weg! Ich will dich hier nicht mehr sehen! Das ist das letzte Mal, dass ich dich hier sehe, hast du gehört! Sieh zu, dass du nächstes Jahr an der Uni bist. Ich will nicht mehr erleben, dass du hier bist!«

Das hat mich aufgerüttelt. Als wir abends nach Hause fuhren, fragte mich mein Vater: »Quieres regresar al campo o quieres ir a la escuela?« Das heißt: »Willst du zurück aufs Feld, oder willst du auf die Uni?«

»Auf die Uni«, sagte ich.

Es fiel meinem Vater nicht leicht, aber er sagte: »Dann musst du dich selbst drum kümmern, da kann ich dir nicht mehr helfen. Ich weiß nicht, wie. Das musst du selbst rausfinden.«

Nach den Ferien ging ich dann zu einem Lehrer, der Schülern beim Antrag auf Studienförderung half. Ich ging rein in sein Büro und sagte: »Ich brauche Hilfe.« Und deswegen bin ich heute hier.

Der Bauer, der an der Leiter rüttelte, war ein Glücksfall für Rocha, denn es hatte ihn noch niemand auf den Gedanken gebracht, dass er studieren könnte. Unlängst hat ihn sein Vater besucht. Rocha war gerade von der Arbeit nach Hause gekommen und trug noch Anzug und Krawatte. Sein Vater hat ihn angesehen und zu ihm gesagt: »Schau dich an!« Er war überwältigt, wie weit sein Sohn es gebracht hatte. Rocha hatte als Lehrer angefangen, dann war er Fachleiter und schließlich Ausbilder geworden. Es ging ihm darum, seinen Schülern immer zu zeigen, dass er an sie glaubte. Er hatte am eigenen Leib erlebt, wie sehr seine Schüler diese Botschaft brauchten. Er sagte ihnen nicht nur, dass alles möglich war, sondern er half ihnen auch, daran zu glauben.

Die Wissenschaft lehrt uns Dinge, die viele noch vor Kurzem kaum für möglich gehalten hätten: Wenn wir glauben, dass wir etwas schaffen können, dann funktionieren unsere Körper und Gehirne anders, und wir erreichen mehr. In den hier vorgestellten Untersuchungen und Geschichten haben wir gesehen, wie viel sich mit wenigen Worten erreichen lässt. Diese wenigen Worte können das Selbstverständnis verändern: Reinigungskräfte erfahren, dass ihre Arbeit gesund ist, ein Junge hört, dass er studieren könnte. Diese Worte veränderten das Selbstbild dieser Menschen, insbesondere die Wahrnehmung ihres Körpers und ihrer Zukunft, und das wiederum hatte Auswirkungen auf ihren Körper und ihre Zukunft. Verwandlungen wie diese können wir alle erleben. Wir können unser Leben ändern, indem wir unser Denken ändern. Und wir können das Leben anderer beeinflussen, indem wir sie durch positives Denken ermutigen und ihnen klarmachen, dass Wachstum und Veränderung allen möglich sind.

Unlängst sprachen Carol Dweck und ich vor einer Gruppe australischer Gäste. Dweck berichtete, sie habe ihre Überlegungen zum Selbstbild in zwei Punkten korrigiert. Zu Beginn ihrer Arbeit sei sie davon ausgegangen, dass wir entweder ein dynamisches oder ein statisches Selbstbild hätten, doch inzwischen sei ihr klar geworden, dass wir je nach Situation das eine oder das andere Selbstbild haben können. Wir müssen Situationen identifizieren, in denen wir ein statisches Selbstbild haben, und diesem einen Namen geben.

Sie erinnerte sich an die Zusammenarbeit mit einem Manager, der sein statisches Selbstbild »Duane« nannte und sagte: »Wenn wir ein Problem haben, meldet sich Duane zu Wort. Wenn er da ist, bin ich superkritisch, kommandiere alle herum und fordere, statt zu fördern.« Eine Mitarbeiterin sagte zu ihm: »Und wenn Ihr Duane da ist, dann hat meine Ianna ihren Auftritt. Ianna reagiert auf den Macho, und ich fühle mich völlig unfähig. Ich werde nervös und gehe in Deckung, und das macht Ihren Duane noch wütender.«[21] Dweck erklärte mir, wie wichtig es sei, mit diesen verschiedenen inneren Stimmen in Kontakt zu treten, denn je besser wir uns kennen, umso eher erkennen wir unser statisches Selbstbild und umso besser können wir es in die Schranken weisen.

Der zweite Punkt, in dem Dweck ihre Ansichten korrigiert hat, ist das »falsche dynamische Selbstbild«[22] – ein grundlegendes Missverständnis des Selbstbilds an sich. Ein falsches dynamisches Selbstbild bedeutet zum Beispiel, Schülern zu erklären, sie müssten sich nur anstrengen, oder sie zu loben, auch wenn sie scheitern. Das ist jedoch ein Bumerang, denn die Kinder wissen nur zu gut, dass dieses Lob lediglich ein Trostpflaster ist. Stattdessen sollten Lehrer und Eltern den Lernprozess loben, und wenn die Kinder keine Fortschritte machen, sollten sie ihnen helfen, andere Strategien und Ansätze zu suchen. Loben sollte man nur den Einsatz, der etwas bringt. Auch wenn ein Schüler am Ende die falsche Lösung findet, kann eine Lehrerin die Tatsache loben, dass der Denkansatz richtig war oder dass er eine Teillösung gefunden hat, auf der man weiter aufbauen kann.

Lehrer können viel bewegen. Meine Gespräche zeigen mir immer wieder, welchen Einfluss sie auf die Lebenswege der Kinder haben. Sie geben Kindern zu verstehen, dass sie an sie glauben, dass sie die Auseinandersetzung mit Schwierigkeiten sowie Fehler begrüßen und dass sie andere Denk- und Lebensansätze honorieren. Eltern spielen eine ähnliche Rolle und helfen ihren Kindern, ihr Potenzial zu wecken und das zu werden, was sie sein wollen.

Gehirne und Körper sind zu enormen Veränderungen imstande. Diese Tatsache können sich Lehrer, Eltern, Coachs und Manager, aber auch die Lernenden selbst zunutze machen. Im Anhang dieses Buchs finden Sie Hinweise auf kostenlose Hilfsmittel für Eltern und Lehrkräfte, von Videos über Unterrichtseinheiten bis zu Aufgaben und Artikeln.

Heute wissen wir, dass Körper und Gehirne großes Veränderungspotenzial haben und dass »Begabung« und »Naturgenies« nur Märchen sind. Wenn wir uns klarmachen, dass wir mit unseren Gehirnen fast alles erreichen können, dann erscheint unser Potenzial in einem ganz anderen Licht. Doch wir können die

Plastizität unseres Gehirns nur nutzen, wenn wir einen anderen Umgang mit dem Lernen finden, der sich auf die neuen Erkenntnisse der Hirnforschung stützt. Diesen Ansatz werde ich in den folgenden Kapiteln entwickeln.

KAPITEL 4

DAS VERNETZTE GEHIRN

Es ist so wichtig, das Leben mit einem dynamischen Selbstbild anzugehen, denn wir können alles erreichen, und jenseits aller Schwierigkeiten wartet der Erfolg. Immer mehr Menschen verstehen, wie wesentlich ein dynamisches Selbstbild ist. Ein anderer Aspekt ist weniger bekannt, doch er ist genauso wichtig, um uns Möglichkeiten offenzuhalten. Wir brauchen auch einen dynamischeren Umgang mit Wissen, nicht nur in Schule und Universität, sondern in allen Lebensbereichen.

LERNSCHLÜSSEL 4

Ein mehrdimensionaler Umgang mit Wissen optimiert neuronale Schaltkreise und Lernprozesse.

So wichtig der Glaube an uns selbst ist – ein dynamisches Selbstbild allein reicht nicht aus, um die widersprüchlichen Botschaften unserer Kultur zu überwinden. Carol Dweck selbst hat klargemacht, dass zusätzlich neue Formen der Wissensvermittlung erforderlich sind, die Schülern und Studenten ein anderes Lernen ermöglichen. Sie sagt, es bereite ihr schlaflose Nächte, wenn Lehrer ihren Schülern sagten, dass sie sich anstrengen sollen und dass Erfolg nur durch Einsatz möglich ist, ohne ihnen die Werkzeuge an die Hand zu geben, die sie benötigen, um effektiver zu lernen. Sie schreibt: »Einsatz ist ein Schlüssel zur Leistung, aber nicht der einzige. Schüler müssen neue Strategien erproben und nach Anregungen von anderen Ausschau halten, wenn sie nicht weiterkommen.«

Der Bildungsforscher Alfie Kohn kritisiert die Selbstbildbewegung, weil sie von Schülern verlangt, sich zu verändern und mehr Einsatz zu zeigen, während sie das System unangetastet lässt.[1] Dem stimme ich zu, und im Laufe der Jahre habe ich eine wichtige Lektion gelernt: Um Schülern ein dynamisches Selbstbild zu vermitteln, müssen Lehrer mit einem dynamischen Selbstbild unterrichten und die Lerninhalte auf eine Weise zugänglich machen, dass Schüler das darin enthaltene Wachstumspotenzial erkennen. Es ist schwer, eine dynamische Einstellung zu entwickeln, wenn Inhalte auf statische Weise vermittelt werden – also als eine Abfolge von Fragen, auf die es nur eine einzige Antwort gibt.

Wie können Lehrende, Eltern und Führungskräfte Wissen so vermitteln, dass sie die positiven Botschaften über Wachstum und Lernen verstärken? Die Antwort ist ein mehrdimensionaler Unterricht. Dieser Ansatz stützt sich auf neue Erkenntnisse aus der Hirnforschung und die vielfältigen Erfahrungen von Lehrenden für alle Altersgruppen, vom Kindergarten bis zur Uni.

Bei meiner Forschung habe ich mit einer Gruppe von Neurowissenschaftlern um Vinod Menon zusammengearbeitet. Einer von ihnen, Lang Chen, arbeitet regelmäßig mit youcubed. An der medizinischen Fakultät der Stanford University untersuchen diese Wissenschaftler neuronale Netze und beschäftigen sich zum Beispiel mit der Frage, wie das Gehirn funktioniert, wenn es Mathematikaufgaben löst. Dabei haben sie herausgefunden, dass bei der Lösung einfacher Rechenaufgaben vor allem fünf Hirnregionen beteiligt sind, zwei davon aus dem visuellen System.[2] Die Sehrinde zum Beispiel ist maßgeblich an der Verarbeitung von Mengen(angaben) beteiligt.

Hirnforscher haben außerdem herausgefunden, dass das Lernen durch die Kommunikation unterschiedlicher Hirnregionen verbessert wird. Joonkoo Park und Elizabeth M. Brannon fanden beispielsweise heraus, dass an der Verarbeitung von Symbolen, zum Beispiel von Zahlen, andere Hirnregionen beteiligt sind als an der Verarbeitung visueller und räumlicher Informationen, zum Beispiel einer Anordnung von Punkten.[3] Die Forscher beobachteten, dass wir am meisten lernen, wenn diese beiden Hirnregionen miteinander kommunizieren. Wir können Mathematik über Zahlen lernen, aber auch über Sprache, Bilder, Grafiken, Modelle, Formeln, Tabellen; über Bewegung und Berührung oder auch durch andere Formen der Darstellung. Aber wenn wir über mehr als eine Form lernen und die jeweils beteiligten Hirnregionen miteinander kommunizieren, dann lernen wir effektiver. Diese Erkenntnis ist noch recht neu und hat bislang kaum Eingang in den Unterricht gefunden.

Bei der Untersuchung des Zusammenspiels verschiedener Hirnregionen arbeiteten die Forscher mit Mathematikaufgaben, doch ihre Erkenntnisse sind allgemein gültig. Beim Lernen werden verschiedene Hirnregionen aktiv, die zum Beispiel für Aufmerksamkeit, Gedächtnis, logisches Denken, Kommunikation und Sehen zuständig sind. Wenn wir diese unterschiedlichen Schaltkreise mithilfe eines mehrdimensionalen Ansatzes aktivieren, wird unser Gehirn gestärkt und das Lernen maximiert.

Was Sie nicht über Ihre Finger wussten

Die neu entdeckten Details der Verarbeitung von Mathematik im Gehirn sind oft verblüffend. So haben Wissenschaftler zum Beispiel herausgefunden, wie wichtig unsere Finger bei der Herausbildung unseres mathematischen Verständnisses sind. Ilaria Berteletti und James R. Booth haben eine Hirnregion untersucht, die mit der Wahrnehmung und Darstellung unserer Finger zusammenhängt, die sogenannte somatosensorische Fingerregion. Wenn Acht- bis 13-Jährige komplexe Subtraktionsaufgaben lösen sollten, dann wurde diese Region aktiv, auch wenn die Schüler gar nicht mit den Fingern abzählten.[4] Das heißt, unser Gehirn »sieht« unsere Finger, auch wenn wir sie gar nicht zum Rechnen verwenden. Diese Hirnregion ist auch an komplexeren Aufgaben mit größeren Zahlen und mehr Operationen beteiligt.

Aufgrund dieses Zusammenhangs zwischen unseren Fingern und dem mathematischen Denken unterstreichen Wissenschaftler die Bedeutung der »Fingerwahrnehmung«. Diese lässt sich prüfen, indem Sie die Hand unter dem Tisch oder einem Buch verstecken und jemanden bitten, Ihre Fingerkuppen einzeln zu berühren. Wenn Sie über eine gute Fingerwahrnehmung verfügen, erkennen Sie die berührten Finger problemlos. Schwieriger wird es, wenn die Finger an zwei unterschiedlichen Stellen berührt werden, etwa an der Kuppe und am Mittelglied. Wissenschaftler habe einige interessante Entdeckungen zur Fingerwahrnehmung gemacht:

- Die Fingerwahrnehmung von Schülern lässt Rückschlüsse auf ihre Ergebnisse bei Mathematiktests zu.[5]
- Die Fingerwahrnehmung von Erstklässlern sagt mehr über die zu erwartenden mathematischen Leistungen in der zweiten Klasse aus als Tests.[6]
- Wenn Musiker über besondere mathematische Fähigkeiten verfügen, wie dies seit Jahren beobachtet wird, dann hängt dies vermutlich mit der Entwicklung der Fingerwahrnehmung zusammen.[7]

Hirnforscher betonen, wie wichtig die Entwicklung des Fingerareals im Gehirn von Kindern ist, und diese wird zum Beispiel gefördert, wenn Kinder ihre Finger zum Zählen verwenden. Trotzdem verbieten manche Schulen und Lehrer den Kindern, mit den Fingern zu zählen, weshalb Kinder dies oft für kindisch halten. Ich versuche dem entgegenzuwirken, indem ich in Artikeln und anderen Medien die neuen Erkenntnisse der Hirnforschung verbreite. Mit einer interdisziplinären Gruppe von Hirnforschern, Ingenieuren und Pädagogen arbeite ich außerdem an der Entwicklung von Geräten, die die Fingerwahrnehmung von Kleinkindern fördern sollen. Neue Entdeckungen über die Funktionsweise des Gehirns zeigen, wie wichtig es ist, körperlichere, mehrdimensionalere und kreativere Ansätze zu entwickeln, als unsere Lehranstalten diese in der Vergangenheit verwendet haben.

Vordenker

Auf der Suche nach besseren Lernmethoden haben Wissenschaftler noch weitere interessante Entdeckungen über die Kommunikation im Gehirn gemacht. Außergewöhnliche Wissenschaftler oder Künstler – zum Beispiel Mozart, Einstein oder Curie – werden nach dem statischen Selbstbild gern als »Genies« bezeichnet. Aber wie K. Anders Ericsson, Daniel Coyle und andere gezeigt haben, sind die Höchstleistungen dieser Menschen das Ergebnis extremer Aufopferung und langjährigen Einsatzes.

Ericsson bezweifelt, dass Mozart mit einer besonderen Begabung zur Welt kam, und erinnert daran, wie viel Mozart schon im Kindesalter unternahm, um musikalische Höchstleistungen zu erreichen. Zum Beispiel verweist er auf das »absolute Gehör« Mozarts. Das scheint das perfekte Beispiel für eine genetische Gabe zu sein, denn »unter normalen Umständen« verfügen nur 0,1 Promille der Bevölkerung über absolutes Gehör. Doch ein genauerer Blick auf Mozarts Erziehung zeigt, dass er seit dem dritten Lebensjahr Übungen machte, die zur Entwicklung des absoluten Gehörs beitrugen.[8]

Die japanische Psychologin Ayako Sakakibara führte ein Experiment durch, in dem sie 24 Kindern das absolute Gehör antrainierte. Mithilfe farbiger Flaggen identifizierten die Kinder Akkorde und arbeiteten so lange, bis sie alle Akkorde erkannten.[9] Das ist ein Beispiel für eine Fähigkeit, die gemeinhin als »Gabe« gilt, die sich aber durch Methoden erlernen lässt, die unterschiedliche neuronale Schaltkreise nutzen, in diesem Fall die Verbindung optischer und akustischer Signale.

Albert Einstein, für viele Menschen der Inbegriff des Genies, hatte einen besonders produktiven Lernansatz und machte sich seine Fehler zunutze. Zu meinen Lieblingszitaten von Einstein gehören:

> Wer noch nie einen Fehler gemacht hat, hat sich noch nie an etwas Neuem versucht.
>
> Es ist nicht so, dass ich besonders intelligent wäre. Ich beschäftige mich nur ausdauernder mit den Problemen.
>
> Ich habe keine besondere Begabung, sondern bin nur leidenschaftlich neugierig.
>
> Inmitten der Schwierigkeiten liegt die Möglichkeit.

Diese und andere Aussprüche sind Ausdruck von Einsteins dynamischem Selbstbild, auch wenn man das damals noch nicht so bezeichnete. Einstein sprach davon, wie wichtig es war, sich Schwierigkeiten zu stellen, hartnäckig zu bleiben, neugierig zu sein und Fehler zu machen, und lehnte statische Vorstellungen von Begabung und Genialität ab.

Außerdem versuchte Einstein immer, Dinge auch visuell zu verstehen. Er betonte immer wieder, dass er in Bildern dachte und bemüht war, diese in Worte und Zeichen zu übersetzen.[10] Seine Bedeutung für die Naturwissenschaften ist ungebrochen, weshalb es kein Wunder ist, dass viele Menschen ihn als »Genie« bezeichnen. Ohne unsere heutigen Werkzeuge, allein mithilfe seiner Vorstellungskraft, sagte er voraus, dass zwei Schwarze Löcher, die einander umkreisen, Wellen im Gefüge der Raumzeit verursachen. Bewiesen wurde dies erst ein Jahrhundert später mithilfe gewaltiger Großrechner. Trotz seiner schier unglaublichen Leistungen betonte er immer wieder, dass diese keiner Gabe und keinem besonderen Talent zuzuschreiben seien, sondern nur der Hingabe und Arbeit sowie seinem visuellen Umgang mit Wissen. Einstein war überzeugt, dass unserem Wissenserwerb keine Grenzen gesetzt sind, und das schlug sich positiv auf sein eigenes Lernen nieder.

Einsteins Gehirn, das in einem Museum in Philadelphia aufbewahrt wird, wurde in 46 Scheiben geschnitten und auf seine besonderen Eigenschaften hin untersucht.[11] Zahllose Besucher des Museums haben das Gehirn angestarrt und versucht, etwas Besonderes daran zu entdecken. Scott Barry Kaufman vom Imagination Institute beschäftigt sich dagegen lieber mit den Gehirnen lebender Menschen, die besondere Leistungen vollbringen. Dabei hat er eine interessante Beobachtung gemacht. Pioniere auf ihrem Gebiet unterscheiden sich von anderen durch die Zahl ihrer aktiven Verbindungen zwischen verschiedenen Hirnregionen und den beiden Gehirnhälften sowie durch ein flexibleres Denken.[12] Vordenker kommen allerdings nicht mit besonders vernetzten Gehirnen zur Welt, sondern sie entwickeln diese Verbindungen durch Lernen.

Wie sich die Kommunikation im Gehirn fördern lässt

Gerade im Mathematikunterricht erhalten Schüler oft standardisierte Arbeitsblätter mit Reihen nahezu identischer Aufgaben. Damit versäumen sie eine Gelegenheit, ihr Gehirn zu kräftigen und die Kommunikation zwischen verschiedenen Hirnregionen zu stimulieren. Viel sinnvoller wäre es, sich drei oder vier Aufgaben vorzunehmen und diese mit unterschiedlichen Ansätzen anzugehen. In der Mathematik könnte man beispielsweise mit folgenden Fragen an Aufgaben herangehen:

- Kannst du diese Aufgabe mit Zahlen lösen?
- Kannst du diese Aufgabe mit einer Zeichnung lösen und Zahlen durch Farben darstellen?
- Kannst du diese Aufgabe mithilfe einer Geschichte erfassen?
- Kannst du die Aufgabe auf andere Weise darstellen? Mit einer Skizze, einem Gegenstand oder einer Bewegung?

Um eine mehrdimensionale Herangehensweise zu fördern, verwenden wir bei youcubed etwas, das wir als »Diamantblatt« bezeichnen. Dazu wird ein Stück Papier so gefaltet:

Falten Sie ein Blatt Papier längs in der Mitte	**Falten Sie es nun quer in der Mitte**	**Knicken Sie eine Ecke an der Faltkante um**	**Öffnen Sie das Blatt wieder**
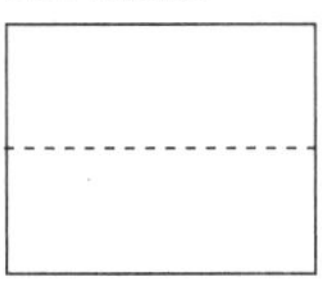	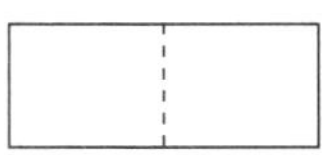		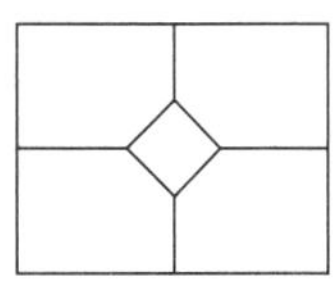

Schreiben Sie die Aufgabe in die Mitte des Diamanten und verwenden Sie die vier Felder, um die Kinder zu verschiedenen Herangehensweisen zu ermuntern. Statt den Kindern ein Arbeitsblatt mit einheitlichen Divisionsaufgaben zu geben, könnten Sie Ihnen ein Diamantblatt geben, das sich einer Aufgabe (50 geteilt durch 8) widmet und so aussieht:

Nicht so:

Division 6–12 Name:

9)81	11)121	7)21	10)10	10)10
10)50	7)49	10)50	9)27	8)64
10)90	9)63	8)96	7)77	10)90
12)36	11)11	11)11	12)132	6)30
6)54	11)55	12)84	11)55	9)45

Sondern so:

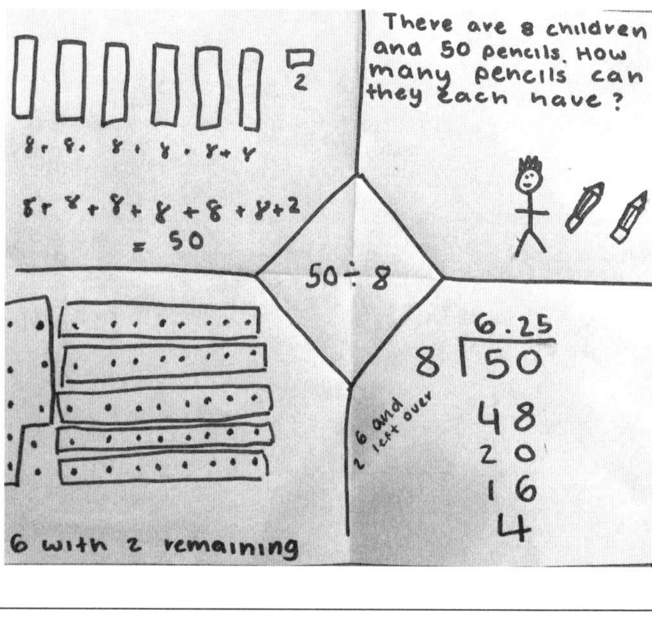

Eine mehrdimensionale Herangehensweise ist in allen Fächern möglich. Im Deutschunterricht könnten Kinder beispielsweise *Romeo und Julia* lesen und verschiedene Themen analysieren. Oder sie könnten ein Thema des Stücks herausgreifen – zum

Beispiel die Familie – und auf unterschiedliche Weise ausloten, ein Musikvideo mit diesem Thema suchen, selbst ein Video aufnehmen, einen Comicstrip zeichnen, eine PowerPoint-Präsentation anfertigen oder eine Skulptur herstellen.[*] Dieses multimodale Denken eröffnet Möglichkeiten der Kommunikation zwischen unterschiedlichen Hirnregionen sowie deren Entwicklung. Hirnforscher haben herausgefunden, dass flexible Gehirne das Ergebnis der Synchronie sind, die sich beim Zusammenspiel unterschiedlicher Hirnregionen einstellt.[13] Das erreichen wir, indem wir einen Stoff aus unterschiedlichen Richtungen und in unterschiedlichen Formen und Darstellungen angehen.

Ein mehrdimensionaler Unterrichtsansatz lässt sich in allen Fächern anwenden. Vor allem in den Geisteswissenschaften ist er bereits verbreitet, wenn Schüler zum Beispiel ihre eigenen Interpretationen eines Textes geben sollen oder wenn Gruppendiskussionen, Debatten und Theaterspiel als Unterrichtselemente zum Einsatz kommen. Auch hier könnte der Unterricht natürlich noch mehrdimensionaler werden, doch er ist selten so eindimensional wie in anderen Fächern. Meiner Erfahrung nach sind vor allem in der Mathematik, in den Naturwissenschaften und den Fremdsprachen Veränderungen nötig. In diesen Fächern wäre es besonders wünschenswert, den Stoff aus vielen unterschiedlichen Richtungen anzugehen.

Zum Beispiel durfte ich eine experimentierfreudige Fremdsprachenlehrerin kennenlernen, die ihre Schüler im Kreis aufstellt und ihnen sagt, jeder von ihnen sei eine berühmte Person, die die betreffende Sprache spricht. Reihum sollen die Kinder dann sagen, was diese Person fühlen könnte. Das ist eine so einfache wie kreative Unterrichtsidee, die über die Wiederholung gelernter Sätze hinausgeht; hier lernen die Schüler, indem sie

---

* Für die Vorschläge zur Umsetzung eines mehrdimensionalen Ansatzes im Literaturunterricht danke ich Antero Garcia.

die Ideen eines anderen Menschen interpretieren und zum Ausdruck bringen.

Ich werde nie verstehen, warum der naturwissenschaftliche Unterricht so eindimensional sein muss. Es ist, als wollte man Schüler von Fächern abschrecken, in denen es um Entdeckungen, Experimente und ein komplexes Zusammenspiel verschiedener Ursachen und Wirkungen geht. Wir müssen den Schülern das Staunen in den Naturwissenschaften nahebringen. Das ist viel wichtiger, als die Gesetz der Thermodynamik auswendig zu lernen (die man ja jederzeit in einem Buch oder im Internet nachschlagen kann).

Einen besonders schönen Umgang mit den Naturwissenschaften habe ich bei John Muir Laws entdeckt, einem leidenschaftlichen Naturliebhaber, Zeichner und Pädagogen. Ich liebe seine Anleitungen zum Zeichnen von Naturobjekten, denn er erklärt viele wissenschaftliche Grundprinzipien und geht jedes Thema aus ganz unterschiedlichen Richtungen an. Dabei führt er seine Leser durch ganz verschiedene wissenschaftliche Gebiete. Er fordert sie auf, selbst Daten zu sammeln, Muster zu erkennen, Ausnahmen zu benennen und Veränderungen über längere Zeiträume zu beobachten. Außerdem lädt er sie ein, Karten, Querschnitte und Diagramme anzufertigen, und zeigt ihnen, wie sie diese Daten auswerten können, etwa durch Schreiben, Tonaufzeichnungen, Listen, Zählen, Messungen und statistische Instrumente sowie mit einem »Werkzeugkasten für Neugierige« mit faszinierenden Instrumenten wie Lupe, Kompass und Fernglas.

Laws verkörpert eine mehrdimensionale Herangehensweise an die Naturwissenschaften. Die Schüler nähern sich dem Wissen durch unterschiedliche Darstellungsformen – Daten, Muster, Karten, Sprache und Diagramme. In der Arbeit mit diesen unterschiedlichen Darstellungsweisen entwickeln sie neuronale Schaltkreise, über die unterschiedliche Hirnregionen so miteinander kommunizieren, wie dies in den Gehirnen der »Vordenker« beobachtet wurde.

Wenn ich mit Lehrern spreche, sind die oft begeistert von der Idee eines mehrdimensionalen Unterrichts. Doch dann folgt meist eine drängende Frage: Wie sollen wir so unterrichten, wenn wir uns an einen Lehrplan und ein Buch halten müssen? Bei vielen Lehrplangestaltern und Schulbuchautoren ist die Bedeutung eines mehrdimensionalen Ansatz noch nicht angekommen.

In dieser Situation empfehle ich Lehrern, ein Arbeitsblatt mit ähnlichen Aufgaben auf die drei oder vier besten zu reduzieren und den Schülern die Möglichkeit zu geben, sie in der oben genannten Weise anzugehen. Das kann jede Lehrkraft, dazu ist kein neues Lehrmaterial nötig, und es lässt sich auf jedes Fach und jede Altersstufe anwenden. Ein mehrdimensionaler Ansatz inspiriert auch Lehrende und ermöglicht ihnen einen kreativeren Umgang mit ihrem Fach und Unterricht. Das wiederum sorgt für Freude und Zufriedenheit, vor allem weil sich die Kinder aktiver am Unterricht beteiligen.

Meine beiden Töchter besuchten eine staatliche Grundschule in Palo Alto. Die Lehrer gaben ihnen kaum Hausaufgaben, was mir gefiel, weil Hausaufgaben einen sehr begrenzten Nutzwert haben und dem Wohl der Kinder nicht gerade zuträglich sind.[14] Wenn sie doch mal Hausaufgaben bekamen, dann meist in Form spielerischer Aufgaben oder Ken Kens (japanische Zahlenrätsel). Gelegentlich brachten sie jedoch auch Arbeitsblätter mit mehr oder weniger identischen Rechenaufgaben nach Hause. Dann flossen oft die Tränen. Ich frage mich, warum Lehrer glauben, dass Kinder abends, wenn sie müde sind, stumpfe Wiederholungsaufgaben erledigen sollen. Wenn ich müde bin, arbeite ich auch nicht, aber meine Kinder werden dazu gezwungen, ihre Hausaufgaben zu machen.

Wann immer möglich, stelle ich mich auf die Seite der Lehrer, weil ich weiß, dass Unterrichten eine der anspruchsvollsten Tätigkeiten überhaupt ist, und weil Lehrer in aller Regel wunderbare und fürsorgliche Menschen sind. Aber eines Abends konnte ich nicht mehr zusehen. Meine jüngste Tochter, die damals neun Jahre alt war, kam mit einem Arbeitsblatt mit 40 Rechenaufgaben nach Hause. Entmutigt saß sie vor dem Blatt. Weil ich Angst hatte, dass das genau die Art von Aufgaben waren, die meine Tochter gegen Mathematik einnehmen würden, sagte ich ihr, sie solle nur die ersten fünf machen. Dann schrieb ich einen kurzen Brief an ihre Lehrerin:

> *Ich habe meine Tochter gebeten, nur die ersten fünf Aufgaben zu machen, und sehe, dass sie das Prinzip verstanden hat. Den Rest des Arbeitsblatts habe ich ihr erlassen, weil sie nicht glauben soll, dass Mathematik so ist.*

Viele Lehrer lachen, wenn ich ihnen diese Geschichte erzähle, und sind vermutlich froh, dass meine Töchter nicht in ihrer Klasse sitzen. Doch meine Einmischung hatte positive Folgen. Ich unterhielt mich mit der Lehrerin über Hirnforschung und eine mehrdimensionale Herangehensweise. Heute verteilt sie keine Arbeitsblätter mehr, sondern gibt den Kindern vier oder fünf Aufgaben und lässt sie diese auf unterschiedlichen Wegen lösen – mit einer rechnerischen Lösung, einer Geschichte und einer Zeichnung. Für meine Tochter war das ein riesiger Fortschritt gegenüber den öden Arbeitsblättern. Sie vergoss keine Tränen mehr über den Hausaufgaben und fand Gefallen daran, ihre eigenen Geschichten zu erzählen und Bilder zu malen. Verschiedene Hirnareale waren beteiligt und kommunizierten miteinander, und sie erhielt die Gelegenheit, ihr Wissen zu vertiefen.

Das mehrdimensionale Lernen füllt den Stoff mit Leben. Die meisten Schüler sehen in der Mathematik nur Zahlen und Formeln und im Deutschunterricht nur Bücher und Wörter. Wenn wir Mathematik, Deutsch, Naturwissenschaften und andere Fächer jedoch als Chance für Kreativität und Vielfalt betrachten, dann ändert sich alles, das Gehirn wächst, und es entstehen neuronale Verbindungen. Und wenn die Lehrkräfte den Unterricht vielfältig gestalten und neben Zahlen, Texten und Formeln auch Grafiken, Modelle, Geschichten, Videos, Musik, Daten und Zeichnungen zum Einsatz bringen, dann wird das Klassenzimmer von einem Ort, an dem alle Arbeiten mehr oder weniger gleich aussehen, zu einem Ort, an dem Vielfalt und Kreativität aufblühen.

Um die vielfältigen Möglichkeiten des Umgangs mit dem Lernstoff zu demonstrieren, verwende ich in meinen Kursen gern eine Zeichnung mit sieben Punkten. Ich kündige den Teilnehmern an, dass ich ihnen die Zeichnung nur kurz zeige und sie mir dann sagen sollen, wie viele Punkte sie gesehen haben. Dabei sollen sie die Punkte nicht zählen, sondern ihre Anzahl ermitteln, indem sie in Gruppen anordnen; ich frage sie dann nach dem Muster, das sie gewählt haben. Das sind die sieben Punkte.

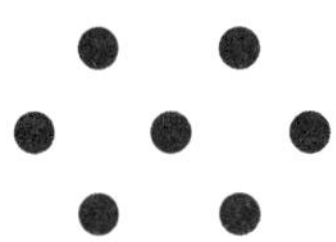

Als ich Mädchen der Mittelstufe diese Zeichnung vorlegte, fanden sie 24 verschiedene Anordnungen! Sie wollten immer weitermachen, doch weil die Pause nahte, mussten wir abbrechen. Das waren ihre 24 Muster:

Wenn ich Schülern diese Übung vorlege, dann auch, um ihnen zu zeigen, dass Mathematik eine kreative Angelegenheit ist und es viele verschiedene Möglichkeiten gibt, sie zu sehen – auch wenn es nur sieben Punkte sind! Außerdem wird mit Aufgaben dieser Art das sogenannte Schätzsystem im Gehirn trainiert. Mithilfe dieser Hirnregion können wir nonverbal die Anzahl einer Gruppe von Objekten schätzen. Die Schätzfähigkeit von Schülern lässt zuverlässige Schlüsse auf ihre späteren Leistungen im Mathematikunterricht zu.[15]

Ein kreativer und mehrdimensionaler Ansatz – die Einladung, eine Aufgabe aus verschiedenen Richtungen und in verschiedenen Formen und Medien anzugehen – lässt sich in jedem beliebigen Fach umsetzen. Wir können Schülern eine Szene aus *Faust*, ein Zelldiagramm in der Biologie oder ein tagesaktuelles oder historisches Ereignis vorlegen und fragen: Was seht ihr? Wie versteht ihr das? Damit wird das visuelle Denken genauso aufgewertet wie die Ideenvielfalt der Schüler.

Der mehrdimensionale Ansatz in Aktion

Das Central Valley von Kalifornien ist weniger bekannt als Städte wie San Francisco im Norden oder Los Angeles im Süden. Als ich zum ersten Mal von Stanford nach Tulare fuhr, das 300 Kilometer von Stanford und mehr als 150 Kilometer von der Küste entfernt liegt, wusste ich, dass ich im Central Valley angekommen war, als sich anstelle von Häusern mit einem Mal endlose Maisfelder vor dem Autofenster erstreckten.

Das Central Valley ist eine strukturschwache, landwirtschaftliche Region. Die Bildungsverantwortlichen des Bezirks wissen, dass sie den Lehrkräften kaum Aufstiegsmöglichkeiten oder Geld bieten können. Vor gut einem Jahr erhielt ich Besuch von Shelah Feldstein, die Mathematiklehrer des Bezirks ausbildet. Sie wollte wissen, was ich von ihrer Idee hielt, alle Fünftklässler des Bezirks an meinem Onlinekurs teilnehmen zu lassen. Außerdem sollten die Lehrer eine eigene Fortbildung erhalten und Arbeitsgemeinschaften bilden, in denen sie über die Umsetzung der Ideen nachdachten.

Im folgenden Jahr passierten viele erstaunliche Dinge, die in mehreren Forschungsartikeln dokumentiert wurden.[16] Das erfreulichste Ergebnis war jedoch, dass die Lehrer eine neue Einstellung zum Mathematikunterricht mitnahmen. Die fünfte Klasse war diejenige mit den schlechtesten Ergebnissen – weniger als 8 Prozent der Kinder erreichten die Mindestanforderungen. In Gesprächen am Ende des Jahres gestanden Lehrer, dass sie den Mathematikunterricht gefürchtet und versucht hatten, den Stoff so schnell wie möglich abzuhaken. Nachdem sie sich jedoch mit Selbstbildern, Hirnwachstum und mehrdimensionalen Herangehensweisen beschäftigt hatten, machte ihnen der Unterricht so viel Spaß, dass sie bis abends blieben, um mit den Kollegen zu überlegen, wie sie Aufgaben visuell angehen konnten.

Jim, einer der Lehrer der fünften Klasse, schilderte mir, mit welcher Überraschung und Freude er feststellte, dass er seinen Schülern mit einer unserer Faltübungen die Exponentialrechnung näherbringen konnte:

> *Sie haben das Blatt vom Quadrat zu Dreiecken gefaltet. Dabei haben sie von allein festgestellt, dass eine Exponentialbeziehung besteht: Mit einem Mal Falten haben sie zwei Flächen bekommen, mit zweimal Falten vier. Mit jedem Mal Falten haben sie Exponenten von zwei gesehen. Diese Beziehungen haben sie selbst erkannt. Das im Unterricht zu erleben war eine große Sache für mich.*

Die Lehrer durchliefen einen unglaublichen Wandel und sahen Mathematikaufgaben nun als Anlass mehrdimensionaler und kreativer Herangehensweisen. Möglich wurde dies auch, weil sie sich gleichzeitig mit den Ergebnissen der Hirnforschung beschäftigten, die ich in den vorigen Kapiteln vorgestellt habe. Vor dem Kurs hatten viele der Lehrer ein statisches Selbstbild, sie fürchteten, dass sie keine eigenen Ideen einbringen konnten und auch gar nicht das Recht dazu hatten. Nachdem sie sich von diesem falschen und destruktiven Denken frei gemacht hatten, konnten sie ganz anders mit der Mathematik und anderen

Fächern umgehen. Ein Lehrerin war überrascht, dass der Kurs sie als Menschen verändert hatte:

> *Ich habe gedacht, es wäre eine tolle Sache für die Kinder. Ich hatte nie damit gerechnet, dass es auch mit mir etwas anstellen würde. Das war die größte Entdeckung für mich.*

Aber nicht nur das Leben der Lehrer veränderte sich – als sie die neuen Ideen im Unterricht umsetzten, veränderte sich auch das der Schüler. Diese Veränderungen nahmen ganz unterschiedliche Formen an, zum Beispiel bekamen die Kinder eine ganz neue Vorstellung von ihrem Potenzial und ihrer Lernfähigkeit. Die Mathematik sahen sie nun mit ganz anderen Augen. Einer der Lehrer erinnerte sich:

> *Die Kinder waren begeistert und haben gesagt: »Mein Gott, so macht der das? Es ist in Ordnung, wenn es mir schwerfällt? Es ist in Ordnung, wenn wir etwas anders sehen?«*

Wenn Kinder fragen: »Ist es in Ordnung, wenn wir etwas anders sehen?« oder »Ist es in Ordnung, wenn mir etwas schwerfällt?«, dann sehe ich dahinter die destruktiven Vorstellungen, die sie früher hatten und die sie am Lernen hinderten. Es ist tragisch, wenn Kinder glauben, dass sie nicht eigenständig denken dürfen und alles mühelos erledigen müssen, doch gerade im Mathematikunterricht glauben das Millionen von Schülern. Als die Kinder erkannten, dass es gut war, wenn sie mit Schwierigkeiten konfrontiert waren, lernten sie einen anderen Umgang mit der Mathematik und gewannen ein ganz neues Selbstbewusstsein, wie ihr Lehrer Miguel beobachtete:

> *Der Kurs hat viel bewegt. Es ist unglaublich zu sehen, wie gern die Kinder heute lernen. Ich habe noch nie erlebt, dass Kinder so ein Selbstbewusstsein haben.*

Das Ergebnis war spürbar. Obwohl die bestehenden Mathematiktests des Bundesstaats ausgesprochen schmalspurig angelegt sind, erzielten die Schüler der Lehrer, die den Kurs belegt hatten, deutlich bessere Ergebnisse als Kinder aus anderen Schulen. Besonders profitierten Mädchen, Kinder aus sozial benachteiligten Familien und Kinder, für die Englisch nur Zweitsprache war – alles Gruppen, die in Mathematik und anderen Fächern oft benachteiligt sind.[17]

Jean Maddox war besonders beeindruckt von dem Kurs. Das gesamte Schuljahr hindurch machte sie ihren Schülern klar, dass sie immer wachsen und alles lernen können und dass sie niemals glauben sollten, ihr Potenzial sei unveränderlich. Für sie war der Wechsel zu visuellen Methoden ein großer Schritt, der ihr Verständnis der Mathematik und ihren Umgang damit im Unterricht radikal veränderte:

> *Zu Beginn habe ich immer Algorithmen gemacht, denn das war mein Sicherheitsnetz. Heute denke ich: »Okay, wie zeichne ich das? Wie sieht das visuell für mich aus?« Heute weiß ich, warum der Algorithmus funktioniert, denn jetzt habe ich auch ein Bild im Kopf. Bei Themen wie Bruchrechnen war das eine prima Sache. Und die Kinder verstehen auch, warum es funktioniert. Wenn sie das als Bild sehen, fällt plötzlich der Groschen. Für einige Kinder war Mathe immer Auswendiglernen, und jetzt macht es ihnen plötzlich Spaß.*

Wie sich am Wandel der Lehrer zeigt, passieren zwei Dinge, wenn wir unser Potenzial entfalten: Wir ändern unser Selbstbild, und wir gehen den Unterrichtsstoff und unser gesamtes Leben auf mehrdimensionale Weise an.

Unter anderem schlug ich den Lehrern der fünften Klassen vor, keine Fragen zu stellen, auf die Kinder auswendig gelernte Antworten geben konnten, sondern solche, bei denen sie sich strecken und eigene Lösungswege finden mussten. Eine Lehrerin sagte:

Neulich habe ich an die Tafel geschrieben: »Die Antwort ist 17. Zu welchen Aufgaben ist das die Lösung?« Ich habe gedacht, sie kommen vielleicht auf 1 plus 16, aber sie haben eine ganze Menge Fragen gefunden, zum Teil richtig ausgefallene Sachen. Ich war sehr beeindruckt.

Auf Twitter schrieb eine Lehrerin, sie verwende diesen Ansatz auch in ihrem Geometriekurs der Oberstufe. Sie schrieb die Lösung an die Tafel und forderte die Schüler auf, mithilfe der geometrischen Ansätze, die sie gelernt hatten, nach Fragestellungen zu suchen. Sie schrieb, die Kreativität ihrer Schüler habe sie schier umgehauen, die Aufgabe habe ein bereicherndes Gespräch angestoßen und Möglichkeiten für Hirnwachstum geboten.

Eine andere Lehrerin der fünften Klasse berichtete, sie zeige nun oft einfach bildliche Darstellungen mathematischer Konzepte und frage: »Was seht ihr da? Was nicht? Was könntet ihr sehen? Was käme als Nächstes?«

Diese neuen Vorstellungen sind nicht kompliziert, und im Grunde geht es immer um einen mehrdimensionalen Lernansatz. Sie halten Schüler an, neue Wege zu gehen und über »das Normale« hinauszudenken. Lehrer, die ihre Methode auf diese Weise verändern, spielen mit Inhalten und erleben ganz neue Freiheiten – statt sich an Lehrbücher zu halten, spielen sie mit dem Stoff und laden ihre Schüler ein, gemeinsam mit ihnen zu experimentieren. Außerdem stärken sie mit dem mehrdimensionalen Ansatz die Schaltkreise ihres Gehirns und helfen den Kindern so, starke Erwachsene und später vielleicht sogar selbst Vordenker zu werden.

Lehrer anderer Schulen haben ähnliche Erfahrungen gemacht wie die Lehrer der fünften Klassen im Central Valley. Holly Compton erinnert sich bis heute daran, welche Angst sie in der ersten Klasse vor der Mathematik hatte, als sie vor einem Arbeitsblatt saß. Sie und ihre Mutter kamen zu dem Schluss, dass sie einfach kein »Mathehirn« hatte. Es folgten Jahre der

Frustration. Comptons schlechtes Verhältnis zur Mathematik begann mit einem eindimensionalen Instrument – einem Arbeitsblatt –, das sie davon überzeugte, dass sie kein Talent für Mathematik hatte.

Leider sabotiert die Mathematik das Selbstvertrauen der Schüler häufiger als jedes andere Fach. Das liegt vor allem an den falschen Vorstellungen davon, wie der Mathematikunterricht auszusehen hat. Das Ergebnis sind Erfahrungen, wie sie Compton in der ersten Klasse machen musste. Ein anderer Grund ist, dass Kinder, die Mathematik »draufhaben«, in unserer Gesellschaft als »intelligent« gelten, und diejenigen, die Schwierigkeiten mit dem Fach haben, als »unintelligent«. Auf viele Kinder wirkt dieses Urteil vernichtend, und zu ihnen gehörte auch Compton. Sie ist leider kein Einzelfall, und ihre negative Begegnung mit der Mathematik schlug sich auf ihr gesamtes Leben nieder:

> *Es hat alles erfasst. Mein ganzes Leben litt unter meinem Mangel an Selbstvertrauen.*

Glücklicherweise gelang es Compton, ein anderes Bild von sich selbst und ihrer Lernfähigkeit zu entwickeln und ihr Potenzial zu erschließen. Entscheidend für sie war die Erkenntnis, dass sich mathematische Aufgaben auf unterschiedliche Weise lösen lassen, und dies wiederum zeigt, wie wichtig ein mehrdimensionaler Ansatz bei der Erschließung unseres Potenzials ist. In unserem Gespräch sagte Compton:

> *Heute ist die Mathematik mein kreativstes Fach, weil man die Dinge auseinandernehmen und wieder zusammensetzen kann und weil man sich stundenlang über 13 plus 12 unterhalten kann!*

Compton brachte sich die Mathematik quasi ein zweites Mal bei und wurde dabei von ihren Schülern motiviert. Als sie begannen, die Mathematik mit unterschiedlichen Ansätzen anzugehen, wurde ihr klar, dass das Fach ganz anders war, als sie gedacht hatte. Sie begann zu experimentieren und einen spielerischen Umgang mit der Mathematik auszuprobieren, und sie sah, wie ihre Schüler immer besser wurden. Nach einigen Jahren als erfolgreiche Mathematiklehrerin wurde sie zur Fachleiterin des Bezirks befördert – eine erstaunliche Leistung für eine Frau, die vor der Mathematik gezittert hatte. Heute sagt sie, dass sie auf ein dynamisches Selbstbild hin unterrichtet, indem sie ihren Schülern schwierige mehrdimensionale Aufgaben gibt und sie anhält, sich mit den Schwierigkeiten auseinanderzusetzen.

Seit Compton ihr eigenes Potenzial entfaltet hat, hat sich nicht nur ihr Unterricht, sondern auch ihr Umgang mit Menschen verändert. Wenn sie früher in Besprechungen ging, hatte sie Angst, jemand könnte ihr eine Frage stellen, auf die sie keine Antwort hatte, und sie hatte das Gefühl, sie müsste auf allen Gebieten Expertin sein. Heute hat sie keine Angst mehr vor Besprechungen und ist eher bereit, Risiken einzugehen:

> *Ich habe keine Angst mehr, es zuzugeben. Ich kann zu einem Kollegen sagen: »Ich komme hier nicht weiter – kannst du mir helfen?«*

Diese neue Offenheit gegenüber Herausforderungen und ihrem Nichtwissen scheint eine verbreitete Folge zu sein, wenn Menschen ihr Potenzial entdecken. Sie erkennen, dass es kein Beinbruch ist, wenn ihnen etwas nicht ganz so leicht fällt, und dass dies kein Zeichen der Schwäche, sondern für das Wachstum ihres Gehirns ist. Das vermittelt Selbstvertrauen für schwierige Momente und die Bereitschaft, auch dann den Mund aufzumachen, wenn man sich nicht hundertprozentig sicher ist. Eine der bedauerlichsten und typischsten Folgen des statischen Denkens ist die Angst davor, sich zu irren. Diese Angst blockiert buchstäblich, weshalb ein multidimensionaler Ansatz, der

Wachstum und die Auseinandersetzung mit Schwierigkeiten in den Mittelpunkt stellt, so befreiend wirkt. Wie bei Compton: »Ich habe heute viel mehr Ideen, weil ich es mir gestatte, Ideen zu haben.«

Arbeiten und Leben mit einem mehrdimensionalen Ansatz hat einen weiteren Vorteil: Wenn Hindernisse auftauchen, wissen wir immer, dass es auch eine Ausweichroute gibt. Viele Erwachsene, mit denen ich bei der Recherche zu diesem Buch gesprochen habe, berichteten mir, dass sie sich nicht mehr von Schwierigkeiten und Hindernissen aufhalten lassen – sie suchen einfach eine andere Herangehensweise. Ein mehrdimensionaler Umgang mit Wissen zeigt, dass es nie nur eine einzige Lösung gibt, sondern dass sich immer mehrere Wege anbieten.

Heute verspürt Compton die Freiheit, eigene Ideen zu haben. Die sechs Lernschlüssel in diesem Buch ermöglichen tief greifende persönliche Veränderungen wie diese. Egal ob wir in der Bildung oder in einer anderen Branche arbeiten – wenn wir die Mauern des herkömmlichen statischen Denkens einreißen und erkennen, dass wir lernen und wachsen können, dann verändert das unser Leben in vielfacher Hinsicht. Dieser Perspektivwechsel vermittelt Selbstvertrauen, Widerstandskraft und Befriedigung in unserer Arbeit und unseren sozialen Beziehungen.

Compton berichtete mir, ihre Beziehungen seien heute besser, sie werde nicht mehr von Selbstzweifeln geplagt und sei nicht mehr deprimiert. Und das nur, weil sie lernte, die Mathematik und ihre Beziehung zu diesem Fach anders zu sehen.

Entscheidend für Compton war die Erkenntnis, dass man die Mathematik auf ganz unterschiedliche Weise angehen kann und dass die Vorstellungen und Sichtweisen anderer Menschen ihren eigenen Wert haben. Wenn wir erkennen, dass unser Potenzial grenzenlos ist, wird die Wirkung umso größer, wenn wir die Inhalte für verschiedene Ansätze öffnen. Eine mehrdimensionale Herangehensweise ist die perfekte Ergänzung zum dynamischen Selbstbild.

Der Erfolg unseres Mathematikcamps, in dessen Verlauf die Schüler so viel lernten wie in 2,8 Schuljahren, verdankt sich auch unserem mehrdimensionalen Ansatz. Bei einer Nachfolgebefragung ein Jahr später gaben einige Schüler an, dass sie nun die Arbeitsblätter aus dem Unterricht nach Hause mitnahmen und gemeinsam mit ihren Eltern visuell lösten. Ein Mädchen erzählte mir bedauernd, der Mathematikunterricht sei nun nicht mehr interessant, weil sie der »Methode des Lehrers« folgen müsse und keine eigenen Ansätze mehr verwenden dürfe. Das tat mir sehr leid, doch immerhin wusste das Mädchen nun, dass es mehrere Denkansätze gab, nicht nur die des Lehrers; auch wenn sie ihre eigene Methode nicht mehr anwenden konnte, war sie sich bewusst, dass sie relevant war. Bei aller Enttäuschung wirkte die erweiterte Perspektive nach.

Oft bekommen die Schüler Aufgaben, deren Lösung sich ihnen nicht erschließt. Das ist ein Grund für sie, sich selbst und ihr Wissen negativ zu beurteilen. Wenn Aufgaben so gestellt werden, dass sie zwar anspruchsvoll, aber für alle Schüler verständlich sind, können sich alle an die Arbeit machen und sehen, wie weit sie kommen.

In unserem Mathematikcamp verwendeten wir Aufgaben dieser Art und förderten unterschiedliche Arbeits- und Denkweisen. Außerdem regten wir Diskussionen an, in denen sich die Schüler über ihre unterschiedlichen Sichtweisen und Lösungswege austauschen und sie vergleichen konnten. So waren Schüler in der Lage, produktiv zu arbeiten und zu lernen; und weil sie ihren Lernfortschritt selbst nachvollziehen konnten, waren sie motiviert weiterzumachen. Wir eröffneten den Schülern den Zugang zu den Aufgaben und gaben ihnen zahlreiche Beispiele für Lösungsansätze. Diese Kombination aus Selbstbild und Mehrdimensionalität fehlt oft in Schulen, in Familien und am Arbeitsplatz.

Es ist schwer für Schüler, ihr Potenzial zu wecken und ihre Grenzen zu überwinden, wenn ihre Schulen großen Wert auf

Prüfungen und Noten legen, denn diese vermitteln die Botschaft des statischen Selbstbilds.[18] Die Lehrer, mit denen ich im Rahmen meiner Recherchen gesprochen habe, unterscheiden sich von vielen ihrer Kollegen, weil sie wissen, wie wichtig es ist, dass die Kinder ohne Grenzen denken. Sie vermitteln Informationen zu Selbstbildern und Gehirnen und verbinden dies mit einem Unterrichtsansatz, der Wachstum und Lernen fördert.

Auch in meiner Einführung in die Mathematik an der Universität verwende ich einen mehrdimensionalen Ansatz. Wir bringen das Semester damit zu, mathematische Vorstellungen nicht nur in Zahlen und Formeln, sondern auch in visuellen und räumlichen Darstellungen zu sehen – alles Ansätze, die die neuronalen Schaltkreise stärken. In einer anonymen Bewertung schrieb einer meiner Studenten:

> *Für mich hat Mathe immer nur auf dem Papier stattgefunden. Seit ich diesen Kurs belege, haben Aufgaben auch dreidimensionale Formen angenommen. Die Wände meines Wohnheimzimmers, die Rückseite meines Namensschildchens, mein Notizbuch – Quadrate, Diagramme, Begeisterung verbinden sich in der Hirnregion, die ich für Berechnungen reserviert habe. Früher war Mathematik eindimensional, es gab immer nur eine einzige Lösung. Die Region, die ich für Mathematik verwende, hat sich explosionsartig vergrößert.*

Andere Studenten schilderten, wie sie dank des visuellen und kreativen Umgangs mit der Mathematik und der Erkenntnisse der Hirn- und Selbstbildforschung widerstandsfähiger geworden seien, wie sich ihr ganzes Leben verändert habe und sie nun auch in anderen Fächern bessere Leistungen erzielten.

Auch Marc Petries Leben hat sich radikal verändert, seit er weiß, wie wichtig die Auseinandersetzung mit Schwierigkeiten und ein anderer Umgang mit Lerninhalten ist. Marc ist heute Mitte 60. Als kleiner Junge hatte er einen Unfall, aus dem er eine Behinderung davontrug. Seine Mutter wollte nicht hinnehmen, dass er sich nicht wieder erholen und auf Sonderschulen gehen sollte. Sie warf ihm Bälle zu, die er fangen sollte, um seine Koordination zu verbessern. Als er ein wenig älter war, lernte er Skateboardfahren – eine ständige Folge von Stürzen, Aufstehen, Stürzen, Aufstehen. Er sagt, aus diesen ersten Jahren habe er ein dynamisches Selbstbild mitgenommen – »ohne wäre ich nicht weit gekommen«, wie er sagt. Als Marc in einem meiner früheren Bücher über die Auseinandersetzung mit Schwierigkeiten las, sah er sofort die Verbindung zu sich selbst und seinen Schwierigkeiten, die ihn zu dem Menschen gemacht haben, der er heute ist.

Schon früh entwickelte Marc ein dynamisches Selbstbild, doch erst in einem youcubed-Kurs fand er die Worte, um auch mit seinen Schülern darüber zu sprechen. Vor seiner Teilnahme an unserem Workshop unterrichtete er vor allem mit den üblichen Schulbüchern. Als er danach an die Schule zurückkam, krempelte er seinen Unterricht vollständig um.

Heute beginnt er jeden Montagmorgen mit einem Video über einen Menschen mit einem dynamischen Selbstbild. Am Tag unseres Gesprächs hatte er das Video eines 15-jährigen Jungen gezeigt, der einen Test für Bauchspeicheldrüsenkrebs entwickelt hatte. Die Videos, die er im Internet aufspürt, sind Beispiele für das dynamische Selbstbild in Aktion. Jeden Mittwoch stellt er im Unterricht sein »Lieblings-Nein« vor – eine mathematische Aufgabe mit Fehlern, die die Schüler entdecken sollen. Jeden Freitag arbeiten die Schüler an Mathematik- und Kunstprojekten. In seinem gesamten Unterricht arbeitet Marc mit einem mehrdimensionalen Ansatz, er hält seine Schüler an, mathematische Konzepte mithilfe von Comics darzustellen, oder er bringt visuelle Darstellungen, Muster und Gegenstände in den Unterricht mit und fordert die Jugendlichen auf zu beschreiben, was sie sehen. Außerdem lässt er die Schüler Collagen mit Mustern zeichnen und die Arbeiten berühmter Künstler nach Symmetrien und Ähnlichem durchsuchen.

Ehe Marc seinen Unterricht umgestaltete, erreichten nur 6 Prozent seiner Schüler das geforderte Leistungsniveau in Mathematik. Seit er den mehrdimensionalen Ansatz eingeführt hat und mit dem Selbstbild seiner Schüler arbeitet, sind es 70 Prozent. Nachdem Marc mir geschildert hatte, wie er mit Kunst, Videos und anderen kreativen Mitteln Mathematik unterrichtet, fragte ich ihn, ob er noch mit einem Schulbuch arbeite. Marc erklärte, es bringe mehr, wenn seine Schüler nur 25 bis 30 Minuten mit dem Buch arbeiteten und die verbleibenden 55 Minuten auf andere Projekte verwendeten. Das verstehe ich sofort.

Marc wendet den Selbstbildansatz nicht nur auf seinen Unterricht, sondern auch auf sein Leben an. Er erzählte, vor einigen Jahren sei seine Frau an Krebs erkrankt und habe mehrere Operationen über sich ergehen lassen. Trotz dieser Eingriffe und einer 18-monatigen Chemotherapie habe sie ihren Beruf als Rechtsanwältin weiter ausgeübt. Marc musste damals stark sein, denn er musste sich um seine Frau und den kleinen Sohn kümmern und nebenbei unterrichten. Er musste »der optimistischste Mensch der Welt« sein, wie er sagte. Heute studiert sein Sohn, und zusammen mit seiner Frau backt er samstags Plätzchen für Obdachlose. Seine Frau strickt Mützen für Frauen in Chemotherapie. Marc erinnerte mich an viele andere Menschen, die die vermeintlichen Grenzen ihres Potenzials überwunden haben. Dazu gehört auch die Fähigkeit, etwas Schlechtes zum Guten zu wenden. Er sprach über das jüdische *Tikun Olam*, die »Wiederherstellung der Harmonie«, das seiner Ansicht nach eng mit einem dynamischen Selbstbild zusammenhängt: »Es sind für mich Fragen wie: ›Wozu bin ich auf der Welt? Wozu bin ich hier? Wozu stehe ich vor dieser Klasse?‹ Es muss einen Grund dafür geben.«

Marcs positive Lebenseinstellung, die er sich selbst in schweren Zeiten bewahrt hat, ist inspirierend. Seine Schüler haben immens von der Umstellung seines Unterrichts profitiert, doch er hat auch andere Lehrer seiner Schule beeinflusst. Nachdem die Lehrer der sechsten und siebten Klasse sahen, was er in der achten Klasse zuwege brachte, übernahmen sie einige seiner Ideen und beobachten seither ebenfalls eine deutliche Leistungssteigerung bei ihren Schülern.

Jeder Stoff lässt sich mit einem mehrdimensionalen Ansatz vermitteln. In Anhang 1 am Ende des Buchs finden Sie ein Beispiel für visuelle Lösungswege im Mathematikunterricht. Schüler, die nicht in den Genuss eines mehrdimensionalen Unterrichts kommen, können selbst tätig werden. Als wir die Teilnehmer unseres Mathematikcamps ein Jahr später befragten, erklärte mir ein Junge, er verstehe Raummaße besser, weil er sich an unsere Aktivitäten mit Zuckerwürfeln erinnert und nun weiß, wie ein Kubikzentimeter aussieht und sich anfühlt. Es ist bedauerlich, dass diese Schüler in ihrem Mathematikunterricht nicht visuell und räumlich weiterarbeiten konnten, doch aus den 18 Tagen haben sie eine andere Sichtweise auf das Lernen mitgenommen.

Leah Haworth, eine der Lehrerinnen, die wir bereits in Kapitel 2 kennengelernt haben, schilderte die gewaltigen Veränderungen, die in ihren Schülern vorgingen, als sie anstelle der karierten Hefte großformatige Zeichenblöcke einführte, um ihre Schüler mit mathematischen Regeln spielen, Ideen zeichnen und eigenständig denken zu lassen. Dieser kreative Freiraum, in dem Kinder selbst denken und forschen können, eignet sich hervorragend zur mehrdimensionalen Herangehensweise an Lernstoffe.

Vor einigen Jahren habe ich in einer Schule einen einwöchigen Probelauf unseres Mathematikcamps durchgeführt. (Die visuellen und kreativen Mathematiklektionen, die wir dabei eingesetzt haben, finden Sie auf youcubed.org frei zugänglich.) Als ich nach einer Unterrichtsstunde über den Flur ging, kam eine Mutter auf mich zu. Sie fragte mich, was ich in den vergangenen Tagen im Mathematikunterricht angestellt hätte – ihre Tochter habe Mathematik immer gehasst und nie kapiert, aber plötzlich habe sie ihre Meinung geändert! Mit einem Mal sehe sie für sich eine Zukunft in der Mathematik. Darüber freute ich mich, denn wenn Kinder ihre Möglichkeiten anders sehen und sich für einen neuen Ansatz öffnen, ändern sich auch ihre Lernpfade.

Die ersten drei Lernschlüssel, in denen es um den Wert von Wachstum und Schwierigkeiten geht, sind entscheidend, um unser Potenzial zu öffnen. Wer kein Umfeld für eine kreative Entwicklung des Gehirns vorfindet, könnte von dieser Information allerdings frustriert werden. Wenn ein dynamisches Selbstbild auf die Mauern einer statischen Welt trifft, büßt es einen Teil seines Potenzials ein. Die Antwort ist mehrdimensionales Lernen, unser vierter Lernschüssel. Wenn wir mit einem mehrdimensionalen Ansatz an eine Aufgabe, ein Thema oder die Welt ganz allgemein herangehen, dann schließen wir unsere Fähigkeit auf, zu lernen und zu wachsen. Im Zusammenspiel mit dem dynamischen Selbstbild erlaubt mehrdimensionales Lernen Menschen jeden Alters, Hindernisse und Ängste zu überwinden, Probleme mit neuen Augen zu sehen und Zutrauen in die eigenen Fähigkeiten zu finden. Selbst wenn wir in statischen Systemen arbeiten, die unsere vielfältigen Denkweisen nicht zu schätzen wissen – ob Schulen, die großen Wert auf Prüfungen und Noten legen, oder Arbeitsplätze, die nur Kästchendenken zulassen –, können wir unsere Probleme und Aufgaben in jedem Lebensbereich mit einer mehrdimensionalen Herangehensweise besser lösen.

KAPITEL 5

SCHNELLIGKEIT IST OUT, FLEXIBILITÄT IST IN!

Irrtümer, Stereotypen und mangelhafte Methoden versperren uns den Zugang zu unserem Lernpotenzial. Die gute Nachricht ist, dass wir nun die wissenschaftlichen Erkenntnisse und eine Vielzahl erprobter Ansätze zur Verfügung haben, um das zu ändern. Zwei der destruktivsten Mythen haben wir bereits angesprochen: die Vorstellung, dass sich unser Gehirn nicht verändern lässt, und die Vorstellung, dass es ein Zeichen von Schwäche ist, wenn uns etwas nicht auf Anhieb leicht von der Hand geht.

In diesem Kapitel widerlegen wir einen weiteren destruktiven Mythos: die Vorstellung, dass mathematische und andere Fähigkeiten etwas mit Schnelligkeit zu tun haben. Wenn wir uns von dem Irrglauben frei machen, dass es auf Geschwindigkeit ankommt, und wenn wir das Lernen stattdessen als einen Ort des gründlichen und flexiblen Nachdenkens begreifen, dann eröffnet dies einen ganz anderen Umgang mit der Welt. Kreatives und flexibles Denken zeichnet die Vordenker jeder Disziplin aus,[1] aber dazu müssen wir den Wissenserwerb neu und anders denken.

LERNSCHLÜSSEL 5

Schnelligkeit ist kein Maßstab für unsere Fähigkeiten. Wir lernen dann am besten, wenn wir mit Kreativität und Flexibilität ans Lernen und an unser Leben herangehen.

Mehr als jede andere Disziplin leidet die Mathematik unter dem Irrglauben, man müsse schnell sein, um gut zu sein. Schuld sind unter anderem irregeleitete Lehrmethoden, vor allem Tests, die eine Lösung der Aufgaben unter Zeitdruck verlangen. Schon fünfjährige Kinder werden heute solchen Prüfungen unterzogen. Auch Eltern verlangen Geschwindigkeit und setzen ihre Kinder beispielsweise mit Lernkarten unter Druck. So setzt sich die irrige Assoziation von Mathematik mit Schnelligkeit fort, und viele Menschen glauben, sie müssten schnell mit Zahlen umgehen können, um erfolgreich zu sein. In meinen Vorträgen zeige ich meinem Publikum gern Arbeitsblätter wie dieses:

Multiplikation mit 12

Name: ____________________

2 x 12	12 x 12	6 x 12	7 x 12	6 x 12	12 x 12	4 x 12	8 x 12	2 x 12	5 x 12	12 x 12	4 x 12
9 x 12	4 x 12	12 x 12	2 x 12	3 x 12	3 x 12	6 x 12	4 x 12	11 x 12	6 x 12	7 x 12	2 x 12
1 x 12	8 x 12	5 x 12	12 x 12	9 x 12	7 x 12	11 x 12	6 x 12	2 x 12	2 x 12	7 x 12	12 x 12
7 x 12	5 x 12	1 x 12	12 x 12	8 x 12	6 x 12	8 x 12	3 x 12	0 x 12	6 x 12	4 x 12	2 x 12
5 x 12	12 x 12	4 x 12	2 x 12	6 x 12	11 x 12	4 x 12	9 x 12	3 x 12	8 x 12	3 x 12	2 x 12
6 x 12	4 x 12	12 x 12	12 x 12	12 x 12	0 x 12	9 x 12	4 x 12	8 x 12	5 x 12	2 x 12	7 x 12
5 x 12	1 x 12	8 x 12	12 x 12	7 x 12	4 x 12	12 x 12	5 x 12	9 x 12	1 x 12	3 x 12	7 x 12
8 x 12	9 x 12	5 x 12	5 x 12	6 x 12	11 x 12	7 x 12	3 x 12	6 x 12	5 x 12	8 x 12	5 x 12

Ziel ____________________ Korrekte Antworten ______________

Dann geht immer ein Stöhnen durch die Reihen, auch wenn sich regelmäßig ein paar Leute zu Wort melden und behaupten, diese Art von Aufgaben mache ihnen Spaß. Heute wissen wir, dass Rechnen unter Zeitdruck für viele Kinder der Anfang der Matheangst ist, und dank der Hirnforschung wissen wir auch, warum das so ist.

Die Folgen von Stress und Angst

Die Kognitionswissenschaftlerin Sian Beilock hat untersucht, was in unserem Gehirn passiert, wenn wir unter Druck arbeiten sollen. Beim Rechnen benötigen wir unser Arbeitsgedächtnis, das man als »Suchmaschine des Gehirns« bezeichnen könnte. Wie alle Hirnregionen entwickelt sich auch das Arbeitsgedächtnis durch Übung. Beilock konnte allerdings zeigen, dass es in Stresssituationen blockiert wird.[2] Das heißt, wenn Schüler unter Zeitdruck Rechenaufgaben lösen sollen, dann geraten viele in Stress, das Arbeitsgedächtnis fällt aus, und sie können nicht mehr rechnen. Die Angst beginnt, und ein Teufelskreis kommt in Gang.

Wahrscheinlich haben Sie selbst schon erlebt, was passiert, wenn der Stress Ihr Gehirn blockiert. Wenn Sie jemals unter Druck Rechenaufgaben lösen mussten, dann kennen Sie das Gefühl, dass Ihr Kopf plötzlich leer ist. Das ist der Stress, der den Zugang zum Arbeitsgedächtnis blockiert. Wenn wir Kinder unter Zeitdruck rechnen lassen, dann spüren viele genau diesen Druck und können ihr Wissen nicht abrufen. Und wenn ihnen klar wird, dass sie die Aufgaben nicht lösen können, setzt die Angst ein.

Seit Jahren unterrichte ich Mathematik an der Stanford University, und Semester für Semester leidet ein erheblicher Anteil meiner Studenten unter Stress und Angst. Wenn ich die von der Mathematik Traumatisierten nach ihren Erfahrungen frage, erhalte ich immer dieselbe Antwort: Die Studenten erinnern sich an Mathematikprüfungen der zweiten und dritten Klasse. Einige hatten Angst und schnitten schlecht ab, andere bekamen zwar gute Noten, doch sie kamen zu dem naheliegenden Schluss, dass es in der Mathematik nur um die Abfrage oberflächlichen Wissens ging, und wandten sich ab.

Die Lehrerin Jodi Campinelli beschrieb mir ihre vernichtenden Erfahrungen mit Mathematiktests unter Zeitdruck. Am Ende des zweiten Schuljahrs sagte man ihr, sie müsse das Jahr wiederholen, weil sie in den Tests schlecht abgeschnitten habe. Als wäre das noch nicht schlimm genug, wurde sie zur Nachhilfe zum Direktor geschickt – »eine Qual«, wie sie sagte. Abends saß sie dann am heimischen Küchentisch und schwitzte über Arbeitsblättern, während neben ihr der Küchenwecker tickte.

Es ist schrecklich, dass ein Kind der zweiten Klasse solchen Stress durchmachen muss. Campinelli nahm die irrige Vorstellung mit, dass diese Tests etwas über ihre Intelligenz und ihren Wert als Menschen aussagten, und dann teilte man ihr mit, dass sie versagt hatte. Oft war sie nicht imstande, die Arbeitsblätter innerhalb der vorgegebenen Zeiten zu bearbeiten, oder sie machte Fehler; ihre Mutter sagte ihr dann, das sei nicht so schlimm, sie sei ja auch schlecht im Rechnen. Campinelli gestand, das Ticken von Küchenweckern mache sie noch heute verrückt.[3]

Als Mädchen erhielt Campinelli viele negative Botschaften, und eine davon war die sicher tröstlich gemeinte Aussage der Mutter, sie selbst habe die Mathematik auch nie verstanden. Sian Beilock hat gezeigt, wie destruktiv solche Botschaften wirken. In einer Untersuchung stellte sie fest, dass sich die von den Eltern zum Ausdruck gebrachte Matheangst direkt auf die schulischen Leistungen der Kinder niederschlägt.[4] Dabei spielt die mathematische Bildung der Eltern keine Rolle, es zählt allein die Angst, die sie zum Ausdruck bringen. Und diese Matheangst wirkt auch nur dann, wenn die Eltern den Kindern bei den

Hausaufgaben helfen. Wenn die Eltern Matheangst haben, sich aber nicht in die Arbeit der Kinder einmischen, dann zeigt sie keine Wirkung. Wenn sie sich mit den Kindern an den Tisch setzen, vermitteln sie ihnen offenbar, dass Mathematik schwer ist und dass sie selbst Probleme damit hatten, oder schlimmer noch, sie quälen die Kinder mit einem Wecker.

Beilock fand außerdem heraus, dass sich die Matheangst von Grundschullehrerinnen direkt auf die Noten ihrer Schüler niederschlägt – aber nur die der Mädchen, nicht die der Jungen.[5] Das könnte daran liegen, dass die Lehrerinnen ihre Gefühle kommunizieren, indem sie zum Beispiel sagen: »Ich war in Mathematik auch nicht gut« oder »Schließen wir das schnell ab, damit wir mehr Zeit zum Lesen haben.« Mädchen lassen sich eher von den Botschaften einer Lehrerin beeinflussen als Jungen, da sie sich mit ihrem Geschlecht identifizieren. Beilock konnte allerdings zeigen, dass Eltern und Lehrer mit ihren Botschaften Einfluss auf den Lernerfolg der Kinder haben. Das unterstreicht den Zusammenhang zwischen Einstellung und Lernen.

Zum Glück machte Campinelli später bessere Erfahrungen. Ihr wurde klar, welchen Schaden man anrichten kann, wenn man Schnelligkeit einfordert. Als Mathematiklehrerin der Mittel- und Oberstufe betont sie heute, dass es auf langsames und gründliches Denken ankommt. Irgendwann hat sie auch verstanden, dass der Küchenwecker nicht ihren Wert als Person maß, und es geschafft, ihr grenzenloses Potenzial aufzuschließen. Dass Geschwindigkeit dabei nicht wichtig ist, war der entscheidende Schlüssel für sie.

Gehirn und Geschwindigkeit

Wenn Kinder von der Mathematik und den Naturwissenschaften abgeschreckt werden, weil sie unter Zeitdruck versagen, dann ist das umso bedauerlicher, weil die Mathematik an sich gar keine Geschwindigkeit verlangt. Einige der bedeutendsten Mathematiker sind ausgesprochen langsam im Umgang mit Zahlen. Sie denken nicht schnell, sondern gründlich.

Die Fields-Medaillenträger Laurent Schwartz[6] und Maryam Mirzakhani[7] haben offen darüber gesprochen, wie langsam sie in der Mathematik sind. In seiner Autobiografie beschreibt Schwartz, wie unzulänglich er sich in der Schule gefühlt habe, weil er in seiner Klasse zu den Langsameren gehörte:

> *Ich habe immer an meinen geistigen Fähigkeiten gezweifelt und mich für dumm gehalten. Ich war langsam und bin es bis heute. Ich brauche meine Zeit, um eine Frage zu erfassen, weil ich sie ganz verstehen will. Noch in der elften Klasse habe ich mich im Stillen für minderbemittelt gehalten. Das hat mich lange verfolgt.*
>
> *Seither bin ich nicht schneller geworden … Gegen Ende der elften Klasse habe ich die Sache allerdings überdacht und bin zu dem Schluss gekommen, dass Intelligenz nichts mit Schnelligkeit zu tun hat. Vielmehr kommt es darauf an, Dinge gründlich zu erfassen und in ihrer Beziehung zueinander zu verstehen. Das ist Intelligenz. Schnelligkeit oder Langsamkeit spielen dabei keine Rolle.*[8]

Ich gehörte in der Schule zu den Schnellen, sehr zum Verdruss meiner Mathematiklehrerin der zehnten Klasse. Zu Beginn der Stunde schrieb sie die Tafel mit Aufgaben voll, und ich machte mir einen Spaß daraus, sie so schnell zu lösen, wie sie sie an die Tafel schrieb. Wenn sie dann die Kreide weglegte und sich zu uns umdrehte, war ich schon fertig und gab ihr mein Blatt. Sie schien nicht sonderlich erfreut, und einmal warf sie mir vor, ich tue das nur, um sie zu ärgern (eine Aussage, die tief blicken lässt). Sie ging meine Aufgaben durch in der Hoffnung, einen Fehler zu finden, aber ich erinnere mich nicht, jemals einen gemacht zu haben. Wenn ich mit meinem heutigen Wissen in die Vergangenheit reisen könnte, dann könnte ich meiner Lehrerin sagen, dass ich die Aufgaben deshalb so schnell lösen konnte, weil sie kein Nachdenken verlangten, aber ich vermute, dass ihr das nicht gefallen hätte.

Damals glaubte ich, dass es auf Schnelligkeit ankomme. In unserem veralteten Schulwesen ist das kein Wunder, denn es belohnt Kinder immer noch für ihr Tempo. Inzwischen gehe ich anders mit Lerninhalten um. Dank der neuen Erkenntnisse gewinne ich nicht nur der Mathematik viel mehr ab, sondern auch naturwissenschaftlichen und technischen Fächern. Diese erweiterte Sichtweise beflügelt mich, auch anderen zu helfen, sich von den irrigen Vorstellungen zu befreien und Verständnis, Kreativität und thematische Verbindungen in den Mittelpunkt zu stellen.

Wie der Psychiater Norman Doidge erklärt, kräftigen wir beim schnellen Lernen lediglich bestehende Schaltkreise im Gehirn. Dabei handelt es sich um flüchtige Verbindungen, die so schnell wieder verschwinden, wie sie gekommen sind.[9] Genau das passiert, wenn wir für eine Prüfung lernen und bereits Gelerntes wiederholen. Wir lernen Informationen auswendig, um sie am nächsten Tag wieder auszuspucken, und vergessen sie dann schnell wieder. Dauerhaftere Veränderungen entstehen durch neue neuronale Verbindungen und Synapsen im Gehirn – das geht jedoch langsamer vonstatten.

Doidge beschreibt die Beobachtungen, die Wissenschaftler in einem Kurs für Blindenschrift gemacht haben. Dabei stellten sich sofort Veränderungen im Gehirn ein, die jedoch nicht sonderlich haltbar waren; tiefere und dauerhaftere Veränderungen brauchten dagegen ihre Zeit. Wenn Sie beim Lernen das Gefühl haben, dass Ihr Gedächtnis wie ein Sieb ist und nichts hängen bleibt, dann rät Ihnen Doidge, einfach hartnäckig zu bleiben und weiterzulernen, weil das effektivere Lernen eine Frage der Zeit ist. Er mutmaßt, dass die von ihm als »Schildkröten« bezeichneten Personen, die eine Fähigkeit langsam erwerben, sie am Ende besser beherrschen als die »Hasen«, die schnell lernen und schnell wieder vergessen, wenn sie nicht konstant üben und das Gelernte festigen.[10]

Wenn manche Kinder schnell und andere langsam lernen, dann kommen Lehrer oft zu dem Schluss, dass sie unterschiedliche Potenziale haben. In Wirklichkeit handelt es sich um zwei unterschiedliche Gehirntätigkeiten, und es kommt auf die langsamere und gründlichere an. Amerikanische Schulen legen großen Wert auf Geschwindigkeit und oberflächliches Wissen, das in Prüfungen abgefragt werden kann; dieses System belohnt Kinder, die schnell auswendig lernen. Doch Untersuchungen zeigen, dass Kinder, die langsamer lernen und dabei größere Schwierigkeiten erleben, langfristig mehr erreichen.

Die Betonung der Schnelligkeit wirkt besonders fatal, wenn sich die langsamen Lerner mit den schnellen vergleichen. Dann fühlen sie sich rasch unzureichend und schreiben sich ab. Nancy Qushair, Fachleiterin für Mathematik an einer internationalen Schule, beschrieb eine verbreitete Erfahrung: Eine Schülerin namens Millie hatte sich aufgegeben, weil die anderen »Mathe schneller blicken«. Als das Mädchen in Qushairs Klasse kam, verabscheute sie die Mathematik und beschrieb sich selbst als »dumm«. In einem Brief an Qushair schrieb Millie später:

> *Die Kinder neben mir waren viel schneller fertig. Ich hatte kaum angefangen, da waren sie schon mit der Aufgabe durch. Ich habe mich immer mit ihnen verglichen und mir gesagt: »Das schaffe ich nie.«*

Mit dieser Angst ist Millie nicht allein, und genau dieses Gefühl sabotiert unser Gehirn. Qushair beschloss, Millie unter die Arme zu greifen, und sie tat dies gezielt und behutsam. Sie sagte Millie, sie solle sich nur auf sich selbst konzentrieren und nicht nach den anderen schielen. Außerdem solle sie sich ein Ziel setzen, das sie in wenigen Wochen erreichen konnte.

Millie sagte, sie wolle endlich die ganzen Zahlen verstehen.

»In Ordnung«, erwiderte ihre Lehrerin. »Dann beschäftigen

wir uns jetzt nur mit ganzen Zahlen. Und wir arbeiten zusammen.«

Qushair gab Millie eine Reihe visueller Darstellungen – Zahlenreihen, Thermometer, Fotos von Prada-Handtaschen – und bat sie, in mathematischen Begriffen darüber nachzudenken. Im Laufe des Schuljahres fand sie Wege, Millie und ihre Mitschüler kreativer arbeiten zu lassen. Am Ende des Jahres war Millie ein anderer Mensch. In ihrem Brief an Qushair schrieb sie:

> *Ich möchte mich bei Ihnen dafür bedanken, dass Sie eine so klasse Lehrerin waren. Sie waren nicht nur ein toller Mensch, Sie waren auch wirklich eine tolle Lehrerin. Am Anfang habe ich gedacht, dass die Videos, die Sie uns gezeigt haben, über die Leute, die Mathe nicht kapiert haben, dass diese Videos falschliegen. Ich habe nicht geschnallt, dass ich nie weiterkomme, wenn ich so denke. Sie haben mir nicht nur das Fach beigebracht, Sie haben mir auch gezeigt, wie ich die Dinge sehe und wie ich Mathe sehe. Ich bin ein kreativer Mensch, deswegen war Mathe nie mein Ding. Als Sie mit den Bildern angefangen haben und als Sie uns gezeigt haben, warum wir etwas machen und nicht nur wie, da habe ich es langsam kapiert. Ich habe gewusst, wenn ich es erst einmal verstehe, dann mache ich weiter. Sie haben mir so sehr dabei geholfen. Das ist fast ein Jahr her, aber ich habe das Gefühl, dass ich richtig gewachsen bin. Ich habe nie gedacht, dass ich so weit komme. »Versuch's einfach, Millie.« Das haben Sie immer zu mir gesagt, und ich habe gedacht: »Ich kann es versuchen, aber das packe ich nie.« Ich habe mich geirrt. Sie haben gewusst, dass ich es schaffen kann, und das hat mich durch das ganze Jahr gebracht, und deswegen wollte ich mich bei Ihnen bedanken.*

Millies Brief ist aufschlussreich. Zum einen erwähnt sie etwas, das wir bereits als wichtig erkannt haben – die Tatsache, dass Qushair an sie glaubte und ihr positive Botschaften gab. Aber sie schreibt auch: »Als Sie mit den Bildern angefangen haben und uns gezeigt haben, warum wir etwas machen und nicht nur wie, da habe ich es langsam kapiert. Ich habe gewusst, wenn ich es erst einmal verstehe, dann mache ich weiter.« Hier erfasst Millie einen weiteren Aspekt des Lernens, dem wir im vorigen Kapitel begegnet sind: Positive Botschaften allein reichen nicht aus, wir müssen den Schülern den Zugang erleichtern und ihnen echte Lernerfolge ermöglichen.

Das bringt uns zurück zum mehrdimensionalen Ansatz, der den Lernprozess öffnet und den Schülern die Mathematik mit kreativen und visuellen Aufgaben nahebringt. Dieser Ansatz ist weit effektiver als das oberflächliche Auswendiglernen früherer Tage. Trotzdem fragen wir nach wie vor auf vielen Gebieten die Gedächtnisleistung ab, obwohl wir wissen, dass nicht der geringste Zusammenhang zum mathematischen Verständnis besteht.[11] Auswendiglerner erzielen gute Leistungen, indem sie sich an die Methoden des Lehrers halten, ohne ein Verständnis zu entwickeln. Selbst an den besten Universitäten bin ich Mathematikstudenten begegnet, die bedauern, dass sie den Stoff nicht wirklich durchdrungen haben. Wenn wir Auswendiglernen über ein Verständnis der Grundlagen stellen, dann schaden wir den gründlichen Denkern, die sich von der Disziplin abwenden. Aber wir schaden auch den Auswendiglernern, die mit einem anderen Ansatz ein tieferes Verständnis erworben hätten.

Weil Qushair die Mathematik bildlich darstellte und ihren Schülern erklärte, »warum wir etwas machen und nicht nur wie«, vermittelte sie Millie ihren ersten wahren Lernerfolg. Danach machte sie einfach weiter und vergaß, dass sie einmal geglaubt hatte, sie würde Mathematik nie verstehen.

Es ging Qushair nicht nur darum, den Kindern Erfolgserlebnisse zu vermitteln, sondern auch darum, diejenigen Schüler, die sich bereits aufgegeben hatten, wieder an die Mathematik heranzuführen. Sie gab Millie Aufgaben, die ihr die Mathematik in einem anderen Licht zeigten. Während eines Tests setzte sie sich neben Millie und gab ihr Hinweise, wie sie die Aufgaben visuell lösen konnte. Bevor Millie in Qushairs Unterricht kam, waren ihre Leistungen in Mathematik zwischen »ausreichend« und »ungenügend«, doch zum Ende des Jahres stand sie auf »gut«. Vor allem hatte sie ein Mathematikverständnis entwickelt und fühlte sich nicht mehr überfordert von dem Fach.

Seither hat Qushair mit allen Lehrern der Schule gearbeitet und ihnen das Wissen vermittelt, das ich in meinen Büchern und Onlinekursen propagiere. Im Rückblick sagt sie:

> *Ich hätte nie gedacht, dass ich irgendwann Lehrer kennenlerne, die mit solcher Leidenschaft Mathematik unterrichten. Ich bin schon sehr gespannt, was mit ihren Schüler passieren wird. Es geht nicht nur um meine Klasse und um einzelne Schüler. Es geht um so viele Kinder. Das hat vielen Lehrern etwas gebracht und ihr Leben verändert.*

Die wunderbare Geschichte von Millies Verwandlung zeigt, wie Schüler ihr grenzenloses Potenzial entdecken können. Um das besser zu verstehen, wollen wir tiefer in die Welt des Mathematikunterrichts einsteigen und uns eine faszinierende Untersuchung ansehen, deren Resultate weitreichende Folgen für Lehrkräfte und Lernende aller Fächer sowie für Eltern und Führungskräfte hat. Diese Untersuchung förderte einige interessante Einblicke in das menschliche Denken und die Rolle der Flexibilität zutage.

Flexibles Denken

Die beiden Professoren Eddie Gray und David Tall von der University of Warwick arbeiteten mit Gruppen von sieben- bis 13-jährigen Kindern, die von ihren Lehrern in unterdurchschnittliche, durchschnittliche und überdurchschnittliche

Schüler eingeteilt worden waren.[12] Die Wissenschaftler legten den Kindern Rechenaufgaben vor, zeigten ihnen bildliche Darstellungen und sahen sich ihre Lösungsstrategien an. Zum Beispiel gaben sie ihnen die Aufgabe 7 + 19 und stellten die Aufgabe bildhaft dar:

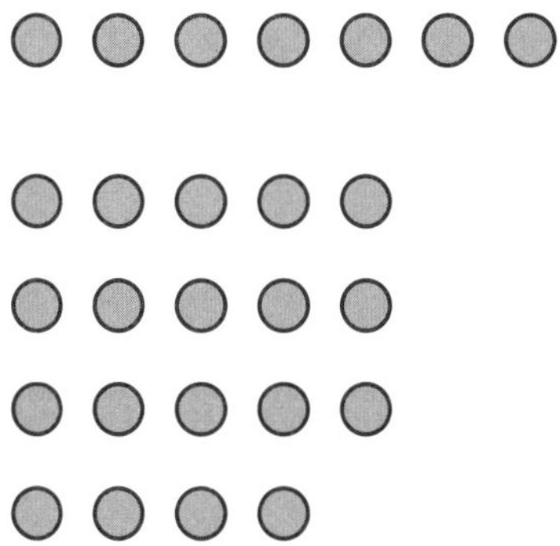

Dabei stellten sie fest, dass der Unterschied zwischen über- und unterdurchschnittlichen Schülern nicht darin bestand, dass die einen mehr wussten als die anderen, sondern dass sie flexibler mit Zahlen umgehen konnten. Sie beobachteten folgende Strategien: »Abzählen«, das heißt, die Schüler zählten einfach alle Symbole durch; »Weiterzählen«, das heißt, sie begannen mit einer Zahl und zählten von da weiter; »Wissen«, das heißt, die Kinder erinnerten sich an ihr Wissen aus dem Unterricht; und »Zahlengefühl«, das heißt, sie gingen flexibel mit den Zahlen um und lösten eine Aufgabe wie 7 + 19, indem sie 6 + 20 addierten. Bei der Auswertung der Strategien beobachteten die Wissenschaftler folgende Verteilung:

Überdurchschnittliche Schüler:

30 Prozent Wissen
9 Prozent Weiterzählen
61 Prozent Zahlengefühl

Unterdurchschnittliche Schüler:
6 Prozent Wissen
72 Prozent Weiterzählen
22 Prozent Abzählen
0 Prozent Zahlengefühl

Die Ergebnisse waren verblüffend. Überdurchschnittliche Schüler dachten flexibel, und ganze 61 Prozent von ihnen hatten ein Gefühl für Zahlen. Unterdurchschnittliche Schüler kannten diese Strategie überhaupt nicht.

Unterdurchschnittliche Schüler hatten verschiedene Zählstrategien entwickelt, sie zählten weiter oder rückwärts. An diese Strategien klammerten sie sich bei sämtlichen Aufgaben, auch wenn sie nicht funktionierten. Die Wissenschaftler machten eine wichtige Beobachtung: Die unterdurchschnittlichen Schüler, die nicht flexibel dachten, lernten eine ganz andere Mathematik, die viel schwieriger war. Das zeigten sie anhand der Aufgabe 16-13.

Die unterdurchschnittlichen Schüler gingen die Aufgabe an, indem sie rückwärts zählten, was recht schwierig ist (probieren Sie es einmal aus und zählen Sie von 16 aus 13 Zahlen rückwärts) und viel Spielraum für Fehler lässt. Die überdurchschnittlichen Schüler handhabten die Zahlen dagegen flexibel, sie zogen 3 von 6 und 10 von 10 ab und kamen auf 3. Diese Flexibilität ist extrem wichtig, doch wenn Schüler auswendig lernen und blind Formeln anwenden, ohne sie zu verstehen, greifen sie automatisch zum Auswendiglernen und lernen nie, flexibel mit Zahlen umzugehen.

Kinder, die in den ersten Schuljahren schlecht im Rechnen sind, werden oft aussortiert und müssen auswendig lernen. Das ist vermutlich das Letzte, was sie brauchen. Sie sind schlecht in Mathematik, weil sie den falschen Ansatz verwenden und glauben, dass sie auswendig lernen müssen. Sie haben die Zählstrategie gelernt und halten sich an sie, auch wenn sie mit einem Zahlengefühl viel weiter kämen. Statt auswendig zu lernen, müssen sie sich einen flexiblen und kreativen Umgang mit Zahlen aneignen. Sie müssen ganz anders an Zahlen herangehen.

Grundlagen verstehen

Was bedeutet es, die Grundlagen von Zahlen zu verstehen? Wenn Sie gelernt haben, mithilfe von Methoden, Tatsachen oder Regeln mit Zahlen umzugehen, dann klingt das für Sie vielleicht sonderbar. Mit der folgenden Grafik veranschaulichen Gray und Tall den Unterschied zwischen Grundlagen und Methoden im Mathematikunterricht der ersten Klassen.

Die Methode des Zählens erlernen wir, um die Idee einer Zahl zu verstehen. Wir lernen »weiterzählen«, um die Idee der Summe zu erfassen, und wir lernen wiederholte Addition, um die Idee der Multiplikation zu durchschauen. Mathematik besteht aus Konzepten und Grundsätzen, aber Schüler lernen keine Ideen, sondern sie lernen eine Reihe von Regeln oder Methoden auswendig. Für viele Schüler ist das ein echtes Problem, und Hirnforscher erklären, warum das so ist.

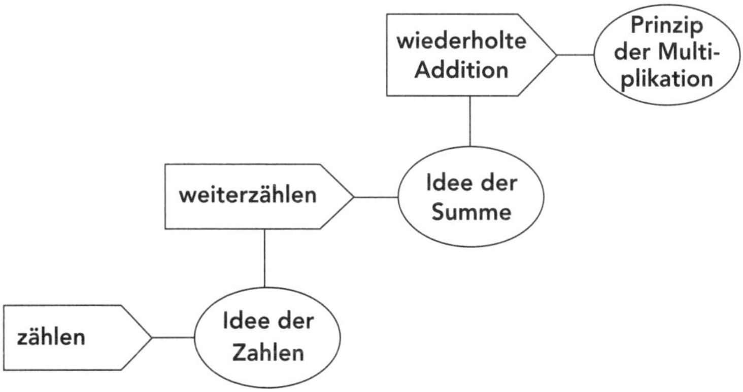

Wenn wir neues Wissen erwerben, nimmt es einen großen Raum in unserem Gehirn ein, denn das Gehirn muss zunächst herausfinden, was es bedeutet und wie es mit anderem Wissen zusammenhängt. Doch im Laufe der Zeit werden die gelernten Prinzipien auf kleinerem Raum zusammengedrängt. Das Wissen ist nach wie vor da, und wenn wir es benötigen, können wir schnell und einfach darauf zugreifen; es nimmt einfach weniger Raum ein. Wenn wir Kindergartenkindern Rechnen beibringen, dann nimmt es viel Raum in ihrem Gehirn ein. Aber wenn wir Erwachsene fragen, was 3 plus 2 ist, dann antworten sie schnell, indem sie auf ihr komprimiertes Wissen über Addition zugreifen. Fields-Medaillenträger William Thurston beschreibt dies so:

> *Die Mathematik ist erstaunlich komprimierbar: Anfangs ackert man sich Schritt für Schritt und aus unterschiedlichen Richtungen durch denselben Prozess oder dieselbe Vorstellung. Aber wenn man es verstanden hat und sich einen mentalen Überblick über das Ganze verschafft hat, findet oft eine starke mentale Komprimierung statt. Man kann es ablegen und bei Bedarf schnell und vollständig wieder abrufen oder als Schritt in einem anderen mentalen Prozess verwenden. Das Verständnis, das mit der Komprimierung einhergeht, ist eine der wahren Freuden der Mathematik.*[13]

Wenn nur so wenige Schüler über die »wahren Freuden der Mathematik« sprechen, dann liegt das daran, dass wir ausschließlich Prinzipien komprimieren. Wenn die Schüler also Grundlagen lernen – wenn sie also Vorstellungen aus unterschiedlichen Perspektiven betrachten und flexibel mit Zahlen umgehen –, dann entwickeln sie ein grundlegendes Verständnis und erzeugen Prinzipien, die sie komprimiert im Gehirn ablegen können. Wenn die Schüler dagegen glauben, dass es in der Mathematik ums Auswendiglernen geht, dann entwickeln sie kein grundlegendes Verständnis und keine Prinzipien, die sich komprimieren lassen.[14] Ihr mathematisches Wissen besteht nicht aus komprimierten Grundlagen im Gehirn, sondern aus auswendig gelernten Methoden, die sich wie einzelne Sprossen zu einer schwindelerregend hohen Leiter auftürmen – so kommt es vielen armen Schülern zumindest vor.

Wenn ich LehrerInnen und Eltern diese Forschungsarbeiten präsentiere, dann fragen sie mich: »Aber wie bringe ich meinen Schülern Grundlagen nahe?« Es gibt viele Möglichkeiten. Erstens ist es wichtig, den Schülern zu erklären, warum bestimmte Methoden funktionieren, statt sie ihnen einfach zum Auswendiglernen zu geben. Im vorigen Kapitel ging es unter anderem darum, wie wichtig es ist, Kinder zu fragen, wie sie einen Gedanken verstehen, denn das hilft ihnen, etwas grundsätzlich zu verstehen.

Ein anderer Ansatz zum Lernen und Unterrichten von Grundlagen wurde von den Pädagoginnen Ruth Parker und Kathy Richardson erdacht und von Cathy Humphreys und Sherry Parrish umgesetzt. Es handelt sich um sogenannte »Zahlengespräche«, zum Beispiel zu verschiedenen Herangehensweisen an Rechenaufgaben. In Zahlengesprächen sollen Schüler eine Rechnung im Kopf ausführen, ohne Zuhilfenahme von Stift und Papier; dann sammeln die Lehrer die unterschiedlichen Methoden. Wenn ich Lehrern das Zahlengespräch für ihren Unterricht erkläre, empfehle ich ihnen, auch verschiedene Visualisierungen der Kinder zu sammeln, um unterschiedliche Pfade im Gehirn zu aktivieren. Um zu verstehen, was ich damit meine, multiplizieren Sie 18 und 5 im Kopf, ehe Sie weiterlesen.

In folgendem Kasten finden Sie sechs Möglichkeiten, 18 und 5 zu multiplizieren (es gibt mehr) sowie ihre Visualisierungen.

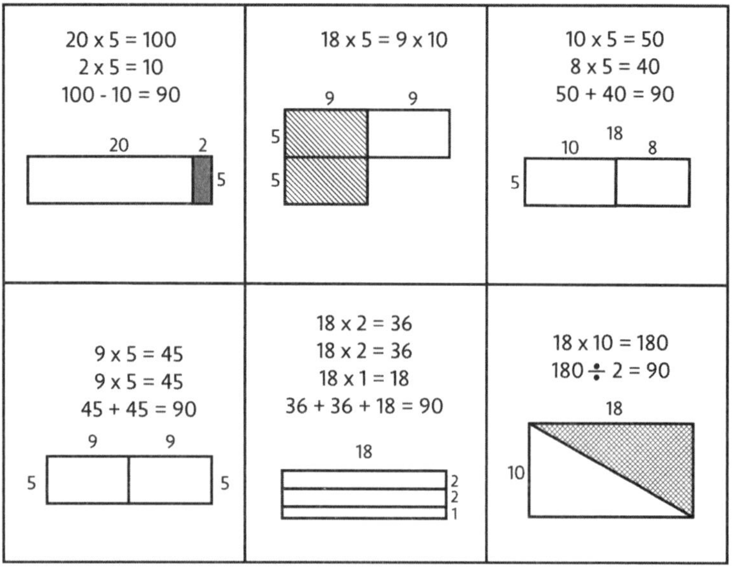

Alle möglichen Rechenaufgaben lassen sich lösen, indem man die Zahlen in »handlichere« Zahlen wie 100, 20, 10 oder 5 herunterbricht. Das erleichtert die Berechnung und fördert den flexiblen Umgang mit Zahlen, der dem Zahlengefühl zugrunde liegt. Wir sollten uns mit den Schülern darüber freuen, auf welch vielfältige Weise Rechenaufgaben gelöst werden können, statt Mathematik als Liste von Regeln zu unterrichten.

Wenn ich Vorträge darüber halte, auf welch unterschiedliche Weise man einfache Rechenaufgaben angehen kann, sind viele Menschen überrascht und fühlen sich befreit. Einmal durfte ich den Erfinder und Mathematiker Sebastian Thrun kennenlernen. Thrun ist Gründer der Onlineakademie Udacity und war einer der Pioniere offener Onlinekurse (sogenannter MOOCs), außerdem hat er selbstfahrende Autos entwickelt und arbeitet heute an der Konstruktion fliegender Autos. In meinem ersten Onlinekurs für Lehrer führte ich ein Interview mit ihm, um seine Vorstellungen von Mathematik und Unterricht bekannter zu machen.

Als ich Thrun kennenlernte, lud er mich an die Udacity zu einem Gespräch mit seinem Team ein. Der Raum war überfüllt, ich saß mit einem Teil seiner Ingenieure um einen langen Tisch, die übrigen drängten sich stehend an den Wänden. Thrun bat mich, ihnen einige Herangehensweisen an die Mathematik zu erläutern, also forderte ich die Anwesenden auf, eine einfache Rechenaufgabe mit mir zu lösen. Ich bat sie, 18 × 5 zu berechnen, sammelte die unterschiedlichen Lösungswege und notierte sie in Form von Grafiken auf dem Tisch, der zugleich eine Tafel war. Die Ingenieure staunten, und einige waren so verblüfft, dass sie sofort auf die Straße liefen und Passanten baten, 18 × 5 zu berechnen. Dann machten sie einen Mini-Onlinekurs zu 18 × 5 und druckten T-Shirts, die sie an der Udacity trugen.

Dieselbe Aufgabe legte ich Luc Barthelet vor, dem Leiter der Produktentwicklung von SimCity und damals Geschäftsführer des Wissensportals Wolfram Alpha. Er war so begeistert, dass er jedem diese Aufgabe vorlegte. Wie die anderen Ingenieure und Spitzenmathematiker empfand er es als befreiend, auf welch vielfältige Weise sich eine so einfache Rechenaufgabe lösen ließ.

Warum sind so viele Menschen verblüfft, wenn sie einen mehrdimensionalen und kreativen Umgang mit der Mathematik erleben? Eine Lehrerin war wie vor den Kopf geschlagen: »Es ist nicht so, als hätte ich nicht gewusst, dass man das alles mit Zahlen anstellen kann. Ich hatte nur nicht gedacht, dass man das darf.«

Ein Gesamtschullehrer aus England berichtete mir von seiner Erfahrung mit Zahlengesprächen. Er probierte die Technik in seinem Elitekurs aus und begann mit der Aufgabe 18 × 5. Bereitwillig sammelten seine Schüler verschiedene Lösungswege und beteiligten sich rege an der anschließenden Diskussion. Als er seiner Fördergruppe dieselbe Aufgabe vorlegte, stieß er auf Schweigen. Die Schüler beherrschten die Multiplikation nach der klassischen Methode, aber andere Lösungswege hatten sie nicht zur Verfügung. Er schlug ihnen vor, die Aufgabe auf andere Weise zu lösen und zum Beispiel 20 und 5 zu multiplizieren. Die Schüler waren entsetzt und riefen: »Aber wir haben gedacht, das dürfen wir nicht!« Die guten Schüler hatten sich einen flexiblen Umgang mit Zahlen angeeignet, doch die unterdurchschnittlichen Schüler waren dazu nicht in der Lage – sie dachten, das sei »verboten«.

Das zeigt wieder einmal, welchen Schaden der herkömmliche Mathematikunterricht anrichtet: Die Schüler glauben, sie dürften Zahlen nicht flexibel handhaben, weil es in der Mathematik um Regeln gehe. Kein Wunder, dass sich so viele Menschen von der Mathematik abschrecken lassen. Diesem Problem bin ich immer wieder begegnet, es zieht sich durch die gesamte Gesellschaft und betrifft vor allem unterdurchschnittliche Schüler, wie Gray und Tall gezeigt haben.

Ein besonders nützlicher Ansatz zur Lösung mathematischer Aufgaben besteht darin, einen kleineren Fall zu nehmen. Wenn wir eine komplexe Fragestellung mit kleineren Zahlen angehen, sind die Muster oft besser zu erkennen. Ein Beispiel dafür ist ein Zahlenspiel, das auch als Gaußsche Summenformel bekannt ist. Es handelt sich um ein elegantes Muster, das in ganz unterschiedlichen Situationen auftritt und eine große Hilfe sein kann, wenn man es kennt.

Carl Friedrich Gauß war ein deutscher Mathematiker, der in der ersten Hälfte des 19. Jahrhunderts wirkte. Als Neunjähriger soll er von seinem Lehrer die Aufgabe bekommen haben, alle Zahlen von 1 bis 100 zu addieren. Doch der junge Gauß erkannte ein interessantes Muster und stellte fest, dass er gar nicht alle Zahlen addieren musste: Wenn er 1 und 100 addierte, erhielt er 101; wenn er 2 und 99 addierte, erhielt er wieder 101, und wenn er 3 und 98 addierte, bekam er erneut 101. So kam er auf 50 Zahlenpaare, die zusammen 101 ergaben, weshalb die Gesamtsumme $50 \times 101 = 5050$ betrug.

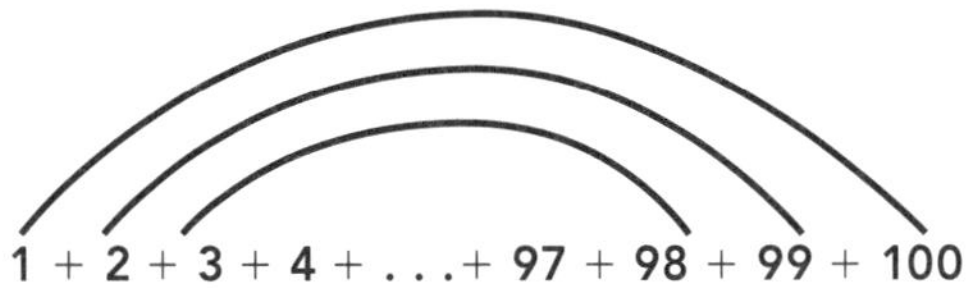

$$1 + 100 = 101$$
$$2 + 99 = 101$$
$$3 + 98 = 101$$
$$50 \times 101 = 5050$$

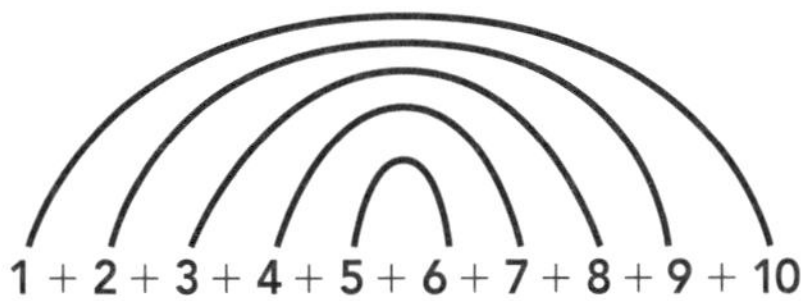

$$1 + 10 = 11$$
$$2 + 9 = 11$$
$$3 + 8 = 11$$
$$4 + 7 = 11$$
$$5 + 6 = 11$$
$$5 \times 11 = 55$$

Um das Muster besser zu erkennen, kann man ein kleineres Beispiel verwenden und sich zum Beispiel ansehen, wie sich Zahlen zwischen 1 und 10 verhalten. Mithilfe dieser kleineren Gruppe können wir das Prinzip verstehen: Wenn im zweiten Paar die erste Zahl um eins größer und die zweite um eins kleiner wird, dann erhalten wir dieselbe Summe wie beim ersten Paar. Und wenn Sie jetzt noch eine Möglichkeit für weiteres Gehirnwachstum suchen, dann fragen Sie sich, was passiert, wenn die Reihe aus einer ungeraden Anzahl von Zahlen besteht.

Es ist gute mathematische Praxis, eine Aufgabe erst einmal in kleinerem Maßstab durchzurechnen, doch unterdurchschnittlichen Schülern widerstrebt sie. Sie haben gelernt, dass die Mathematik aus Regeln besteht, die man zu befolgen hat. Die

Vorstellung, dass man eine Aufgabe nicht beantwortet, sondern stattdessen die Frage umformuliert, ist ihnen fremd und scheint den Regeln zu widersprechen, die sie gelernt haben.

Wenn wir lernen, spielerisch mit Zahlen umzugehen und die Mathematik als ein Gebiet zu behandeln, das für mehrdimensionale Ansätze offen ist, dann hat dies Auswirkungen auf unser gesamtes Leben. Das mag dramatisch klingen, doch ich weiß, dass Menschen, die ein freies Verständnis von Mathematik entwickeln, plötzlich auch ihr übriges Potenzial in einem anderen Licht sehen, und das wiederum eröffnet ihnen Möglichkeiten, die sie sonst wohl nicht gehabt hätten. Sie haben nicht nur Erfolg in Mathematik und anderen MINT-Fächern, sie erwerben auch ein Zahlengefühl und erleichtern sich so den Umgang mit Geld, Statistiken und allem, was mit Zahlen zu tun hat.

Wenn Lehrer ohne Zeitdruck ein offenes und grundsätzliches Verständnis von Mathematik vermitteln, dann wirkt dies ungemein befreiend. Das demonstriert die Geschichte von Nina Sudnick, einer Lehrerin der vierten Klasse aus Ohio. Während ihres ersten Schuljahrs als Lehrerin stellte sie entsetzt fest, wie wenig ihre Schüler wussten. Um das besser zu verstehen, las sie eines meiner früheren Bücher. Sie erinnert sich:

> *Beim Lesen habe ich fast jeden Satz unterstrichen. Mein Gehirn ist schier explodiert, weil da so viele Ideen standen, die mich immer schon beschäftigt haben, für die ich aber nie die richtigen Worte gefunden habe. Es wollte mir einfach nicht in den Kopf, warum diese Kinder solche Probleme hatten.*

Zu Beginn ihres zweiten Jahres stellte sie ihren Unterricht um. In ihrer ersten Klasse hatten 64 Prozent das Lernziel erreicht, im zweiten Jahr waren es 99 Prozent.

Als Erstes gestaltete Sudnick ihre täglichen und wöchentlichen Bewertungen neu. Sie vergab keine Noten mehr, weil diese den Kindern statische Botschaften über ihre Fähigkeiten vermittelten, sondern sie schrieb Kommentare auf die Hausaufgaben und Prüfungen, um den Kindern zu erklären, was sie verstanden hatten und woran sie noch arbeiten mussten. Als die Schüler ihre ersten Arbeiten zurückbekamen, suchten sie nach Noten und fanden keine. Sudnick sieht diese Tests heute als Indikator, wo sich die Kinder im Lernprozess befinden.

Sudnick gab den Kindern auch offenere Aufgaben, die auf ein besseres Mathematikverständnis zielten. Unter anderem verwendete sie ein ungelöstes mathematisches Problem, das sogenannte Collatz-Problem, das sie auf der Internetseite von youcubed gefunden hatte:

- Nimm eine beliebige ganze Zahl.
- Wenn die Zahl gerade ist, dann teile sie durch 2.
- Wenn die Zahl ungerade ist, dann multipliziere sie mit 3 und addiere 1.
- Nimm das Ergebnis und mache weiter, bis die Folge endet.
- Nimm die nächste Zahl und beginne eine neue Folge. Was wird passieren?

Niemand hat je eine Zahlenfolge entdeckt, die nicht in die Endlosfolge 4, 2, 1 mündet. Trotzdem hat bislang niemand einen mathematischen Beweis dafür gefunden, dass das tatsächlich immer so sein muss. Die Folgen werden auch als Hagelschlagzahlen bezeichnet, weil die Zahlen wie Hagelkörner in einer Gewitterwolke auf und ab springen. Regentropfen werden vom Wind in der Wolke nach oben gedrückt. Wenn sie eine Höhe erreichen, in der die Temperatur unter dem Gefrierpunkt liegt, gefrieren sie, wirbeln auf und ab und werden dabei immer größer, bis sie schließlich zu schwer sind und als Hagel niedergehen.

Wie Hagel entsteht

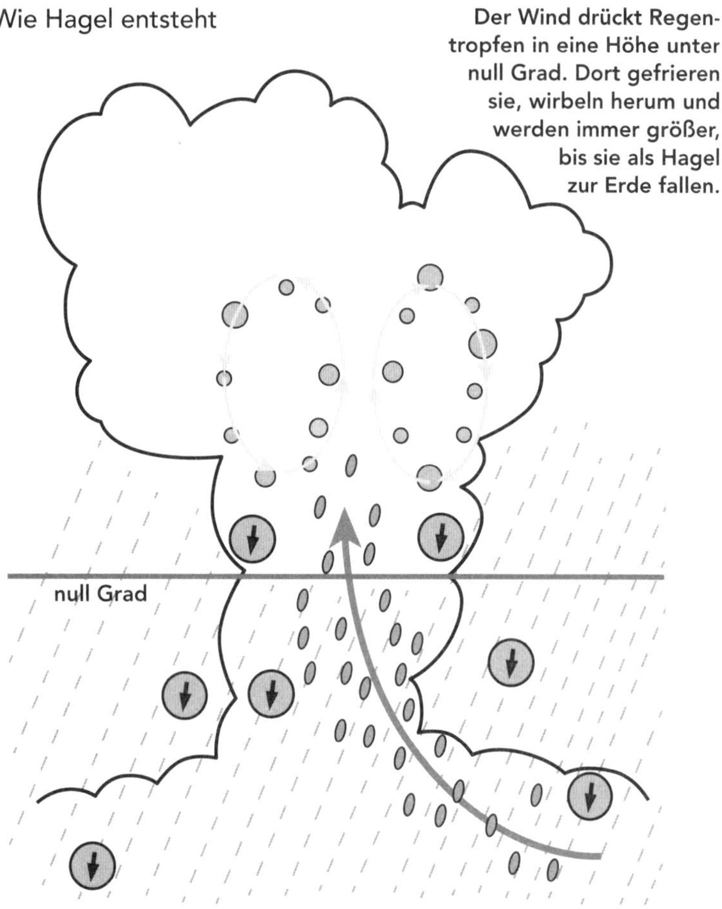

Auch wenn noch niemand den mathematischen Beweis erbracht hat, eignet sich diese Aufgabe hervorragend für Kinder ab der dritten Klasse. Viele Lehrer legen sie ihren Schülern vor und fordern sie heraus, als Erste eine Folge zu finden, die nicht mit 1 endet. Die Kinder lieben die Aufgabe. Auf Twitter veröffentlichen Lehrer regelmäßig Fotos der vielen schönen Darstellungen, die ihre Schüler von ihren Folgen angefertigt haben.

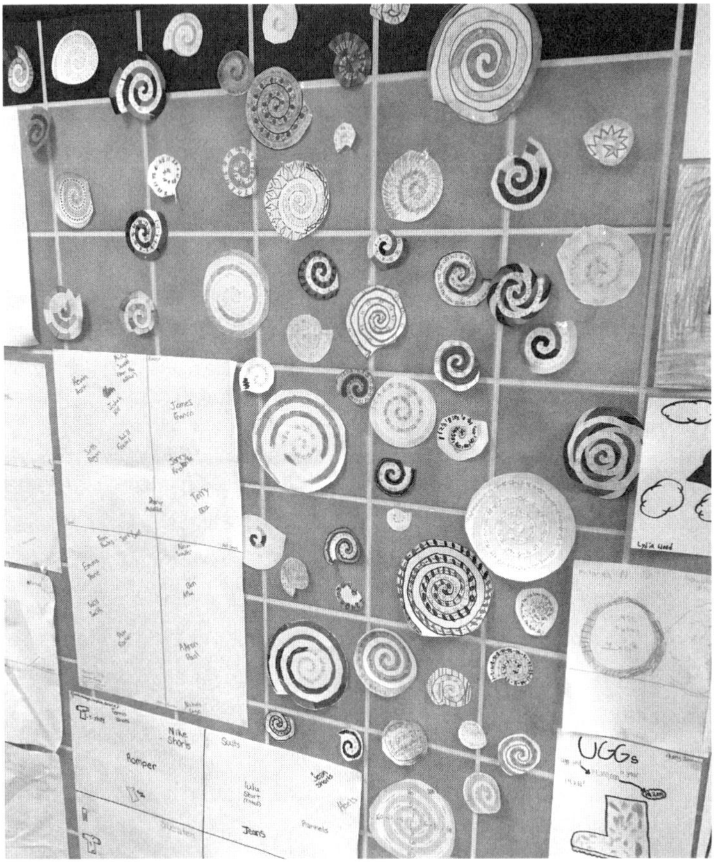

KEELY HULME UND BETSY DENNY

Visuelle Darstellung von Rechenaufgaben

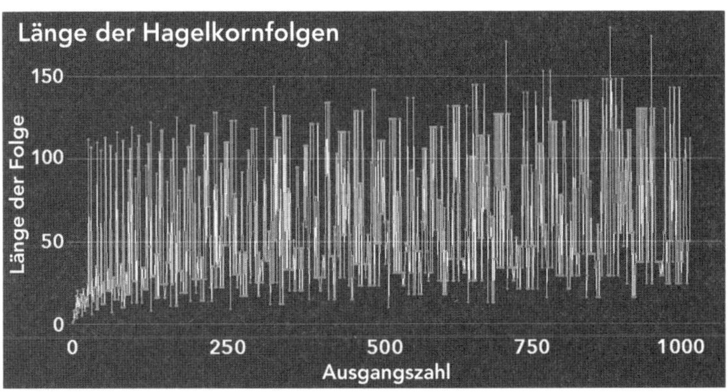

JORDAN BENEDICT

Eine von Schülern angefertigte Grafik der Länge der Folgen

Eine von Sudnicks Schülerinnen war Jodi, die oft krank war und keine Hausaufgaben machen konnte. Mathematik hatte sie nie gemocht, doch das Hagelschlagproblem bereitete ihr großen Spaß. Eines Tages beobachtete Sudnick, dass sich Jodi die Taschen mit Zettelchen vollgestopft hatte. Im Laufe der Zeit wurden die Taschen immer dicker, bis die Zettel herausquollen. Irgendwann fragte Sudnick, was sie denn da mit sich herumtrage. Das Mädchen griff in die Tasche und gab Sudnick die verschiedenen Muster, die es ausprobiert hatte. Seit Wochen hatte sie am Collatz-Problem gearbeitet und ein Muster nach dem anderen durchgespielt. Sudnick schrieb mir:

> *Sie hat das Muster erkannt und ist stolz darauf. Ich habe ihr gesagt: »Es ist nicht so schlimm, wenn du im Rest des Schuljahres keine Hausaufgaben mehr machst. Arbeite einfach weiter an der Hagelfolge.« Viele Kinder haben gesagt: »Mann! Jedes Mal, wenn die 16 auftaucht, kommt dasselbe Muster.« Jodi wusste das längst, und für sie war das ein Erfolgserlebnis. Es war vermutlich ihr erstes in Mathematik, und dafür wollte ich Ihnen danken.*

Was passiert, wenn unsere Schulen in Mathematik auf Auswendiglernen setzen statt auf ein Verständnis von Grundlagen, lässt sich an der PISA-Studie ablesen. Alle drei Jahre nehmen 15-Jährige aller OECD-Staaten am PISA-Test teil. Vor einigen Jahren wurde ich von der PISA-Zentrale in Paris eingeladen, um an der Auswertung mitzuwirken.

Als ich mich am ersten Morgen in Paris an den Tisch setzte, war die erste Frage der PISA-Mitarbeiter: »Warum haben amerikanische Kinder solche Probleme mit Pi?« In sämtlichen Aufgaben, in denen es um Pi ging (das Verhältnis des Umfangs eines Kreises zu seinem Durchmesser, eine irrationale Zahl, die mit 3,14 beginnt), schnitten amerikanische Schüler unterirdisch schlecht ab und landeten international auf den letzten Plätzen. Ich hatte eine Erklärung.

Als Britin war mir der sonderbare Umgang mit Pi im amerikanischen Unterricht gleich aufgefallen. In den Vereinigten Staaten geht es darum, dass Kinder so viele Stellen von Pi wie möglich auswendig lernen. Die Zahl wird oft auf 3,14 verkürzt, aber sie hat unendlich viele Stellen hinter dem Komma. Amerikanische Schüler kennen Pi daher als »die Zahl, die kein Ende hat«, aber nicht als Verhältnis des Umfangs eines Kreises zu seinem Durchmesser. Dabei ist dies das Wesentliche, denn egal wie groß der Kreis ist, bleibt dieses Verhältnis immer dasselbe.

Kürzlich bat ich Lehrer, ihre Schüler zu fragen, was Pi bedeutet. Ich war gespannt auf ihre Antworten. Tatsächlich antworteten die Schüler, Pi sei eine endlos lange Zahl, von Kreisen und dem Verhältnis ihrer Maße sagten sie nichts. Kein Wunder, dass sie im PISA-Test nicht mit Kreisberechnungen umgehen konnten. Es ist ja in Ordnung, mit Pi zu spielen und sich möglichst viele Stellen zu merken, doch das sollte bei der eingehenden Beschäftigung mit Kreisen höchstens die Begleitmusik sein.

Im Jahr 2012 analysierten die PISA-Mitarbeiter nicht nur die Ergebnisse der Schüler, sondern auch ihre Lernmethoden. Zusätzlich zu den Mathematikaufgaben wollten sie von den Schülern wissen, wie sie lernten. Die Ansätze fielen in drei große Gruppen: Beim Auswendiglernen paukten die Kinder einfach Fakten; beim relationalen Lernen setzten sie neues Wissen zu bereits erworbenem in Bezug; und beim selbstbestimmten Lernen bewerteten sie, was sie wussten, und fanden heraus, was sie sich noch aneignen mussten.

Kinder, die auswendig lernten, schnitten beim PISA-Test durch die Bank am schlechtesten ab, und Länder mit einem hohen Anteil von Auswendiglernern landeten in der PISA-Studie auf den hinteren Plätzen.[15] In Frankreich und Japan waren Schüler, die mit einer Mischung aus selbstbestimmtem und relationalem Lernen arbeiteten, ihren auswendig lernenden Mitschülern um bis zu ein Jahr voraus. Die Studie machte deutlich, dass Auswendiglernen nicht zu guten Leistungen führt, Denken über Vorstellungen und Beziehungen dagegen schon.

Die Forschung zeigt, wie schlecht der Mathematikunterricht in den Vereinigten Staaten ist. Mathematik kann ein wunderbares Fach der Ideen und Beziehungen sein, denen man sich kreativ annähern kann. Doch ein Schulsystem, das Regeln auswendig lernen lässt und Schüler belohnt, die sie möglichst schnell herunterbeten können, schreckt langsame und gründliche Denker ab. So dringen selbst gute Schüler nie unter die Oberfläche der Mathematik vor. Ein anderer Umgang mit der Mathematik öffnet dagegen Türen in eine andere Welt. Grundlagen werden im Gehirn komprimiert und zu einem soliden Fundament für das mathematische Verständnis. Mathematisches Denken wird zu einem Werkzeugkasten, der nicht nur im Mathematikunterricht Einsatz findet, sondern in allen Fächern. In unserem Schulwesen lernen nur wenige Schüler, flexibel zu denken und so auf unterschiedlichen Gebieten zu Vordenkern zu werden.

Lehrer wie Marc Petrie aus dem vorigen und Nina Sudnick aus diesem Kapitel waren bereits gute Lehrkräfte, ehe sie die in diesem Buch vorgestellten Gedanken umsetzten. Seit sie jedoch die Mathematik kreativ und von den Grundlagen her unterrichten und ihre Schüler zum gründlichen Denken anhalten, ist der Anteil der guten Schüler in ihren Klassen noch einmal deutlich gestiegen.

Eine gesunde Beziehung zur Mathematik ist ein Menschenrecht, wie der einflussreiche Bürgerrechtler Bob Moses in den Sechzigerjahren sagte. Sie öffnet Türen in der Schule und im Leben. Viele glauben, dass sich Verständnis und Kompetenz schon einstellen, wenn man nur genug Wissen anhäuft. Die Forschung zeigt uns jedoch, dass effektive und kompetente Menschen flexibel denken. Die so wichtige Kreativität und Flexibilität wird durch allzu viel Wissen sogar behindert.[16] So kommt es, dass Experten oft schlechter als Laien mit Aufgaben umgehen, die kreative Lösungen und das Erkennen von Mustern und Beziehungen verlangen.

In seinem Buch *Nonkonformisten* schreibt Adam Grant, dass wir zu lange Schüler belohnt haben, die Regeln auswendig lernen und umsetzen. Als »Wunderkinder« gelten oft diejenigen, »die mit zwei Jahren lesen, mit vier Bach spielen, mit sechs jede Rechenaufgabe lösen und mit sieben acht Sprachen beherrschen«, doch nur wenige dieser Kinder drücken der Welt später ihren Stempel auf. Einflussreiche Menschen sind selten solche, die sich in ihrer Kindheit durch ihre »Begabung« und »Genialität« hervortun. Kinder, die in der Schule glänzen, »wenden ihre außergewöhnlichen Fähigkeiten oft in ganz gewöhnlicher Weise an und erledigen ihren Job, ohne das Vorgegebene infrage zu stellen und ohne Ärger zu machen«. Daher kommt Grant zu dem Schluss: Solche Leute »brauchen wir, damit alles glattläuft, doch sie tragen dazu bei, dass wir aus der Tretmühle nicht herauskommen«.[17] Menschen, die die Welt verändern, sind dagegen flexible und kreative Denker, die nicht in Kästchen denken.

Viele Menschen schätzen kreatives und flexibles Denken, doch mit der Mathematik würden sie es nicht in Verbindung bringen. Die Mathematik ist für sie ein Gebiet, auf dem man sich Regeln unterzuordnen hat. Aber wenn wir die Mathematik kreativ und offen angehen, kann sie wunderbar und befreiend sein. Das sollte jeder wissen und erleben.

Gründliches und flexibles Denken nützt in allen Disziplinen und Lebensbereichen. Wir wissen nicht, vor welchen Aufgaben die Menschheit in Zukunft stehen wird, doch wahrscheinlich müssen wir Probleme lösen, von denen wir heute noch keine Vorstellung haben. Wenn wir unsere Gehirne mit Informationen vollstopfen, die wir möglichst schnell wiedergeben können, dann wird uns dies kaum helfen, die Probleme der Zukunft zu lösen. Viel sinnvoller ist es, gründliches, kreatives und flexibles Denken zu lernen. Untersuchungen zeigen, dass die Gehirne von Vordenkern flexibler sind als andere. Sie haben gelernt, Probleme aus mehreren Richtungen anzugehen, statt sich nur auf ihr Gedächtnis zu verlassen. Mit Schnelligkeit und starren Ansätzen kommen wir nicht weit. In der Bildung und überall sonst müssen wir den Wert von Geschwindigkeit und leerem Faktenwissen hinterfragen und flexibles und kreatives Denken fördern. Nur so können wir unser Lernpotenzial auch wirklich ausschöpfen.

KAPITEL 6
BEZIEHUNGEN

Die ersten fünf Lernschlüssel zu unserem grenzenlosen Potenzial basieren auf folgenden Faktoren:

- Hirnplastizität und -wachstum,
- der positiven Wirkung von Schwierigkeiten und Fehlern auf unser Gehirn,
- Einstellungen und Selbstbildern,
- einer mehrdimensionalen Herangehensweise an Lerninhalte zur stärkeren Vernetzung unseres Gehirns,
- flexiblem Denken.

Jeder einzelne dieser Schlüssel kann unser Potenzial öffnen, und schon ein einziger kann unglaubliche Wirkung entfalten. Wenn Sie zum Beispiel ein bestimmtes Fach abgeschrieben haben oder glauben, dass es nur etwas für schnelle Denker ist, dann kann es beflügelnd wirken, wenn Sie merken, dass Sie einem Irrtum aufsitzen. In diesem Kapitel stelle ich Ihnen einen sechsten Schlüssel vor, der nicht nur Sie allein betrifft, sondern auch Ihre persönliche Beziehung zu anderen Menschen, und der zu unzähligen neuen Ideen führen kann. Die Bedeutung zwischenmenschlicher Verbundenheit und Zusammenarbeit für den Lernprozess und unser gesamtes Leben lässt sich gar nicht hoch genug einschätzen.

LERNSCHLÜSSEL 6

Verbundenheit zu anderen Menschen und Ideen festigt neuronale Schaltkreise und den Lernprozess.

Warum ist Zusammenarbeit wichtig?

Im Laufe meines Lebens und meiner Forschung fand ich mich immer wieder in Situationen, in denen sich mit Zusammenarbeit und menschlicher Verbundenheit Erstaunliches bewegen ließ. Dabei ging es um Wissenserwerb genauso wie um Gleichberechtigung und die Verbreitung von Ideen gegen Widerstände. Diese Erfahrungen haben mir etwas gezeigt, was die Hirnforschung bestätigt: Wenn wir mit den Ideen anderer Menschen in Beziehung treten, dann macht sich dies positiv in unserem Gehirn und unserem Leben bemerkbar.

Der Mathematiker Philip Uri Treisman von der University of Texas machte die Beobachtung, dass 60 Prozent der Afroamerikaner in seinen Kursen durchfielen und viele in der Folge ihr Studium abbrachen. Bei einer Auswertung der Daten der gesamten Universität fiel ihm auf, dass Studenten chinesischer Herkunft nie durchfielen. Das warf die Frage auf: Was ist der Unterschied zwischen diesen beiden Gruppen?

Zunächst fragte Treisman seine Kollegen, wie sie sich das Phänomen erklärten. Die einen meinten, die Afroamerikaner seien schließlich schon in der Schule schlechter in Mathematik, die anderen mutmaßten, sie kämen aus ärmeren und bildungsferneren Familien. Keine diese Erklärungen erwies sich als richtig. Bei der Beobachtung der Studenten erkannte Treisman schließlich einen wesentlichen Unterschied: Afroamerikanische Studierende lernten allein, chinesischstämmige in der Gruppe. Letztere machten ihre Hausaufgaben gemeinsam im Wohnheim oder in der Mensa. Erstere saßen dagegen allein auf ihren Wohnheimzimmern; wenn sie stecken blieben, kamen sie zu dem Schluss, dass sie einfach kein Talent für Mathematik hatten, und gaben auf.

Treisman richtete Workshops ein, die schwächeren Studenten aller Hautfarben offenstanden. Diese Arbeitsgruppen waren »ein anspruchsvolles, aber emotional unterstützendes Lernumfeld«.[1] Hier arbeiteten die Studierenden gemeinsam an ihren Aufgaben. Die Ergebnisse waren beachtlich. Innerhalb von nur zwei Jahren war der Anteil der Afroamerikaner, die den Kurs nicht bestanden, auf null gesunken, und die Afroamerikaner und Latinos aus dem Workshop waren besser als ihre chinesischstämmigen und weißen Kommilitonen. Der Erfolg war derart umwerfend, dass Treismans Ansatz inzwischen an über 200 Hochschulen umgesetzt wird. Treisman schreibt dazu:

> *In unserer Einführung konnten wir den Studierenden klarmachen, dass die Zusammenarbeit mit ihren Kommilitonen Voraussetzung für ihren Erfolg an der Universität ist. Basierend auf ihren gemeinsamen akademischen Interessen und beruflichen Zielen mussten sie eine Gemeinschaft suchen. Es war nicht leicht, ihnen die Zusammenarbeit zu vermitteln, danach genügte jedoch die übliche Pädagogik.*[2]

Dass es so schwer war, den Jugendlichen nach 13 Jahren des isolierten Lernens die Vorteile der Zusammenarbeit nahezubringen, sagt viel über unser Schulsystem aus, das sich überwiegend durch Frontalunterricht und Einzelarbeit auszeichnet. Treisman wies zu Recht darauf hin, dass akademischer Erfolg Kooperation und funktionierende zwischenmenschliche Beziehungen voraussetzt. Auch wenn das im Grunde eine alte Erkenntnis ist, sehen viele trotzdem keinen Platz für Kooperation beim Lernen. Sobald Treisman seine Studierenden zur Zusammenarbeit gebracht hatte, stellte sich der Lernerfolg ein. Das ist jedoch nicht auf die Mathematik beschränkt, der Ansatz lässt sich mit demselben Erfolg auf jedes andere Fach übertragen.

Wenn Lernende aufgeben, dann auch deshalb, weil ihnen etwas schwerfällt und sie glauben, dass sie damit allein sind. Wenn sie jedoch im Laufe der Zusammenarbeit feststellen, dass alle ihre Schwierigkeiten haben, setzt eine Veränderung ein. Für Lernende ist das ein entscheidender Moment, weil sie sehen, dass Lernen für alle ein Prozess ist und Hindernisse normal sind.

Der Lernerfolg stellt sich auch deshalb ein, weil die Lernenden mit dem Denken ihrer Mitstreiter in Berührung kommen. Die Auseinandersetzung mit den Vorstellungen anderer erweitert das eigene Verständnis. Wenn Lernende zusammenarbeiten (ob in Mathematik, Naturwissenschaften, Fremdsprachen, Deutsch oder jedem anderen Fach), erhalten sie die Möglichkeit, sich mit dem Denken anderer auseinanderzusetzen, und das ist an sich schon wertvoll.

Zu einer ähnlich bemerkenswerten Erkenntnis kommen internationale Vergleichstests. Der PISA-Test des Jahres 2012 ergab, dass Jungen in 38 Ländern in Mathematik besser abschnitten als Mädchen.[3] Dieses Ergebnis war so überraschend wie enttäuschend. Die schulischen Leistungen von Jungen und Mädchen unterscheiden sich in den meisten Ländern nämlich nicht. Das konnte nur wieder mal bedeuten, dass die Leistungen durch Tests verzerrt wurden.

Das bestätigte sich im Bericht des PISA-Teams, der zeigte, dass sich die Unterschiede allein durch die Nervosität und das geringere Selbstvertrauen der Mädchen erklärten.[4] Der Grund für die Leistungsunterschiede war also nicht ein schlechteres Mathematikverständnis der Mädchen, sondern ein geringeres Vertrauen in dieses Mathematikverständnis. Inzwischen ist hinreichend belegt, dass Mädchen in Prüfungen nervöser sind,[5] weshalb Lehrer immer zweimal nachdenken sollten, ehe sie aufgrund von Prüfungsergebnissen Entscheidungen treffen.

Die Auswertung des PISA-Tests zeigte auch, dass sich diese Unterschiede durch andere Prüfungsbedingungen und die Möglichkeit der Zusammenarbeit abbauen lassen. Zusätzlich zur üblichen Einzelprüfung bewerteten sie die Problemlösung durch Kooperation. Partner der Jugendlichen waren allerdings nicht Mitschüler, sondern Computer. Um komplexe Aufgabenstellungen zu lösen, mussten sie auf Vorschläge des Computers eingehen und sich mit ihnen auseinandersetzen.[6] Was hier ermittelt wird, ist meiner Ansicht nach sehr viel wichtiger als eine Einzelleistung in einer Mathematikprüfung. Hier wird nämlich kein Wissen abgefragt, es geht vielmehr um die Fähigkeit, auf die Ideen anderer einzugehen und sie bei der Lösung komplexer Fragestellungen einzusetzen. Und das hat wesentlich mehr mit der Welt zu tun, auf die die Jugendlichen vorbereitet werden sollen.

Im kooperativen Test schnitten Mädchen durchweg besser ab als Jungen. Außerdem gab es keine nennenswerten Unterschiede zwischen sozial benachteiligten und nicht benachteiligten Schülern – eine außergewöhnliche Beobachtung. In einigen Ländern schlug sich Vielfalt positiv auf das Ergebnis nieder: Einheimische Kinder schnitten besser ab, wenn sie mit einer größeren Zahl von Migranten zur Schule gingen. Auch das ist ein beachtliches Ergebnis, denn es lässt den Schluss zu, dass Schüler in einer multikulturellen Gemeinschaft bessere Teamworker werden.

Die PISA-Ergebnisse zur kooperativen Problemlösung zeigen, wie wichtig der Kampf für Gleichberechtigung ist. Außerdem unterstreichen sie, wie diskriminierend individuelle Tests sind, was jeder nachvollziehen kann, der unter Prüfungsangst leidet. Was bedeutet es, dass die Zusammenarbeit, und sei es mit einem Computer, das Selbstvertrauen von Mädchen stärkt und ihnen zu besseren Ergebnissen verhilft? Und was bedeutet es, wenn afroamerikanische Studenten dank der Workshops nicht mehr durchfallen, sondern sogar bessere Leistungen erzielen als andere? Diese Erkenntnisse unterstreichen die Bedeutung der Zusammenarbeit, und zwar nicht nur für Mädchen und Angehörige von Minderheiten, sondern für alle Lernenden. Wenn wir uns mit dem Denken anderer auseinandersetzen, wird unser Gehirn aktiver, unser Verständnis besser und wir lernen neue Sichtweisen kennen.

Auch Hirnforscher wissen um die Bedeutung der Zusammenarbeit. Untersuchungen zeigen, dass bei Zusammenarbeit mit anderen der mediale orbifrontale Cortex und die frontoparietale Region aktiv werden; in Letzterer sind die höheren kognitiven Funktionen angesiedelt.[7] Diese unterschiedlichen Hirnregionen werden von der Hirnforschung als das »soziale Gehirn« bezeichnet. Wenn wir mit anderen zusammenarbeiten, steht unser Gehirn vor der komplexen Aufgabe, das Denken anderer zu verstehen und darauf einzugehen. Die aktuelle Hirnforschung beschäftigt sich ausgiebig mit dem sozialen Denken.

Zusammenarbeit leistet auf jeden Fall einen entscheidenden Beitrag zum Lernen, zum schulischen Erfolg und zur Herstellung von Gleichberechtigung. Darüber hinaus hilft es uns, Verbundenheit herzustellen, vor allem in schwierigen, konfliktreichen Zeiten.

Victor und Mildred Goertzel untersuchten 700 Personen, die sich auf ihrem jeweiligen Gebiet durch bedeutende Beiträge hervorgetan haben und Gegenstand von mindestens zwei Biografien waren, darunter Marie Curie und Henry Ford. Dabei stellten sie fest, dass weniger als 15 Prozent dieser berühmten Männer und Frauen aus intakten Familien stammten; 75 Prozent kamen aus Familien, die sich durch »Armut, Gewalt, Alkoholismus, Krankheit und das Fehlen von mindestens einem Elternteil« auszeichneten.[8] Diese Statistik stammt aus den Sechzigerjahren. In einem Artikel über Widerstandsfähigkeit vertritt die klinische Psychologin Meg Jay die Ansicht, dass dieser Anteil heute kaum geringer wäre, und führt Beispiele wie Fernsehmoderatorin Oprah Winfrey, Starbucks-Gründer Howard

Schultz und Basketballer LeBron James an, die in schwierigen Verhältnissen aufwuchsen.[9]

Jay beschäftigt sich seit Jahren mit der psychologischen Widerstandsfähigkeit und weist darauf hin, dass es Menschen, die Schwierigkeiten zu überwinden hatten, im Leben oftmals besser geht. Nicht weil sie Stehaufmännchen wären, denn das Aufstehen ist ein langer Kampf und kein einfaches Zurückwippen. Sie weist auch darauf hin, dass wir von Schwierigkeiten gestärkt und widerstandsfähiger gemacht werden, wenn wir uns den Glauben an uns selbst bewahren, den »inneren Kämpfer« mobilisieren und mit anderen zusammenarbeiten. Menschen, die sich nicht von Schwierigkeiten unterkriegen lassen, haben eines gemeinsam: In schweren Zeiten suchen sie den Kontakt zu anderen – Freunden, Angehörigen, Kollegen –, und dank dieser Verbundenheit können sie Schwierigkeiten überleben und an ihnen wachsen.

Was Zusammenarbeit bewegen kann: zwei Beispiele

Vor Jahren geriet ich in eine sehr unangenehme Auseinandersetzung, die ich nur durch Zusammenarbeit überwinden konnte. Es begann, als ich kurz nach meiner Promotion von London in die Vereinigten Staaten wechselte. Im Rahmen meiner Doktorarbeit hatte ich zwei Schulen verglichen, die demografisch sehr ähnlich waren, aber auf sehr unterschiedliche Weise mit dem Mathematikunterricht umgingen. Ich erhielt eine Auszeichnung für die beste pädagogische Doktorarbeit des Jahres, und das nachfolgende Buch wurde zum besten Bildungstitel des Jahres gewählt.

Für diese Arbeit hatte ich einen Jahrgang drei Jahre lang begleitet, vom 13. bis zum 16. Lebensjahr. Ich hatte über 300 Unterrichtsstunden besucht und die Schüler beim Lernen beobachtet. Jedes Jahr hatte ich Lehrer und Schüler befragt. Zur Bewertung legte ich den Schülern Aufgaben der Angewandten Mathematik vor und wertete ihre Noten und Lösungswege in den landesweit einheitlichen Abschlussprüfungen aus. Die Ergebnisse waren so verblüffend, dass die großen Zeitungen darüber berichteten. Die Schüler, die klassischen Frontalunterricht erhalten hatten und als Einzelkämpfer lernten, hatten eine Abneigung gegen Mathematik und schnitten in den Prüfungen deutlich schlechter ab als diejenigen, die anwendungsbezogenen Projektunterricht erhielten.[10]

In der letztgenannten Schule erstreckten sich die Projekte meist über mehrere Unterrichtsstunden und verlangten die kreative Anwendung der erlernten Methoden. Hier hatten die Schüler deutlich mehr Spaß am Mathematikunterricht und schnitten bei den Abschlussprüfungen erheblich besser ab.[11] Sie begriffen jede Aufgabe als Chance zu selbstständigem Denken und waren deutlich besser als Schüler, die mit herkömmlichen Methoden unterrichtet wurden und versuchten, auswendig gelerntes Wissen abzurufen. Im klassischen Unterricht waren die Leistungsunterschiede zwischen Jungen und Mädchen sowie Angehörigen unterschiedlicher Klassen deutlich größer. Im Projektunterricht gab es diese Unterschiede zwar zu Anfang auch, sie verschwanden jedoch im Laufe des dreijährigen Beobachtungszeitraums.

In einer Nachfolgeuntersuchung verglich ich Schüler beider Schulen, die bei der Abschlussprüfung dasselbe Ergebnis erzielt hatten. Dabei konnte ich beobachten, dass die Schüler aus der Projektschule höher qualifizierte und besser bezahlte Arbeit fanden.[12] Die Erwachsenen gaben an, ihren Umgang mit der Schulmathematik auch auf ihren Beruf zu übertragen: Sie stellten Fragen, wendeten Methoden an und passten sie an die jeweilige Situation an, sie bemühten sich um Beförderungen und suchten sich eher eine neue Stelle, wenn ihnen die Arbeit nicht zusagte. Die ehemaligen Schüler der klassischen Schule gaben dagegen an, dass sie die Schulmathematik nirgends anwendeten, und schienen den in der Schule verlangten passiven Ansatz auch auf ihr Leben übertragen zu haben.

Als ich meine Doktorarbeit im darauffolgenden Sommer auf einer Konferenz in Athen vorstellte, wurde ich vom Dekan der Pädagogischen Fakultät der Stanford University und dem Direktor der Mathematischen Fakultät angesprochen. Seinerzeit lehrte und forschte ich am King's College und war nicht interessiert. Doch in den folgenden Monaten schickten sie mir Bildbände über Kalifornien und überredeten mich, zu einem Vorstellungsgespräch nach Stanford zu kommen. Sie wussten schon, was sie taten, und als ich mich schließlich breitschlagen ließ, für ein paar Tage an die Küste Kaliforniens zu kommen, war ich begeistert. Wenig später wechselte ich nach Stanford.

Einige Monate später erhielt ich eine E-Mail von James Milgram, einem Kollegen aus der Mathematischen Fakultät. Er wolle mich gern kennenlernen, schrieb er, und so trafen wir uns in seinem Büro. Es war ein unangenehmes Gespräch. Milgram eröffnete mir, die Lehrer in den Vereinigten Staaten hätten keine Ahnung von Mathematik, und warnte mich, es sei gefährlich, meine Forschungsergebnisse dort anwenden zu wollen. Ich versuchte natürlich, ihm meine Position klarzumachen, doch er hörte mir gar nicht zu.

In den folgenden Jahren erhielt ich Fördermittel der Nationalen Wissenschaftsförderung, um in den Vereinigten Staaten eine ähnliche Untersuchung durchzuführen wie in Großbritannien. Über einen Zeitraum von vier Jahren beobachtete ich 700 Schüler der Oberstufe, die an drei Schulen mit einem jeweils anderen Ansatz in Mathematik unterrichtet wurden.

Die Ergebnisse waren ähnlich wie in Großbritannien. Die Schüler, die aktiv lernten und selbstständig Methoden auf komplexe Fragestellungen anwendeten, waren deutlich besser als Schüler, die lediglich von den Lehrenden demonstrierte Methoden wiedergaben. Auch hier entwickelten die Jugendlichen ganz unterschiedliche Einstellungen zur Mathematik, und Schüler, die aktiv lernten, waren zehnmal häufiger bereit, nach Abschluss der Schule mit Mathematik weiterzumachen.[13] Unter den passiven Lernern gaben sogar gute Schüler an, sie könnten es gar nicht abwarten, Mathematik abzulegen; sie wollten in Zukunft nichts mehr mit dem Fach zu tun haben.

Als ich meine Ergebnisse veröffentlichte, warf mir Milgram wissenschaftliches Fehlverhalten vor. Das ist eine ernst zu nehmende Anschuldigung, der die Universität nachgehen muss und die das Ende meiner Laufbahn hätte bedeuten können. Ich musste meine Daten an einen Untersuchungsausschuss übergeben, der mich zu den Ergebnissen befragte und die Ermittlungen schließlich einstellte. Doch damit war Milgram noch nicht fertig: Im Internet veröffentlichte er eine Reihe von Artikeln, die ich als wüste Kritik bezeichnen würde. Auf Anraten der Universität ignorierte ich diese Angriffe zunächst. Die Angelegenheit hatte mir jedoch den Spaß verdorben, und ich beschloss, nach England zurückzugehen.

Dort erhielt ich das Marie Curie Fellowship, ein Stipendium, mit dem ich drei Jahre lang an der University of Sussex arbeiten konnte. Ich hoffte, hier die unerfreulichen Erinnerungen abhaken und meinen beiden Töchtern (die damals sechs Monate und vier Jahre alt waren) ein schönes Zuhause bieten zu können. Doch im Laufe der folgenden drei Jahre stellte ich fest, dass Kollegen die Artikel von Milgram lasen und ihnen Glauben schenkten.

Milgram war nicht der Einzige, der eine Reform des Mathematikunterrichts an Schulen unterbinden wollte. Auch andere versuchten im Internet, meine Arbeit zu sabotieren: Sie behaupteten, ich hätte die Daten frei erfunden und die Ergebnisse existierten nur in meiner Fantasie. Auf einer vermeintlich privaten Seite schrieb einer meiner Kritiker: »Etwas Schlimmeres kann man sich kaum vorstellen, eine Wissenschaftlerin einer Spitzenuniversität, die mit Daten hantiert.« Mein Doktorvater Paul

Black, der für seine Bildungsarbeit von der Queen in den Adelsstand erhoben worden war, war entsetzt über die Kritik der amerikanischen Akademiker und schrieb ihnen, doch das änderte nichts.

Die Pädagogische Fakultät von Stanford bat mich wiederholt, meinen Lehrstuhl wieder einzunehmen, der nicht neu besetzt worden war. An einem verregneten Februartag drei Jahre nach meinem Abschied zog ich es zum ersten Mal ernsthaft in Erwägung. An diesem dunklen Morgen hatte ich mich durch den strömenden Regen gekämpft, um meine Töchter zur Schule zu bringen. Als ich triefend nach Hause kam, fand ich eine E-Mail eines früheren Kollegen vor, der mich bat, doch zurückzukommen. Ich weiß nicht, ob es an der Kälte lag oder am Regen, jedenfalls dachte ich zum ersten Mal: »Vielleicht ist Kalifornien ja doch nicht so schlecht.« Gleichzeitig schwor ich mir, nur zurückzugehen, wenn ich etwas gegen die Verleumdungskampagne unternahm.

Einige Monate später war ich wieder in Stanford. Die Pädagogische Fakultät hatte inzwischen einen neuen Dekan namens Claude Steele, der sich mit Vorurteilen und Stereotypen beschäftigt hatte. Als er die Anwürfe von Milgram und seinen Freunden sah, wusste er sofort, mit welcher Sorte Mensch er es zu tun hatte. Er empfahl mir eine ganz einfache Maßnahme: Ich sollte ihr Verhalten detailliert beschreiben und öffentlich machen.

Ich erinnere mich noch gut an jenen Freitagabend. Während die Kollegen auf einer Party waren, saß ich zu Hause und klickte den Button zur Veröffentlichung meiner neuen Website, auf der ich das Verhalten dieser Männer beschrieb.[14] Außerdem legte ich an diesem Abend einen Twitter-Account an, und mein erster Post verlinkte zu meinem Artikel über den akademischen Anschlag. Von einem Moment auf den anderen wurde alles anders. Der Artikel verbreitete sich wie ein Lauffeuer, und übers Wochenende wurde er zum meistgetweeteten Pädagogikartikel.

In den nächsten 48 Stunden kontaktierten mich Journalisten aus den gesamten Vereinigten Staaten, die Artikel über den Fall schrieben.

Und noch etwas passierte. Ich erhielt E-Mails von anderen Professorinnen und Wissenschaftlerinnen, die mir ihre eigenen negativen Erfahrungen beschrieben. Innerhalb weniger Tage erhielt ich an die 100 E-Mails von Kolleginnen, die ihre Sympathie zum Ausdruck brachten und mir schilderten, wie ihre Ideen von männlichen Kollegen verworfen worden waren. Die Sammlung der E-Mails war vernichtend für die universitäre Kultur und ein guter Beleg dafür, wie schlecht es um die Gleichberechtigung an Hochschulen noch immer bestellt ist. Außenstehende hätten vermutlich angenommen, dass die Benachteiligung von Frauen an Universitäten längst der Vergangenheit angehörte, doch diese E-Mails machten klar, wie viele einflussreiche Männer noch immer glaubten, dass Frauen in MINT-Fächern nichts zu suchen hatten. Sie waren sich vermutlich selbst nicht über die Verbreitung ihrer diskriminierenden Vorstellungen im Klaren und wären vielleicht überrascht von dieser Aussage, doch die Arbeiten von Frauen wurden nach wie vor mit erstaunlicher Häufigkeit unterdrückt.

In dieser Zeit erhielt ich große Unterstützung von Zehntausenden Lehrern, Mathematikern, Wissenschaftlern und allen möglichen anderen Menschen. Mit ihrer Wärme rissen sie die Mauern nieder, die ich in mir errichtet hatte, und ich begann mich zu öffnen.

Gleichzeitig brach in der Bildung ein neues Zeitalter an. Präsident Obama brachte neue Initiativen auf den Weg, und das Bewusstsein wuchs, dass Veränderungen nötig waren. Ich überwand mein Trauma und begann meine Erkenntnisse in Internetkursen und auf youcubed zu verbreiten. Inzwischen hat youcubed Millionen Besucher, und etwa die Hälfte aller Schulen in den Vereinigten Staaten arbeiten mit unseren Materialien. Ironischerweise haben wir den Erfolg auch der Tatsache zu verdanken, dass Menschen mitbekommen haben, wie ich mich zur Wehr gesetzt habe und gegen wen.

Mit dem Klick an jenem Abend begann ein Prozess der Vernetzung, der alles veränderte. Vorher hatte ich die schmerzliche Erfahrung allein geschultert, danach suchten andere Kontakt zu mir. Diese Unterstützung hat mich verändert. Vielleicht wurde ich mir dessen bewusster, weil ich so verletzt und verschlossen war und dann eine Veränderung durchlief. Ich erlebte, dass der Satz »Was mich nicht umbringt, macht mich nur stärker« auch auf mich zutraf, und in der Folge entwickelte ich neue Kräfte.

Die Beziehungen, die ich knüpfte, weil ich meine Geschichte öffentlich machte, halfen mir genauso wie den Menschen, die Kontakt zu mir aufnahmen. Auf diese Weise lernte ich, wie Offenheit unser Potenzial freilegen kann.

Natürlich werde ich nach wie vor angefeindet, vor allem in der Anonymität der sozialen Medien. Trolle meinen, sie könnten eine Frau beleidigen, die sich um eine Unterrichtsreform bemüht, doch heute bin ich stärker. Wenn mir Aggression entgegenschlägt, sage ich mir: »Wenn mich keiner attackiert, bin ich nicht unbequem genug.«

Gerade in der Bildung müssen wir etwas gegen den Status quo unternehmen, weil das Bildungswesen so viele Menschen im Stich gelassen hat. Wenn ich also dafür attackiert werde, weil ich Alternativen zu den herkömmlichen Lehrmethoden entwickle, dann kann ich diese Anfeindungen ignorieren – diese Menschen greifen mich an, weil ich ihnen mit meinen Forderungen auf die Zehen trete. Ich habe gelernt, anders mit Kritik umzugehen – statt mich von ihr herunterziehen zu lassen und an mir zu zweifeln, sehe ich sie als Chance.

Daraus spricht ein Wandel meines Selbstbilds. Wenn Sie in der Bildung oder am Arbeitsplatz Neuerungen vorschlagen und dafür Spott oder Anfeindungen ernten, dann sehen Sie diese Reaktion als Zeichen dafür, dass Sie etwas bewegen. Widerstand ist immer ein gutes Zeichen: Ihre Ideen sind so gut, dass sie jemandem wehtun. Der Zirkusgründer Phineas T. Barnum, dessen Geschichte in dem Film *Greatest Showman* erzählt wird, sagte einmal: »Was kann man schon bewegen, wenn man so ist wie alle anderen?«

Ich liebe dieses Zitat. Es erinnert mich daran, dass es neue Ideen immer schwer haben werden, dass sie aber wichtig sind. Und am schwersten haben es Ideen, die am Status quo rütteln – genau das sind die wichtigsten. Wenn ich neue, auf Erkenntnissen der Hirnforschung basierende Lernmethoden unterrichte, dann warne ich meine Zuhörer, dass auch sie mit Widerstand rechnen sollten, wenn sie diese Gedanken weitertragen. Die Vorstellung, dass Intelligenz und Lernvermögen in den Genen festgeschrieben sind, ist derart fest verankert, dass sich viele Menschen gegen neue Ideen wehren, vor allem wenn sie bislang von der alten Denkweise profitiert haben.

Wenn ich gefragt werde, wie ich mit den Anfeindungen umgehe, dann erzähle ich von der einen Handlung, die alles veränderte: der Veröffentlichung meiner Erlebnisse und der unglaublichen Reaktion von Kollegen in aller Welt. Die Verbundenheit mit anderen Menschen, ob real oder virtuell, half mir, meine Wunden zu heilen, die ich bis dahin verborgen hatte. Wenn ich gefragt werde, was man tun kann, wenn man wegen seiner Arbeit angegriffen wird, dann schlage ich immer vor, den Kontakt zu anderen Menschen zu suchen. Dabei ist das Internet nicht für alle der richtige Ort, für einige ist es besser, Kollegen oder Angehörige anzusprechen. Aber in welchem Medium dieser Kontakt auch zustande kommt, er ist von unschätzbarem Wert.

Ehe ich nun darauf eingehe, was wir als Eltern, Pädagogen und Führungskräfte tun können, um das Potenzial zu wecken, das in Beziehungen steckt, möchte ich ein weiteres Beispiel einer Zusammenarbeit schildern, die an einer Schule begann und zu einer globalen Bewegung wurde.

Als Shane Feldman in die Oberstufe kam, stürzte er ab. Er wechselte auf eine riesige Highschool, wie sie für die Vereinigten Staaten typisch ist, und freute sich schon, doch innerhalb weniger Wochen »habe ich mich so einsam gefühlt wie noch nie in meinem Leben«. In einem Video[15] beschrieb er, er fühle sich als Außenseiter, der nicht dazugehörte. In diesem Gefühl der Leere suchte er seinen Betreuungslehrer auf. Shane hoffte, auf eine andere Schule wechseln zu können.

Stattdessen empfahl ihm sein Betreuer fünf Schulclubs, die er sich ansehen sollte. Shane war skeptisch, doch er trat den Clubs bei und bemerkte, wie etwas anders wurde. Mit einem Mal gab es Menschen, die er auf dem Flur grüßen konnte, und je mehr er sich engagierte, umso mehr fühlte er sich als Teil der Gemeinschaft. Je mehr er sich einbrachte, umso besser fühlte er sich und umso »vernetzter, engagierter und motivierter« war er. Heute weiß er, dass er sich als Außenseiter fühlte, weil er einer war; aber nun brachte er sich ein, und das veränderte alles. Der Wandel war so radikal, dass Shane seine Erfahrungen weitergeben wollte. So stieß er eine globale Bewegung an, die jungen Menschen hilft, bessere Beziehungen zu knüpfen und Verbundenheit herzustellen.

Ursprünglich hatte Shane nur daran gedacht, an seiner Schule eine Versammlung abzuhalten, um seinen Mitschülern zu erzählen, was passieren konnte, wenn sie den Kontakt zu anderen Menschen suchten und Clubs beitraten, die sie interessierten. Er erwartete 50 Teilnehmer, doch es kamen 400 Schüler von sieben Schulen. Im Jahr darauf waren es bereits 1000, und jedes Jahr wurden es mehr. Shane gründete die Bewegung »Count Me In«, die heute zehn Millionen Mitglieder hat und Schüler in über 100 Ländern erreicht. Als ich mich mit Shane traf, betonte er, wie schwer es vielen Menschen heute fällt, nicht nur Kontakte zu knüpfen, sondern eine echte Beziehung aufzubauen:

> *Jugendliche haben es heute viel schwerer als früher. Sie haben nicht nur dieselben Probleme wie frühere Generationen, sie müssen auch mit sozialem Druck, Mobbing und Isolation fertigwerden, die*

> *unserer Erziehung und beruflichen Entwicklung sehr schaden können. Das sind wichtige Themen für Jugendliche, die mit Computern und Handys rund um die Uhr vernetzt sind, die aber in ihrer realen Gemeinschaft keine echten Beziehungen haben. Diese Gemeinschaftsbeziehungen sind entscheidend, wenn man etwas bewegen will – sie helfen uns, die Welt ein wenig anders zu sehen und uns selbst besser anzunehmen und zugehörig zu fühlen.*

Shane legt den Finger in die Wunde, und seine Bewegung vermittelt Jugendlichen das so wichtige Gefühl von Sinnhaftigkeit:

> *Je mehr man sich engagiert, je mehr man sich in die Gemeinschaft einbringt, desto mehr Verbundenheit spürt man. Man bekommt eine andere Einstellung, und das Leben wird einfacher. Für mich war der entscheidende Punkt, als ich gespürt habe, dass mein Leben größer ist als dieser Moment, dass es nicht so wichtig ist, was jetzt passiert und wie groß meine Frustration gerade ist. Ich weiß jetzt absolut sicher, dass mein Leben größer ist als dieser und jeder andere Moment.*

Shanes Bewegung hilft Jugendlichen, die sich einsam fühlen, zu Hause Schwierigkeiten haben oder eines der zahlreichen Probleme haben, die junge Menschen aktuell betreffen. Die Jugendlichen, die eine positive Veränderung erleben, unterscheiden sich von den anderen durch ihre Einstellung, ihr Selbstbild. Shanes Bewegung erinnert uns daran, dass wir gerade in der Welt der virtuellen Gemeinschaft reale menschliche Verbundenheit brauchen. Es hilft jungen Menschen zu wissen, dass sie mehr sind als der Moment, in dem sie sich gerade befinden, und dass Beziehungen ihnen aus ihren Problemen heraushelfen können, egal wie groß sie sind.

Wie Sie das Potenzial von Beziehungen entfesseln

Auf den vorangegangen Seiten habe ich dargestellt, welche Auswirkungen die Zusammenarbeit auf schulische Leistungen und das Leben ganz allgemein hat. Doch was hat das mit den Lernschlüsseln in diesem Buch zu tun, zum Beispiel mit Hirnwachstum, der Auseinandersetzung mit Schwierigkeiten und der Mehrdimensionalität? Meine Arbeit an diesem Buch hat mir gezeigt, dass wir anders zusammenarbeiten und zueinander in Beziehung treten, wenn wir unser Potenzial wirklich nutzen. Wenn wir andere darin anleiten, dann werden ihre Beziehungen und die Zusammenarbeit mit ihren Mitmenschen unendlich produktiver und angenehmer. Im Rest dieses Kapitels sehen wir uns daher an, wie dieser Ansatz funktioniert und wie wir ihn im Unterricht, zu Hause und am Arbeitsplatz umsetzen können.

Lehrer wissen nur zu gut, wie schwierig Gruppenarbeit sein kann, vor allem wenn die Schüler nicht an das Potenzial der anderen glauben und Statusunterschiede ins Spiel kommen. Das ist ein Problem für Lehrer, die wissen, wie wichtig es ist, dass die Schüler miteinander kommunizieren und die Vorstellungen der anderen ernst nehmen. Eltern haben ähnliche Schwierigkeiten, wenn sie sehen, dass die Geschwister nicht kommunizieren und sich streiten, statt sich produktiv über ihre Vorstellungen auszutauschen. Um zu einem positiven Verlauf der Interaktionen beizutragen, können Lehrer, Eltern und Führungskräfte drei Dinge tun: 1. Unvoreingenommenheit fördern, 2. Inhalte öffnen und 3. Nichtwissen zulassen.

1. Fördern Sie die Unvoreingenommenheit

Um gut mit anderen zusammenzuarbeiten, müssen wir unvoreingenommen sein, und dazu müssen wir lernen, Unterschiede zu würdigen. Wenn Lehrer die Bedeutung unterschiedlicher Herangehensweisen betonen – in Mathematik, Geschichte,

Naturwissenschaften und überall sonst –, dann lernen Schüler, einander zu schätzen. Viele Lehrer bedauern, dass Kinder nicht gut in der Gruppe zusammenarbeiten, doch das liegt daran, dass sie in ihrer Voreingenommenheit glauben, sie suchten nach einer einzigen Antwort, weshalb sie Andersdenken und Vielfalt nicht würdigen. Wenn wir diese Sichtweise korrigieren, können Kinder und Erwachsene in Unterricht und Alltag anders miteinander umgehen.

Vor einigen Jahren führte ich eine auf vier Jahre angelegte Untersuchung mit Schülern mehrerer Highschools durch. In einer der Schulen übten die Schüler Gruppenarbeit ein: Sie lernten einander zuzuhören, Respekt zu zeigen und die Vorstellungen der anderen zu schätzen. An dieser Schule entstand etwas, das ich als »Beziehungsgerechtigkeit« bezeichne.[16]

Beim Stichwort Gerechtigkeit in der Schule denken wir oft an Noten. Es gibt jedoch eine viel wichtigere Form der Gerechtigkeit, wenn Kinder den positiven Umgang und die gegenseitige Wertschätzung erlernen. Wie andere vor mir[17] bin ich der Überzeugung, dass Schulen Staatsbürger hervorbringen sollten, die einander mit gegenseitigem Respekt begegnen, den Beitrag eines anderen Menschen unabhängig von Hautfarbe, Klasse oder Geschlecht wertschätzen und einen Gerechtigkeitssinn entwickeln, um auch den Bedürfnissen der anderen in der Gesellschaft Rechnung zu tragen. Der erste Schritt in diese Richtung ist ein Unterricht, in dem die Kinder diesen Umgang erlernen, denn wir wissen, dass sie viel mehr aus der Schule mitnehmen als nur den Unterrichtsstoff.

Ich weite den Begriff der Gerechtigkeit auch auf die Beziehungen zwischen den Kindern aus, weil ich davon ausgehe, dass die Art des Umgangs Auswirkungen darauf hat, inwieweit sie in und außerhalb der Schule offen füreinander sind. In den von mir untersuchten Schulen begann das beim Stoff, über den sich die Schüler mit ihren unterschiedlichen Ideen austauschten. Das schlug sich in den Ansichten der Kinder nieder. Als sie gefragt wurden: »Was braucht ihr, um in Mathematik gut zu sein?«, antworteten sie:

> *Man muss mit anderen zusammenarbeiten können.*
> *Man muss unvoreingenommen sein und sich die Ideen von allen anhören.*
> *Man muss sich die Meinungen anderer anhören, weil man ja selbst die falsche Antwort haben könnte.*

Eltern von guten Schülern klagen oft, dass ihre Kinder im Unterricht anderen helfen sollen; allein könnte ihr Kind den Stoff doch viel schneller bewältigen, meinen sie. Doch diese Kinder lernen, sich als Teil einer Gemeinschaft, zum Beispiel einer Schulklasse, auch um andere zu kümmern. Sie entwickeln ein Verantwortungsgefühl. Ein Schüler sagte zum Beispiel:

> *Das ist meine Verantwortung, denn wenn ich etwas verstehe und ein anderer nicht, dann muss man dem helfen, denn er hat das Recht, es auch zu verstehen. Weil es nur fair ist, dass der andere genauso viel aus dem Unterricht mitnimmt wie ich, denn wir sitzen ja im selben Klassenzimmer.*

Trotz aller Sorgen der Eltern waren es gerade die guten Schüler, die von diesem Ansatz am meisten profitierten.[18] Sie lernten mehr dazu als ihre Mitschüler und als die besten Schüler der traditionellen Vergleichsschulen, denn indem sie anderen den Stoff erklärten, durchdrangen sie ihn besser. Der Respekt, den die Kinder füreinander entwickelten, rührte vor allem daher, dass sie den Stoff offener angingen und lernten, Unterschiede wertzuschätzen. Und so wie sich ein neues Selbstbild außerhalb des Unterrichts niederschlägt, fördert auch der im Unterricht gewonnene Respekt vor unterschiedlichen Vorstellungen die Wertschätzung der Unterschiede und Vielfalt in anderen Lebensbereichen.

Die Lehrerin Holly Compton, die ich in Kapitel 4 vorgestellt habe, sagte ihren Schülern der fünften Klasse: »Jeder geht anders an die Sachen heran, und jeder von euch kann lernen und wachsen.« Sie berichtete mir, dass ihre Schüler dank dieser Vorstellungen weniger egozentrisch wurden. Statt auf ihren Vorstellungen und Arbeitsweisen zu beharren und dichtzumachen, wenn jemand andere Vorstellungen hat, denken sie nun: »So denke ich darüber, aber ich weiß, dass andere das anders sehen.« Diese Akzeptanz gegenüber unterschiedlichen Denkweisen führte zu größerer Toleranz und Wertschätzung füreinander. Compton berichtete:

> *Ihnen ist bewusst, dass auch andere Menschen gute Ideen haben und dass sie ihnen unvoreingenommen zuhören sollten, weil sie etwas Neues lernen könnten, an das sie vielleicht selbst noch nicht gedacht hatten. Es ist eine tolle Sache, wenn Kinder denken: »Vielleicht ist dein Gedanke ja etwas, das ich in meinen aufnehmen kann.«*

Viele Bildungsreformer beschäftigen sich mit dem Stoff und suchen nach neuen Methoden zur Vermittlung von Inhalten, oft mit coolen Technologien. Aber stellen Sie sich vor, wie das Lernen und der Alltag dieser Kinder aussähe, wenn sie lernten, produktiver zu kooperieren und die Offenheit mitzubringen, anderen zuzuhören und verstehen zu wollen. Das würde nicht nur die Unterrichtsdynamik verändern, sondern auch viele andere Lebensbereiche.

Compton berichtete mir von einem Gespräch, das sie zufällig mitgehört hatte:

> *In meiner Klasse haben die Kinder heute über ihre Vorstellungen diskutiert. Ein Schüler war anderer Meinung als ein anderer und sagte zu ihm: »Ich glaube, ich weiß, was du denkst. Ich glaube, du denkst X. Aber in Wirklichkeit ist es so.« Das waren Erstklässler!*

Man würde nicht erwarten, dass sie sich in diesem Alter in die Lage eines anderen versetzen können.

Diese Erstklässler hatten allerdings von Selbstbildern und Mehrdimensionalität gehört und waren offen für die Ansichten anderer.

Wie in Kapitel 3 erwähnt, verhalten sich Menschen mit einem dynamischen Selbstbild anderen gegenüber weniger aggressiv. Interessanterweise hängt das mit unserer Einstellung uns selbst gegenüber zusammen. Menschen mit einem statischen Selbstbild gehen davon aus, dass sie sich selbst nicht ändern können und empfinden eher Scham für ihr Handeln, weshalb sie auch eher gegen andere austeilen. Wenn sie jedoch lernen, dass nichts in Stein gemeißelt ist und sie sich verändern können, dann empfinden sie weniger Scham und sehen auch andere in einem neuen Licht. Selbst ihre Gegenspieler sehen sie nicht mehr als an sich schlechte Menschen, sondern eher als Menschen, die Fehler gemacht haben, die sich aber auch ändern können. So traten an die Stelle von Aggression Verständnis und Versöhnlichkeit.

Ursache dieser Veränderung ist eine Öffnung des Denkens und eine Überwindung der Voreingenommenheit. Wir verstehen erst ganz allmählich, wie ein Wandel der Überzeugungen, weg vom Widerstand und hin zu einer Akzeptanz von Andersartigkeit und Veränderung, unseren Umgang miteinander verändert. Eine Veränderung unserer Einstellung wirkt sich positiv auf unsere Lernfähigkeit und Gesundheit aus und verringert die Zahl unserer Konflikte. Wenn Kinder wissen, dass sich jeder Mensch verändern kann und andere Ideen genauso wertvoll sind wie ihre eigenen, dann ist die Folge eine dramatische Verbesserung der Zusammenarbeit.

2. Öffnen Sie Inhalte

Bei der Öffnung der Kinder für Vielfalt und Unterschiede kommt auch der Wissensvermittlung selbst eine wichtige Rolle zu. Das ist am Arbeitsplatz nicht anders: Wenn wir anerkennen, dass es verschiedene Ansichten und Standpunkte gibt, sehen wir uns und andere in einem anderen Licht.

Im Rahmen unseres Mathematikcamps beschäftigte ich mich intensiver mit dem Zusammenhang von Selbstbildern, einem offenen Umgang mit dem Stoff und zwischenmenschlicher Interaktion. Damals trug die Gruppenarbeit, also die gegenseitige Unterstützung und der Austausch über den Stoff, sehr zum Lernerfolg der Kinder bei.

Die Teilnehmer berichteten, dass die Gruppenarbeit in der Schule nicht funktioniere, in unserem Mathematikcamp aber schon. Als wir nachhakten, worin der Unterschied bestand, erklärten uns die Kinder, dass in der Schule einer die ganze Arbeit mache, während sich die anderen über Klamotten und Autos unterhielten. In unserem Mathematikcamp begann die Gruppenarbeit dagegen damit, dass die Kinder einander reihum fragten: »Wie siehst du das? Wie würdest du das angehen?« Wenn sie zu Beginn der Zusammenarbeit ihre Sichtweise und ihren Lösungsansatz einbringen, fühlen sie sich einbezogen – die Interaktion der Gruppe könnte nicht besser anfangen.

In unserem Camp erfuhren die Kinder, dass eine mehrdimensionale Herangehensweise in der Mathematik zum Erfolg führte, und lernten andere Ansichten anzuerkennen und zu würdigen. Ihre Wertschätzung füreinander wuchs, und sie vermieden die Vorurteile, die oft im Mathematikunterricht grassieren, dass nämlich manche Kinder einfach besser sind als andere.

Diese einfache Methode, die Kinder nach ihren Vorstellungen und ihrem Verständnis zu fragen, lässt sich auf ganz unterschiedliche Zusammenhänge übertragen. Wenn zu Beginn einer Besprechung im Unternehmen die Mitarbeiter reihum ihre Sichtweisen einbringen könnten, ohne Urteile fürchten zu müssen und ohne dass eine bestimmte Antwort erwartet würde, dann würde sich dies positiv auf die Beziehungen und damit auch die Produktivität niederschlagen. Mit dieser einfachen Frage können Lehrer in jedem Fach die Kinder einbeziehen und ihr eigenständiges Denken anregen. Dieses Gefühl des Einbezogenseins, das mit einem offenen Beginn entsteht, bereitet den Boden für einen wertvolleren Austausch, bessere Beziehungen, gehaltvollere Ideen und produktivere Arbeit. Weiter unten finden Sie Strategien, mit denen Lehrer Inhalte offen vermitteln und unterschiedliche Interpretationen und Vorstellungen fördern können.

3. Lassen Sie Nichtwissen zu

In den Gesprächen zu diesem Buch habe ich immer wieder gehört, welchen Einfluss eine ganz bestimmte Einstellung auf den Umgang mit anderen Menschen hatte. Viele meiner Gesprächspartner berichteten mir, wie wichtig es für sie war, sich von dem Zwang freizumachen, in Diskussionen immer recht haben zu müssen. Damit einher ging die Einsicht in die Bedeutung von Herausforderungen und Fehlern für unser Gehirn. Wenn wir erfahren, wie produktiv die Auseinandersetzung mit Schwierigkeiten ist, können wir uns von der Vorstellung befreien, als Experte in jedes Gespräch gehen zu müssen.

Unter anderem sprach ich mit Jenny Morrill, die im Unterricht mit Achtsamkeitstechniken arbeitet. In ihrem Buch *Weaving Healing Wisdom*, das sie zusammen mit Paula Youmell veröffentlicht hat[19], beschreibt sie, wie sie ihre Schüler ins Hier und Jetzt holt. Außerdem beschrieb sie mir, welchen Wandel auch ihre eigenen Beziehungen erlebten, als sie sich mit der Hirnforschung beschäftigte.

Zuvor habe sich Morrill »wie eine Insel« gefühlt. Sie beschrieb eine Einstellung, die viele Menschen kennen: Sie hatte das Gefühl, in jeder Situation die Expertin sein zu müssen, und hatte Angst, sich Wissenslücken anmerken zu lassen. Vor allem im Unterricht spürte sie großen Druck, immer alles wissen zu müssen. Heute glaubt sie das nicht mehr, sie lässt ihr Nichtwissen zu und öffnet sich stärker gegenüber ihren Kollegen. Unter anderem befreite sie sich von der Vorstellung, dass man sie permanent beurteilte. Die neue Einstellung beschrieb Morrill so:

> *Ich bin eher bereit, mit dem unangenehmen Gefühl zu leben, dass ich etwas nicht weiß. Heute weiß ich auch, dass ich nicht aufgeben muss, nur weil ich etwas nicht auf Anhieb verstehe. Ich habe Ressourcen, die ich nutzen kann, um als Lehrerin und Mensch dazuzulernen. Ich hatte immer das Gefühl, ich bin eine Insel und müsste alles wissen. Heute höre ich besser zu. Ich weiß, dass ich dazulerne, wenn ich mit anderen zusammenarbeite, dass ich mehr lerne, seit ich mich meinen Kollegen gegenüber geöffnet habe, und dass Wissensvermittlung Lernen bedeutet. Seit ich mich von der Beurteilung unabhängig gemacht habe und mir nicht dauernd beweisen muss, was ich wert bin, bin ich ein anderer Mensch geworden.*

Ich weiß nicht, warum sich Morrill früher »wie eine Insel« fühlte, doch ihre neue, offenere Haltung – die Bereitschaft, mit anderen zusammenzuarbeiten, ihnen zuzuhören, ihre eigene Verletzlichkeit zuzulassen und von anderen zu lernen – hat ihr Leben verändert. Heute sieht sie sich nicht mehr als die einzige Expertin im Raum, sondern hält ihre Schüler an, die Führung zu übernehmen. Außerdem weiß sie, dass sie von ihnen und von anderen Erwachsenen lernen kann. Damit hat Morrill nicht nur für ihre Zusammenarbeit mit Kollegen und Freunden, sondern auch für ihre Schüler eine spürbare Veränderung bewirkt.

Viele meiner Gesprächspartner berichteten, dass sie heute besser auf den Umgang mit Hindernissen eingestellt sind. Sie müssen nicht mehr so tun, als wüssten oder verstünden sie etwas, wenn sie gar keine Ahnung davon haben, sondern können stattdessen nach Lösungen suchen. Morrill beschrieb mir einige ihrer Ressourcen:

Ich weiß, dass ich nicht alles wissen muss. Ich kann mich stattdessen auf mein Bauchgefühl verlassen, meine Kollegen fragen, etwas im Internet recherchieren, mir ein Video zur Lösung einer Matheaufgabe anschauen und so weiter. Ich werde immer weiter dazulernen. Früher hatte ich das Gefühl, ich müsste immer schon alles wissen. Das war das statische Selbstbild. Ich musste immer so wirken, als wüsste ich alles und hätte alles im Griff, aber das hat sich geändert. Von dieser Vorstellung habe ich mich befreit. Veränderungen machen mich nicht mehr so nervös wie früher. Ich bin eher bereit zuzugeben, dass etwas kurzfristig unangenehm sein könnte, dass ich aber lernen kann, damit umzugehen. Je entspannter ich auf etwas reagiere, desto besser kann ich damit umgehen.

Wenn wir nicht mehr so tun, als wüssten wir alles, und stattdessen unser Nichtwissen zulassen und nach Lernressourcen suchen, dann verbessert dies unsere Beziehungen zu anderen Menschen genauso wie unsere Lebenszufriedenheit.

Daher empfehle ich Lehrern, beim Umgang mit neuem Stoff ihr Nichtwissen und ihre Verletzlichkeit zuzulassen. Wenn die Schüler sehen, dass ihre Lehrer auf jede Frage die Antwort wissen, immer recht haben, sich nie irren und sich nie mit Schwierigkeiten auseinandersetzen müssen, dann gewinnen sie eine verzerrte Vorstellung von dem, was Lernen ausmacht. Lehrer sollten daher ihr Nichtwissen zulassen und offen damit umgehen, dass auch sie nicht alles draufhaben und Fehler machen.

Wenn Lehrer ihre Zweifel mitteilen, sehen die Schüler, dass auch dies zum Wissenserwerb gehört. In meinen Mathematikkursen gebe ich den Studierenden offene Aufgaben, die sie mit ganz unterschiedlichen Ansätzen angehen können. Einige der Lösungswege sind auch für mich neu – ich nutze diese Momente, um zuzugeben, dass ich etwas nicht weiß, und sage: »Das sieht ja interessant aus. Das habe ich noch nie gesehen! Warum schauen wir uns das nicht gemeinsam an?«

Ein offener Umgang mit Nichtwissen ist wichtig für Lernende und Lehrende, für Führungskräfte und Eltern. Wenn Sie sich verwundbar zeigen und einräumen, dass Sie etwas nicht verstehen, dann werden Sie feststellen, dass sich andere Ihnen anschließen und es zu einem produktiven Austausch kommt. Wenn Sie als Eltern mit Ihren Kindern über bestimmte Themen sprechen, dann tun Sie das nicht als Experten, sondern als Denkpartner. Bitten Sie Ihre Kinder, Ihnen Dinge beizubringen – das macht ihnen nicht nur Spaß, sondern vermittelt ihnen ein Gefühl des Stolzes und vertieft ihr Wissen.

Geben Sie Ihrem Kind gegenüber ruhig zu, wenn Sie etwas nicht wissen, und zeigen Sie ihm gleichzeitig, dass Sie Mittel haben, es herauszufinden. Tun Sie nie so, als wüssten Sie etwas, das Sie nicht wissen. Es ist besser, die Einstellung des Suchens, des Entdeckens und der Neugierde zu vermitteln und zu zeigen, dass Nichtwissen gut ist, weil es einem die Chance gibt, etwas Neues zu lernen. Manchmal sage ich meinen Studenten, dass ich in einer Aufgabe nicht weiterweiß und bitte sie, mir Lösungen zu zeigen. Das macht ihnen immer Spaß, und sie lernen eine Menge. Vor allem erleben sie, dass die Kombination aus Nichtwissen und Wissbegierde immer ein guter Ansatz ist.

Wenn Sie lernen und niemanden haben, mit dem Sie Ihre Vorstellungen erörtern können, dann suchen Sie im Internet. In Foren und sozialen Medien können Sie sich mit anderen in Verbindung setzen und Fragen erörtern. Vor einiger Zeit haben wir eine Facebook-Gruppe für die Abonnenten von youcubed gegründet. Diese Gruppe hat inzwischen rund 18 000 Mitglieder, die mit großartiger Offenheit Fragen stellen – selbst zu Dingen, die man als Lehrer eigentlich wissen könnte. Manchmal geben Mathematiklehrer zu, dass sie bestimmte Dinge nicht verstanden haben, und schon sind 20 Menschen da, die ihnen helfen und die Frage mit ihnen erörtern.

Ich bewundere Menschen, die Fragen stellen, denn sie haben sich so weit geöffnet, dass sie ihre Verwundbarkeit zulassen und andere um ihre Unterstützung bitten können. Andere Gruppenmitglieder berichten einfach, womit sie sich gerade beschäftigen, und laden zum Gedankenaustausch ein. Statt sich vor Konkurrenz zu fürchten, verstehen sie andere als mögliche Partner, mit denen sie zusammenarbeiten, von denen sie lernen und zu denen sie Beziehungen aufbauen können. Offenheit, die Bereitschaft zur Auseinandersetzung mit Schwierigkeiten und das Bedürfnis, verschiedene Standpunkte auszuloten, können Ihr Leben sehr bereichern.

Wie Sie das Potenzial der Zusammenarbeit anstoßen

In meinem Unterricht – egal ob an der Universität oder in der Schule – verwende ich einige Strategien zur Verbesserung der Kommunikation, die sich auch in Unternehmen anwenden lassen. Vor der eigentlichen Gruppenarbeit beginne ich mit einer Gedankenübung, bei der sich die Teilnehmer darüber klar werden sollen, was ihnen an der Gruppenarbeit gefällt und was nicht.

Dazu setzen sich die Schüler in ihren Gruppen zusammen und tauschen sich darüber aus, welches Verhalten von Gruppenangehörigen ihnen nicht gefällt. Es ist enorm hilfreich, ihnen die Gelegenheit zu geben, diese Dinge auszusprechen, und in der Regel fällt ihnen viel Interessantes dazu ein. Zum Beispiel sagen sie: »Ich mag es nicht, wenn mir jemand die Antwort verrät« oder »Ich kann es nicht leiden, wenn Leute sagen, ›das ist ja kinderleicht‹« oder »Ich mag es nicht, wenn andere schneller sind als ich« oder »Ich kann es nicht ertragen, wenn andere meine Vorschläge schlechtmachen.« Aus jeder Gruppe nehme ich eine Aussage und halte sie auf einem Plakat fest.

Dann bitte ich die Gruppen, Verhaltensweisen zu sammeln, die sie sich wünschen würden. Sie antworten zum Beispiel: »Ich finde es besser, wenn Leute mich etwas fragen und mir nicht zeigen, wie man etwas macht« oder »Ich finde es schön, wenn wir alle unsere Ideen zusammentragen« oder »Es gefällt mir, wenn andere mir zuhören.« Auch hier nehme ich wieder aus jeder Gruppe einen Gedanken und halte ihn auf dem Plakat fest. Beide Plakate bleiben für den Rest des Schuljahres im Klassenzimmer hängen.

Meine zweite Strategie habe ich mir bei einer befreundeten Lehrerin namens Cathy Humphreys abgeschaut. Ich verwende sie im Mathematikunterricht, aber sie eignet sich genauso gut für jedes andere Fach. Ziel ist es, dass die Schüler lernen, gut zu argumentieren. Argumentieren – die Darstellung von Gedanken sowie ihre Erläuterung, Rechtfertigung und Einbettung in einen Kontext – ist in jedem Fach wichtig. Naturwissenschaftler überprüfen Theorien, indem sie Fälle finden, auf die sie zutreffen oder auch nicht. Mathematiker argumentieren dagegen mit Gedankengängen.

Ich erkläre den Schülern, wie wichtig es ist, andere mit guten Argumenten zu überzeugen. Dabei gibt es drei Ebenen. Die erste und einfachste ist, sich selbst von etwas zu überzeugen, auf der nächsten Ebene muss man Freunde überzeugen und auf der letzten und schwierigsten Skeptiker.

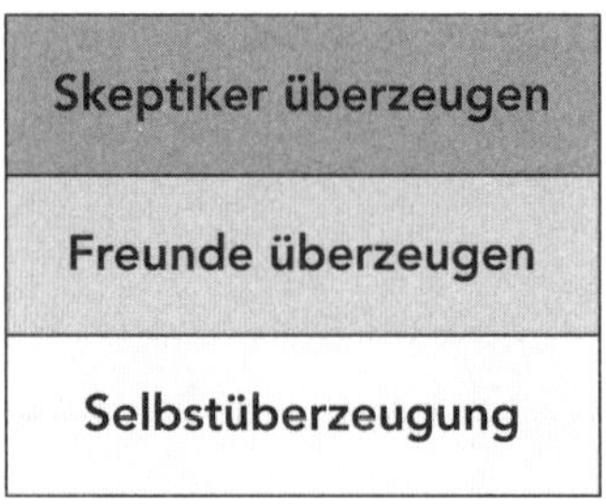

Außerdem fordere ich sie auf, den Argumenten ihrer Mitschüler gegenüber immer skeptisch zu sein und zum Beispiel zu fragen: »Woher willst du wissen, dass das funktioniert?« oder »Kannst du mir das beweisen?« In unserem Mathematikcamp hatten die Kinder ihren Spaß daran, möglichst skeptisch zu sein, einander Fragen zu stellen und zu argumentieren. Das war besonders erfreulich, denn diese Art der Auseinandersetzung mit einem Gedanken vertieft das Verständnis.

Gruppenarbeit kann großen Spaß machen, doch ich kenne viele Schüler und Studenten, die sie nicht ausstehen können. Sie haben einfach keine guten Erfahrungen gemacht: Vielleicht waren die Gruppen schlecht zusammengesetzt, vielleicht war die Fragestellung nicht offen, oder die Teilnehmer hatten nicht gelernt, einander respektvoll und unvoreingenommen zuzuhören. Für die meisten Schüler wird ein Thema erst lebendig, wenn sie sich darüber austauschen, über Ansätze nachdenken, Lösungen suchen und ihre Anwendung erörtern.

Für viele Menschen ist Lernen eine einsame Angelegenheit. Künstler stellen das Denken oft als etwas dar, das man alleine macht – das berühmteste Beispiel ist Auguste Rodins »Denker«, der, das Kinn auf die Hand gestützt, in seinen Gedanken versinkt. Dabei ist Denken grundsätzlich sozial. Selbst wenn wir ein Buch lesen, befinden wir uns im Gespräch mit den Gedanken eines anderen Menschen. Eine wichtige Voraussetzung des Lernens ist die Fähigkeit, uns mit den Gedanken eines anderen Menschen in Beziehung zu setzen, sie in unser Denken aufzunehmen und sie auf neue Situationen zu übertragen.

Wenn wir unser Nichtwissen akzeptieren, wenn wir nicht mehr so tun, als wüssten wir alles, und wenn wir stattdessen nach Lernressourcen suchen, verändert sich unser gesamtes Leben. Nur so können wir unsere Grenzen überwinden. Das beobachte ich auch oft bei meinen Kollegen in Stanford. Einige kapitulieren vor Herausforderungen und sagen zum Beispiel: »Ich verstehe dieses Programm nicht.« Andere stellen sich derselben Herausforderung und sagen: »Ich weiß nicht, wie das Programm funktioniert, aber ich kann es herausfinden – ich suche mir Videos, die es erklären, und bringe es mir selbst bei.«

Beiden Haltungen begegne ich immer wieder und bewundere die Kollegen, die sich offen neuen Herausforderungen stellen: Sie sind es, die am Ende mehr erreichen und wesentlich mehr Möglichkeiten nutzen.

Der Druck, alles wissen zu müssen, ist sehr real, doch viele Menschen können sich von ihm befreien, indem sie sich mit der Hirnforschung beschäftigen und lernen, wie wichtig Offenheit und die Auseinandersetzung mit Schwierigkeiten sind. Wie oft kommen wir in den Unterricht oder eine Sitzung und haben Angst, wir könnten nicht genug wissen? Und wie erfrischend wäre es, wenn wir diesen Moment des Nichtwissens nutzen und unsere Schwierigkeiten eingestehen würden? Wenn wir aufhören, die Experten zu mimen, und stattdessen das Nichtwissen als Chance begreifen, gehen wir anders durch den Tag, und unsere Zusammenarbeit wird produktiver. Wenn wir mit dieser Haltung in Gespräche gehen, funktionieren Unternehmen reibungsloser, entwickeln sich Freundschaften besser, und jeder von uns kann entspannter und effektiver arbeiten.

Mathematik gilt als besonders einsame Disziplin, doch wie jede andere basiert sie auf dem Dialog zwischen Gedanken. Neue Gedanken entstehen, wenn wir mit anderen Menschen sprechen, Überlegungen erörtern und Beziehungen zwischen verschiedenen Gedanken knüpfen. Vor allem Eltern guter Schüler sagen oft zu mir: »Mein Kind findet die Lösung auch alleine, warum sollte es sie anderen erklären?« Doch diese Eltern übersehen etwas ganz Entscheidendes: In der Mathematik geht es um Kommunikation und Argumentation.

Conrad Wolfram, Gründer des Wissensportals Wolfram Alpha und Leiter von Wolfram Research, sagte mir, sein Unternehmen könne nichts mit Menschen anfangen, die ihr mathematisches Denken nicht kommunizierten, weil diese nicht an der gemeinsamen Problemlösung mitarbeiten könnten. Könnten Mitarbeiter ihren Kollegen die eigenen Überlegungen nicht vermitteln, wäre eine Verbindung mit anderen Ideen unmöglich.

Die kritische Beurteilung durch mehrere Köpfe ist auch ein Schutz vor Fehlern und Irrwegen. Wer nicht in der Lage ist, seine Gedanken zu kommunizieren oder deren Herleitung zu erläutern, ist in einem Team von Problemlösern fehl am Platz. Das gilt vermutlich überall, in der Mathematik genauso wie in den Naturwissenschaften, der Kunst oder der Geschichte: Wer anderen seine Überlegungen darstellen kann, ist ein besserer Problemlöser und kann im Unternehmen oder jeder anderen Gruppe einen wertvolleren Beitrag leisten.

Die in diesem Buch vorgestellten sechs Lernschlüssel helfen Ihnen, besser zu kommunizieren, und eröffnen auf diese Weise eine Vielzahl von Lebenschancen. Viele Menschen haben ihr Potenzial noch nicht weit genug erschlossen, um gut zu kommunizieren. Sie haben Angst, etwas Falsches zu sagen und nach ihren Aussagen beurteilt zu werden. Die Lernschlüssel können Ihnen helfen, das zu ändern, Ihre inneren Grenzen niederzureißen und Ihre Furcht vor dem Urteil anderer zu überwinden. Sie helfen Ihnen, sich mit anderen auszutauschen und gemeinsam Lösungen zu finden. Diese unvoreingenommene, offene, grenzenlose Art der Zusammenarbeit kann Ihr Leben verändern.

SCHLUSS

WIE DU WIRST, WAS DU SEIN WILLST

Wir lernen immer und überall. Zwar denken wir beim Thema Lernen zuerst an Schulen und Universitäten, doch das sind keineswegs die einzigen Lernorte. Unser Leben ist voller Lernmomente, und die sechs Lernschlüssel eröffnen Ihnen die Möglichkeit zu einem anderen Umgang mit Wissen und Mitmenschen. In diesem Buch ging es mir darum, Ihnen Ideen an die Hand zu geben, mit denen Sie Ihr Leben bereichern und anderen helfen können, ihr Potenzial zu entfalten.

Der Schweizer Bildungsforscher Étienne Wenger hat ein ganz neues Verständnis des Lernens entwickelt. Seiner Ansicht nach ist Lernen mehr als Wissenserwerb und die Anhäufung von Informationen: Lernen verändert uns als Menschen.[1] Wenn wir mit neuen Vorstellungen in Berührung kommen, dann sehen wir die Welt neu und anders – wir erhalten eine neue Brille, durch die wir unser gesamtes Leben verstehen können. Lernen formt unsere Identität. Psychologen hielten die Identität lange für statisch; sie nahmen an, dass wir eine einzige Identität haben, die sich in der Kindheit entwickelt und ein Leben lang erhalten bleibt. Heute wissen wir, dass die Identität dynamisch ist und dass wir je nach Lebensbereich unterschiedliche Identitäten haben können. Als Mitglied einer Fußballmannschaft sind Sie vielleicht jemand anderer als zu Hause oder am Arbeitsplatz.

Die Beschäftigung mit Neuroplastizität, Selbstbildern, Mehrdimensionalität und Kooperation macht neue Aspekte unserer Identität zugänglich. Diese Ideen machen uns nicht zu anderen Menschen, sie setzen lediglich etwas frei, das wir bereits mitbringen und das im Grunde längst verfügbar gewesen wäre, auch wenn wir es noch nicht verwirklicht haben.

Bei der Recherche zu diesem Buch habe ich Gespräche mit 62 Menschen im Alter zwischen 23 und 62 Jahren geführt, die aus sechs Ländern kamen. Über Twitter habe ich Menschen, deren Leben sich dank ihrer Beschäftigung mit der Neuroplastizität und anderer hier im Buch erwähnten Lernschlüssel verändert haben, gebeten, sich bei mir zu melden, und befragte sie. Ihre Antworten haben selbst mich überrascht. Ich war davon ausgegangen zu hören, dass sich ihre Wahrnehmungen, Einstellungen und Selbstbilder verändert hatten, doch ihre Geschichten gingen weit darüber hinaus. Sie beschrieben einen ganz neuen Umgang mit Wissen und Ideen, mit ihren Kindern, mit anderen Menschen, mit der ganzen Welt.

Der wichtigste Anschub zur Veränderung war das Wissen um die Wandelbarkeit unseres Gehirns. Viele der Befragten waren immer davon ausgegangen, dass ihre Fähigkeiten natürliche Grenzen hatten und sie bestimmte Dinge niemals erreichen würden. Aufgrund meines Spezialgebiets ging es in den Befragungen oft um Mathematik, doch es hätte genauso gut um jedes andere Gebiet gehen können. Wenn die Befragten erlebten, dass sie Mathematik wider Erwarten doch verstehen konnten, korrigierten sie ihre Vorstellungen vom Lernen ganz allgemein und erkannten, dass alles möglich ist.

Angela Duckworth spricht von »grit« – vom Mumm, von der Hartnäckigkeit und Entschlossenheit, die uns zum Ziel führt.[2] Dieser Mumm ist eine wichtige Eigenschaft, doch er erfordert eine klare Perspektive und die Konzentration auf ein einziges Thema, das den Erfolg bringt. Weltklassesportler brauchen ihn, sie müssen alles andere vergessen und können sich nur auf eine einzige Sache konzentrieren. Duckworth selbst spricht davon, wie wichtig es ist, möglichst selektiv vorzugehen. Das mag bei einigen funktionieren, doch es ist nicht für jeden der beste Ansatz. Ich kenne Menschen, die sich für einen einzigen Weg entschieden und alle anderen Türen geschlossen haben, nur um ihr Ziel dann doch nicht ganz zu erreichen und nun nicht mehr zu früheren Optionen zurückkehren können. Mumm bezieht sich ausschließlich auf den Einzelnen, doch Wissenschaftler unterstreichen, dass uns die Arbeit mit anderen oft weiterbringt.[3] Wenn junge Menschen Hindernisse überwinden und ihr Potenzial entdecken, handelt es sich nur selten um eine Einzelleistung, sondern meist um das Ergebnis kollektiver Anstrengungen von Eltern, Lehrern, Freunden, Verwandten und sonstigen Verbündeten in der Gemeinschaft. Mumm vernachlässigt diesen so wichtigen kollektiven Aspekt des Erfolgs und könnte den falschen Eindruck erwecken, dass jeder für sich allein kämpft.

Die Lernschlüssel zielen auf etwas anderes. Sie eröffnen uns innere und äußere Freiheit und einen kreativen und flexiblen Umgang mit dem Leben, der meiner Ansicht nach allen offensteht. Das heißt nicht, dass wir nicht zäh und hartnäckig sein können, doch wir müssen uns nicht notwendigerweise auf ein einziges Thema konzentrieren. Freiheit und Kreativität können Mumm entstehen lassen, aber Mumm führt nicht zwangsläufig zu Freiheit und Kreativität.

Während der Arbeit an diesem Schlusskapital stieß ich auf einen jungen Engländer namens Henry Fraser. Ich schrieb ihm eine E-Mail, nachdem ich *Die großen kleinen Dinge*[4] gelesen hatte. In diesem Buch schildert Fraser einen Unfall, der sein Leben verändert hat.

Fraser war ein Sportnarr und spielte in der Rugbymannschaft seiner Schule. Er hatte gerade sein vorletztes Schuljahr abgeschlossen, und in den Sommerferien fuhr er mit einigen Freunden aus der Mannschaft nach Portugal. Am fünften Tag sprang er ins Meer, stieß mit dem Kopf auf den Meeresboden, stauchte sich dabei die Wirbelsäule und ist seither vom Hals abwärts querschnittsgelähmt.

Die ersten Tage nach dem Unfall verbrachte er in Rettungswagen und OP-Sälen, immer begleitet von seinen besorgten Eltern, die aus England herbeigeeilt waren. Zu Beginn seiner Reha fiel er in ein tiefes Loch, als er sich eines Tages im Spiegel sah und ihm klar wurde, dass er den Rest seines Lebens im Rollstuhl verbringen würde.

Die ersten fünf Wochen verbrachte er in Krankenhäusern, sechs Wochen lang wurde er künstlich ernährt. Doch als es langsam wieder aufwärts ging, fand er eine neue Einstellung, die sein Leben veränderte. Als er zum ersten Mal wieder nach draußen kam und die Sonne spürte, empfand er eine tiefe Dankbarkeit. Als er die frische Luft einatmete, wurde er von einem Glücksgefühl durchflutet, und als er die Grußkarten seiner Freunde las, verspürte er tiefe Dankbarkeit und Demut. Und es wurde noch besser, denn Henry traf eine bewusste Entscheidung gegen den Kummer und für die Dankbarkeit. Viele Menschen in Henrys Situation wären vermutlich alles andere als dankbar gewesen, doch Henry geht jeden neuen Tag zufrieden an und begreift ihn als Möglichkeit, etwas zu lernen. Eines der Kapitel in seinem Buch trägt den Titel »Aufgeben ist nur eine Option«, und von dieser Einstellung können wir alle eine Menge lernen.

Nachdem sich Henry an das Leben im Rollstuhl gewöhnt hatte, lernte er zu malen – mit dem Pinsel im Mund. Heute werden seine Bilder in ganz England ausgestellt, und sein Buch inspiriert Leser in aller Welt. Wie schaffte Henry das nach einem Unfall, der sein Leben so drastisch verändert hatte? Statt in Verzweiflung zu versinken, machte er sich an die Arbeit und erreicht heute Millionen von Menschen. Das hat er vor allem der Überzeugung zu verdanken, dass er es schaffen kann, wenn er sich nur anstrengt.

An dem Tag, an dem er sich zum ersten Mal im Rollstuhl sah und in ein tiefes Loch stürzte, fühlte er sich vermutlich eingesperrt und aller Möglichkeiten beraubt. Er hatte allen Grund dazu. Doch er beschloss, aus seinen Grenzen auszubrechen und sein Potenzial freizulegen. Am Ende des Buchs sagt Henry, er werde oft nach den Tagen gefragt, an denen er sich doch schlecht fühlen und sich einfach fragen *müsse*: Warum ich? Hier seine wunderbare Antwort:

> *Dann sehe ich denjenigen an und erkläre, dass ich jeden Tag voller Dankbarkeit dafür aufwache, was ich in meinem Leben alles habe ... Ich kann jeden Tag aufwachen und einem Job nachgehen, den ich liebe. Ich kann mich herausfordern lassen, auf vielerlei Arten und auf vielen Gebieten voranzukommen, und ich lerne immer etwas dazu, entwickle mich weiter. Das können nicht viele Leute von sich behaupten, und wenn ich mein Leben aus dieser Perspektive betrachte, schätze ich mich sehr glücklich. Wovon sollte ich niedergeschlagen sein? Ich habe doch so viel, über das ich glücklich sein kann.*
>
> *Es bringt nichts, sich damit aufzuhalten, was hätte sein können. Die Vergangenheit ist schon passiert und lässt sich nicht ändern; man kann sie nur akzeptieren. Das Leben wird jedoch viel einfacher und glücklicher, wenn man den Blick immer darauf richtet, was man kann, und nicht auf das, was man nicht kann.*
>
> *Jeder Tag ist ein guter Tag.*[5]

Henrys positiver Umgang mit dem Leben ist eine bewusste Entscheidung, und seine Mission, den Blick immer darauf zu richten, was man kann, und nicht auf das, was man nicht kann, kann uns allen ein Ansporn sein.

Psychologen haben dieses von Henry beschriebene Grundgefühl der Dankbarkeit untersucht und eine ganze Reihe positiver Auswirkungen erkannt. Der Psychologe Robert Emmons hat sich auf Dankbarkeit spezialisiert und beobachtet, wie sehr sie zu unserem Wohlbefinden beiträgt.[6] Dankbare Menschen sind zufriedener und tatkräftiger, sie verfügen über mehr emotionale Intelligenz und leiden seltener unter Depression, Einsamkeit oder Angst.[7] Vor allem zeigt Emmons, dass diese Menschen nicht etwa mehr Dankbarkeit empfinden, weil sie zufriedener sind; im Gegenteil, sie sind zufriedener und zuversichtlicher, weil sie dankbarer sind, und genau das kann jeder von uns lernen.

Henrys Entscheidung, dankbar zu sein – für die »kleinen Dinge«, wie er sagt –, hat große Auswirkungen auf sein Leben und das, was er erreichen kann, obwohl er ein derart gewaltiges Hindernis überwinden muss. Er ist ein Beispiel dafür, was man mit Dankbarkeit bewegen kann, aber auch dafür, dass man mit dem Glauben an sich selbst Dinge erreichen kann, die viele für unmöglich halten.

Wenn wir glauben, dass wir etwas nicht erreichen können, und einfach aufgeben, dann liegt das selten an objektiven Hindernissen, sondern meist daran, dass wir beschlossen haben, es nicht zu können.[8] Keiner von uns ist gegen dieses negative und statische Denken gefeit, und mit zunehmendem Alter, wenn wir beobachten, dass wir körperlich und geistig nicht mehr so fit sind wie früher, werden wir noch anfälliger dafür. Die Psychologin Dayna Touron von der University of North Carolina hat Senioren über 60 untersucht und gezeigt, dass selbst das Altern zu einem guten Teil ein Produkt unserer eigenen Vorstellungen ist.[9] Die Teilnehmer ihrer Untersuchung sollten Listen mit Wörtern vergleichen und angeben, welche Wörter auf zwei Listen vorkamen. Sie hätten die Aufgabe im Kopf lösen können, doch viele trauten ihrem Gedächtnis nicht und gingen die Listen mühsam Wort für Wort durch.

In einer anderen Untersuchung sollten jüngere und ältere Menschen Rechenaufgaben lösen.[10] Dabei beobachteten die Wissenschaftler, dass die Jüngeren auf frühere Lösungen zurückgriffen, während die Älteren die Berechnungen lieber jedes Mal von Anfang an durchführten. Wie im ersten Experiment hätten die älteren Menschen durchaus auf ihr Gedächtnis zurückgreifen können, doch weil sie ihm nicht trauten, schränkten sie ihre Leistung selbst ein. Dieses Misstrauen gegenüber dem eigenen Gedächtnis beeinträchtigte die älteren Teilnehmer auch im Alltag. Wenn wir glauben, dass wir etwas nicht können, dann werden diese Vorstellungen oft zu einer sich selbst erfüllenden Prophezeiung – und wenn wir glauben, dass wir etwas können, dann schaffen wir es in der Regel auch.

Das Wissen, dass sich unser Gehirn fortwährend in Veränderung befindet und in jedem Alter komplexe Fähigkeiten erwerben kann, könnte vielen Senioren helfen, die glauben, dass sie auf dem absteigenden Ast sind und nichts dagegen tun können. Mit zunehmenden Alter glauben viele Menschen, dass sie immer mehr Fähigkeiten einbüßen, was sich in vielen ihrer Entscheidungen niederschlägt. Und weil sie glauben, dass sie weniger tun können, tun sie auch weniger, und das wiederum beschleunigt genau den kognitiven Verfall, den sie so fürchten. Die Forschung zeigt uns, dass wir uns mit zunehmendem Alter nicht auf ein Minimum von Tätigkeiten zurückziehen, sondern im Gegenteil neue Herausforderungen und Lernchancen suchen sollten. Untersuchungen zeigen, dass ältere Menschen, die mehr Freizeitaktivitäten nachgehen, mit einer um 38 Prozent geringeren Wahrscheinlichkeit an Demenz leiden.[11]

Denise Park untersuchte die Neuroplastizität bei älteren Menschen. Dazu teilte sie ihre Versuchspersonen in Gruppen ein und gab ihnen Aktivitäten, denen sie drei Monate lang je 15 Stunden pro Woche nachgehen sollten.[12] Die Teilnehmer der ersten Gruppe lernten Fähigkeiten wie Sticken oder Fotografieren, die mit komplexen Anleitungen einhergingen, Aufmerksamkeit verlangten und das Langzeitgedächtnis beanspruchten, die der zweiten sollten eher passiven Tätigkeiten wie Musikhören nachgehen. Nach den drei Monaten wiesen lediglich die Gehirne der ersten Gruppe dauerhafte Veränderungen im medialen Frontallappen, im lateralen Temporallappen und im Parietallappen auf – den Hirnregionen, die mit Aufmerksamkeit und Konzentration in Zusammenhang stehen. Zahlreiche Untersuchungen zeigen, dass neue Hobbys, die den Erwerb neuer Fähigkeiten und langfristigen Einsatz erfordern, das größte Hirnwachstum bewirken. Ein neues Hobby oder ein Kurs, der Konzentration und Auseinandersetzung mit Schwierigkeiten verlangt, kann unser Gehirn auf eine Weise verändern, die sich auf alle Lebensbereiche auswirkt.

Bei einigen Menschen, die ich befragt habe, passierte noch etwas anderes, nachdem sie ihr Potenzial freigelegt hatten: Sie stellten fest, dass sie mit ihrem neuen Selbstbild alles erreichen und andere ihnen keine Steine mehr in den Weg legen können. Wenn sie vor einem Hindernis stehen, finden sie Möglichkeiten, es zu überwinden, indem sie neue Strategien und Lösungsansätze entwickeln.

Beth Powell nutzt ihr Wissen über Neuroplastizität, Mehrdimensionalität und Selbstbilder, um jungen Menschen dabei zu helfen, eine neue Zukunft für sich zu entwerfen. An ihrer Förderschule hat sie erlebt, welche »Wunder« möglich sind, wenn Schüler und Lehrer an offene Möglichkeiten und Wege glauben. Doch dann musste Powell ihr dynamisches Selbstbild auf ihre eigene gesundheitliche Situation anwenden.

Sie wurde so krank, dass sie arbeitsunfähig wurde. Bei den medizinischen Untersuchungen wurde jedoch keine Ursache gefunden, und die Ärzte kamen zu dem Schluss, dass sie gesund war. An diesem Punkt hätten wahrscheinlich viele Menschen aufgegeben und die Diagnose hingenommen. Doch Powell wurde klar, dass sie den Ansatz, den sie mit ihren Schülern verfolgte, nun auf ihre eigene Situation anwenden musste. Oft kamen Schüler zu ihr, die fürchteten, dass sie ein Problem haben könnten, obwohl ihre Testergebnisse eigentlich nicht auf eine besondere Behinderung hindeuteten. Die Schüler wussten, dass etwas nicht in Ordnung war. Powell betrachtete sie immer aus einer ganzheitlichen Sicht, nicht als eine Summe von Testergebnissen, und nahm ihre Sorgen ernst. Analog zu dieser Herangehensweise suchte sie nun Ärzte auf, die einen ganzheitlichen Ansatz verfolgten. Diese fanden schließlich die Ursache ihrer Krankheit und konnten sie behandeln.

Powell hatte schon erwogen, ihre Arbeit ganz aufzugeben und Behindertenrente zu beantragen. Dann erinnerte sie sich daran, wie ihre Schüler sich verwandelten, wenn sich jemand in ihrer Umgebung, der sich mit Neuroplastizität auskannte, ihrer annahm. Ihr wurde klar, dass sie sich in derselben Lage befand: Sie musste daran glauben, dass sie etwas an ihrem Gesundheitszustand verändern konnte, so wie sie daran glaubte, dass sich ihre Schüler verändern konnten. So überwand sie das eigentliche Hindernis – die Unfähigkeit der Schulmediziner, eine Ursache für ihre Krankheit zu finden und sie zu behandeln. Powell ist ein Beispiel für viele andere aus meiner Befragung, die es schafften, ihr Potenzial vollständig zu wecken. Sie alle standen vor Hindernissen, doch mit neuem Selbstvertrauen gelang es ihnen, diese zu überwinden. Sie weigerten sich, ein Hindernis einfach hinzunehmen, und wendeten verschiedene Strategien an, um es zu beseitigen, selbst wenn andere ihnen rieten, ihre Grenzen zu akzeptieren.

Heute ist Powell wieder an ihrer Schule und hilft behinderten Kindern, sich aus den Schubladen zu befreien, in die man sie gesteckt hat. Sie ist noch engagierter bei der Sache, weil sie am eigenen Leib erlebt hat, was es bedeutet, abgeschrieben zu werden. In unserem Gespräch sagte sie etwas, das mich aufhorchen ließ. Wenn Kinder an ihre Schule geschickt werden, dann oft mit der Begründung, sie hätten »derart gravierende Verhaltensprobleme, dass sie nicht in der Lage sind zu lernen«. Powell weigert sich, das zu glauben, weil sie weiß, was Kinder erreichen können, wenn man ihnen Zugang zu Bildung verschafft und andere an sie glauben.

Ich werde oft von Lehrern gefragt, was sie mit »unmotivierten« Kindern anfangen sollen. Ich bin überzeugt, dass alle Kinder lernen wollen und dass sie sich nur unmotiviert verhalten, weil ihnen irgendwann irgendjemand den Eindruck vermittelt hat, dass sie sowieso nichts kapieren. Sobald die Kinder diese destruktiven Vorstellungen überwinden und ihnen jemand die Tür zum Lernen öffnet, stellt sich die Motivation von selbst ein.

Powell glaubt an ihre Schüler, weil sie seit vielen Jahren beobachtet, zu welch unglaublichen Verwandlungen sie in der Lage sind. Weil sie in ihrem Unterricht von einem dynamischen Selbstbild ausgeht und mehrdimensionale Strategien verwendet, kommen die Schüler zwar mit Lerndefiziten zu ihr, doch sie gehen mit einer neuen Zukunft und ohne negative Etiketten. Oder wie sie es ausdrückt: »Seit ich mich mit der Hirnforschung beschäftige, sind Wunder für mich ganz normal.«

Zu wissen, dass sich jeder von uns ohne Einschränkungen verändern und wachsen kann, ist der erste Schlüssel, um unser Potenzial zu wecken und das Leben mit einem neuen Gefühl für die unbegrenzten Möglichkeiten anzugehen. Damit können wir uns von der Vorstellung befreien, wir könnten nicht gut genug sein, und die Bedeutung dieses Schritts lässt sich gar nicht überschätzen. Viele Menschen gehen mit der Überzeugung durchs Leben, nicht zu genügen, oftmals weil Lehrer, Vorgesetzte und bedauerlicherweise auch Eltern oder Verwandte ihnen dieses Gefühl vermittelt haben. Wenn wir glauben, dass wir nicht gut genug sind, dann ist jeder Fehler und jedes Scheitern ein neuer Anlass, uns schlecht zu fühlen. Wenn wir jedoch erkennen, dass das nicht stimmt, dass wir uns verändern können, dann überwinden wir die Scham und erleben eine neue Kraft.

Ein zweiter wichtiger Schlüssel ist das Wissen, dass Fehler und die Auseinandersetzungen mit Schwierigkeiten gut für unser Gehirn sind. Wir haben zwei Möglichkeiten, mit Fehlern umzugehen: Wir können sie beklagen, oder wir können sie als Lernchance begreifen, als Möglichkeit zum Hirnwachstum und als Sprungbrett für positivere Ergebnisse. Ich praktiziere einen positiven Umgang mit Fehlern, indem ich mir täglich ihre möglichen positiven Folgen ausmale. Manche Fehler sind gutartig und leicht zu beheben. Andere können zunächst sehr reale und negative Folgen haben, doch später eine positive Wende nehmen. Fehler gehören zum Leben, und je mutiger Sie in Ihren Entscheidungen sind, umso mehr Fehler machen Sie. Wenn Sie Ihre Fehlern akzeptieren, werden Sie nicht weniger davon machen, doch Sie haben die Wahl, ob Sie sie positiv oder negativ sehen wollen. Und wenn Sie sie in einem positiven Licht sehen, ist das ein wichtiger Schritt, um die vermeintlichen Grenzen Ihres Leben einzureißen.

Der Arzt Martin Samuels akzeptiert Fehler, obwohl er in einer Branche arbeitet, die alles daransetzt, Fehler auszumerzen. In der Medizin weiß man zu gut, dass Fehler Leben kosten können, und Fachzeitschriften sind voller Artikel, die Strategien zu ihrer Vermeidung suchen. Es ist nicht einfach für Ärzte, die Fehlern gegenüber aufgeschlossen sein wollen.

Samuels hat jedoch erkannt, dass sich unser Wissen nur durch Fehler weiterentwickelt. Statt sich dafür zu schämen, hält er sie sorgfältig fest, ordnet sie in Kategorien und beschreibt sie auf Konferenzen und in Vorträgen. In seinem Blog schreibt er: »Ohne Fehler kann sich das medizinische Denken nicht weiterentwickeln.« Wenn Ärzte Fehler nicht fürchten, sondern akzeptieren, und wenn sie sie nicht als Schande begreifen, sondern als Lernchance, dann können sie sich auf den eigentlichen Feind konzentrieren, nämlich die Krankheit.[13] Dieser offene und positive Umgang mit Fehlern hilft Samuels, aus ihnen zu lernen, ein besserer Arzt zu werden und anderen auf ihrem Weg des Lernens und Wachsens zu helfen.

Genauso wichtig ist es, Schwierigkeiten anzunehmen und sich auch für mühevolle Wege zu entscheiden. Wenn Sie in Routinen verfallen und jeden Tag dasselbe tun, wird Ihr Gehirn kaum neue Verbindungen aufbauen. Aber wenn Sie sich unentwegt selbst herausfordern, keine Schwierigkeiten scheuen und neue Herangehensweisen und Ideen suchen, dann schärfen Sie Ihr Gehirn auf eine Weise, die alle Aspekte Ihres Lebens bereichert.

Ein weiterer wichtiger Schlüssel ist eine mehrdimensionale Perspektive. Jede Aufgabe lässt sich aus vielen unterschiedlichen Richtungen angehen, genau wie das Leben selbst. Mit dieser Erkenntnis im Hinterkopf können Sie alles lernen, im Kindergarten und an der Universität genau wie im Alltag. Wenn Sie bei einer Aufgabe nicht weiterkommen, finden Sie vielleicht eine Lösung, wenn Sie einen anderen Ansatz wählen und zum Beispiel von Sprache zu Tabellen, von Zahlen zu Bildern oder von Berechnungen zu Grafiken wechseln.

Im Jahr 2016 horchte die Zunft der Mathematiker auf. Zwei junge Informatiker knackten das bis dahin ungelöste mathematische Problem des neidfreien Teilens.[14] Die Aufgabe besteht darin, ein zusammenhängendes Objekt, zum Beispiel einen Kuchen oder ein Stück Land, so zu teilen, dass alle Beteiligten zufrieden sind. Mathematiker hatten eine Lösung gefunden, doch diese war »nicht terminiert«, das heißt, sie konnte Millionen oder Milliarden von Schritten erfordern. Das war zwar unbefriedigend, doch viele Mathematiker waren der Ansicht, dass es keine bessere Lösung gab.

Die beiden jungen Männer gingen das Problem des neidfreien Teilens von einer anderen Seite an. Sie verfügten über weniger mathematisches Wissen als ihre Vorgänger, doch diese scheinbare Schwäche erwies sich als Vorteil. Das Wissen kam ihnen nicht in die Quere, und sie konnten das Problem frei und kreativ angehen.

Viele Menschen bewunderten den Mut, mit dem sich zwei junge Nichtmathematiker an die Lösung eines kniffligen mathematischen Problems machten. Doch Wissen kann oftmals hinderlich sein, es kann die Kreativität stören[15] und uns daran hindern, Methoden außerhalb unseres Gebiets zu suchen. Die beiden Informatiker sind jedenfalls überzeugt, dass sie die Aufgabe nur deshalb lösen konnten, weil sie weniger wussten als andere und nicht in Schubladen gefangen waren.

Dieses Querdenken wird von Bildungseinrichtungen und

Unternehmen noch nicht ausreichend gefördert und teilweise sogar regelrecht unterbunden. Schulen sind darauf ausgerichtet, einen Wissenskanon zu vermitteln, selbst wenn dieser veraltet ist und nicht die einzig richtigen oder die besten Antworten bietet. Das muss sich ändern.

Ehe das Problem des neidfreien Teilens geknackt wurde, waren Mathematiker davon ausgegangen, dass ihre Disziplin noch nicht weit genug wäre, um eine Lösung zu finden. Sie gaben die Suche auf und machten sich stattdessen daran zu beweisen, dass die Aufgabe beim aktuellen Wissensstand der Mathematik nicht zu lösen war. Der frische Ansatz der Informatiker eröffnete dagegen ganz neue Möglichkeiten für mathematisches Denken.

Ein weiterer Schlüssel zu unserem Potenzial ist eine neue Form der Zusammenarbeit mit anderen. Dazu müssen wir bereit sein, uns über Vorstellungen auszutauschen, selbst wenn wir uns nicht hundertprozentig sicher sind, statt so zu tun, als seien wir auf jedem Gebiet Experten. Doch erst wenn wir offen und lernbereit in die Zusammenarbeit mit anderen hineingehen statt mit dem Bedürfnis, andere zu beeindrucken, ist allen geholfen.

Offene Zusammenarbeit kommt eher zustande, wenn sie von Führungskräften vorgelebt wird. Wenn Sie sagen: »Ich weiß nicht genug und würde gern mehr erfahren«, machen Sie auch anderen Mut, ihr Nichtwissen zuzugeben und zu lernen. Wenn Sie bereit sind, zuzuhören und zu lernen, wenn Sie bereit sind, sich zu irren und dies offen zuzugeben, dann helfen Sie auch Ihren Mitarbeitern. Wenn Führungskräfte dies ihren Mitarbeitern vorleben und Lehrer und Eltern ihren Schülern und Kindern, dann entsteht eine Kultur der Offenheit und des Wachstums.

Mark Cassar ist Direktor einer Grund- und Mittelschule in Toronto und arbeitet vom ersten Schuljahr an mit dem Selbstbild der Kinder. Als ich die Schule besuchte, stellte ich begeistert fest, dass dort ein mehrdimensionaler Unterricht praktiziert wird. Die sieben- bis zehnjährigen Schüler, mit denen ich sprach, berichteten mir von einem Lernumfeld, in dem sie Fehler machen durften und das positive Selbstbild erwarben, dass sie alles lernen konnten. Die in diesem Buch vorgestellten Ideen zu Selbstbildern, Kreativität und Mehrdimensionalität haben Cassar als Bildungsreformer und Führungskraft beeinflusst. In unserem Gespräch berichtete er mir, wie er lernte, Fehler neu zu bewerten, und wie ihm dies als Führungskraft half:

> *Ich gehe heute viel weniger mit meinen eigenen Fehlern ins Gericht. Ich setze mich weniger unter Druck und sage mir: »Es ist okay, Fehler zu machen, solange ich aus ihnen lerne.« Als Schulleiter gehe ich mit den Kindern ganz ähnlich um. »Es ist in Ordnung, Fehler zu machen, solange ihr aus ihnen lernt. Was lernt ihr daraus? Und was könnt ihr in Zukunft besser machen?« Das hat mich persönlich genauso verändert wie beruflich.*
>
> *Wenn man wie ich den ganzen Tag mit Menschen zu tun hat, dann macht man schnell Fehler. Aber mit einem dynamischen Selbstbild kann ich darüber nachdenken und mich fragen: »Okay, was ist diesmal schiefgelaufen? Was kann ich beim nächsten Mal anders machen?« Bevor ich Ihren Büchern begegnet bin, wäre ich dazu nicht in der Lage gewesen, doch das hat mir geholfen, stärker zu reflektieren und kritischer zu denken als früher.*
>
> *Ich erinnere mich an den Fall eines Schülers, der sich mit seinem Verhalten an der Schule einen ziemlich dicken Fehler geleistet hat. Ich habe mich damals zum Richter aufgeschwungen und gedacht, dass ich im Recht bin und er im Unrecht. Aber als die Sache klarer wurde, hat sich herausgestellt, dass er im Recht war und ich im Unrecht. Da habe ich verstanden: Nur weil ich der Direktor bin, heißt das nicht, dass ich nicht dazulernen kann. Nur weil ich der Chef bin, heißt das nicht, dass ich über jede Kritik erhaben bin. Also bin ich wieder zu dem Schüler hin und habe ihm gesagt: »Weißt du was, ich habe mich geirrt. Nächstes Mal würde ich das anders machen.« In der alltäglichen Arbeit hat das viel für mich verändert.*

Cassar führte an seiner Schule den Unterricht mit Selbstbildern und einem mehrdimensionalen Ansatz ein, mit spürbaren Auswirkungen auf die Lernbereitschaft und die Leistung der Kinder. Unter anderem wurden Bewertungen und Prüfungen verändert. Die Lehrer erkannten, dass sie ihren Schülern kaum sagen konnten, dass Fehler wichtig sind, wenn sie in Prüfungen jeden Fehler bestraften.

Die Lehrer bewerten ihre Schüler nach wie vor, doch statt ihnen eine bedeutungslose Note zuzuordnen und Fehler zu bestrafen, geben sie den Schülern etwas, das oft als das größte Geschenk bezeichnet wird, das Lehrer ihren Schülern machen können: diagnostische Kommentare mit einem gestaffelten Bewertungsschema, aus dem hervorgeht, wie und wo sie sich verbessern können. Cassar erinnert sich, dass die Schüler anfangs nach Noten suchten und sich nur dafür interessierten – das typische Resultat einer Kultur, die Leistung über Lernen stellt. Aber inzwischen können die Kinder am Bewertungsschema ablesen, wo sie mit ihrem Wissen stehen und wie sie sich verbessern können. Dieses neue Bewertungsschema vermittelt ihnen die Botschaft, dass es den Lehrern um ihr Wachstum und ihren Lernerfolg geht und dass sie ihnen auf dem Weg dahin helfen wollen.[16] In Anhang 2 finden Sie eines der Bewertungsschemata der Schule, mehr dazu finden Sie auch auf youcubed.org.

Cassar und seine Mitarbeiter tun alles, damit ihre Schüler ihr Potenzial entfesseln. Leider lernen allzu viele Schüler und Erwachsene immer noch, sich selbst und ihre Situation als etwas Unveränderliches zu begreifen. Die einen stehen unter dem Einfluss des negativen Denkens ihrer Eltern, die ihnen das Gefühl vermittelt haben, sie seien nicht gut genug. Andere finden keinen Zugang zu ihrem Potenzial, weil Lehrer und andere nicht an sie glauben und davon ausgehen, dass sie es zu nichts bringen werden. Ein anderer möglicher Grund ist ein eintöniger Unterricht, der keine Lernperspektive eröffnet. Auf vielfältige Weise sabotiert unsere Welt unseren Glauben an uns selbst und an unser Potenzial. Aber heute verstehen wir besser, wie wir diese Hindernisse aus dem Weg räumen und mit welchen Lernschlüsseln wir unser Potenzial aufschließen können, egal in welcher Situation.

Wenn wir uns vom Glauben frei machen, dass unsere Lernfähigkeit und unsere Möglichkeiten beschränkt sind, und stattdessen glauben, dass wir alles lernen und erreichen können, geben wir unser statisches Selbstbild auf und erwerben ein dynamisches Selbstbild. Es ist ein Schritt, der unser Leben verändert. Nun müssen wir nicht mehr glauben, dass wir nicht gut genug sind, und wagen mehr. Wenn wir außerdem erkennen, dass Auseinandersetzungen mit Schwierigkeiten und Fehlern wichtige Lernchancen für unser Gehirn bieten, öffnen wir unser Potenzial noch weiter. Nun verstehen wir, dass unser Denkvermögen nicht statisch, sondern fließend ist, und erkennen, dass unseren Möglichkeiten keine Grenzen gesetzt sind. Wenn wir schließlich verstehen, dass wir uns Lernstoffen und Lebensfragen mit einem mehrdimensionalen Ansatz nähern und andere Menschen als Partner statt als Konkurrenten begreifen können, finden wir zu einem neuen Miteinander. Wir erkennen, dass uns niemand Steine in den Weg legen kann, weil wir immer Möglichkeiten finden, um sie zu umgehen.

Wenn wir flexibler, dynamischer und wandlungsfähiger werden, öffnet sich unser Denken genau wie unser Herz und unser Geist. Wenn wir vor Hindernissen stehen, müssen wir das negative Urteil anderer nicht mehr hinnehmen und können stattdessen Lösungen finden. Dabei verändern wir oftmals nicht nur unser eigenes Leben, sondern begreifen uns als Vorbilder und Botschafter, die auch anderen helfen, das Leben zu leben, das sie wollen. Schon Kinder, die von Hirnwachstum und Veränderungsfähigkeit, Fehlern und Mehrdimensionalität hören, geben dieses Wissen an die Menschen in ihrem Umfeld weiter.

Shawn Achors Buch *The Happiness Advantage* räumt mit einem Mythos auf, der sich als besonders hinderlich erweist.

Viele Menschen glauben, dass sie zufriedener werden, wenn sie mehr arbeiten, eine bessere Stelle bekommen, den perfekten Partner finden, fünf Kilo abspecken und was Ihnen sonst noch einfällt. Doch Untersuchungen zeigen, dass andersherum ein Schuh daraus wird: Wenn wir zufriedener sind, sind wir motivierter, engagierter, kreativer und produktiver. Achor schreibt: »Zufriedenheit öffnet den Weg zum Erfolg, nicht umgekehrt.«[17] Mit einer charmanten Geschichte aus seiner Kindheit demonstriert er, wie wichtig positives Denken ist.

Der junge Shawn war sieben Jahre alt und spielte mit seiner fünfjährigen Schwester Amy in der oberen Etage ihres Stockbetts. Weil er der große Bruder war, hatten die Eltern ihm aufgetragen, auf sein Schwesterchen aufzupassen, während sie Siesta hielten. Aber als großer Bruder durfte er auch entscheiden, was die beiden spielten, und er schlug eine Schlacht zwischen seinen Soldaten und ihren Einhörnern und Ponys vor.

Also brachten die Geschwister ihre Spielsachen in Stellung, doch in der Hitze des Gefechts fiel das Mädchen vom Bett. Shawn hörte den Aufprall, und als er nach unten blickte, sah er, dass Amy auf Händen und Knien gelandet war. In diesem Moment überkam ihn ein Gefühl der Angst, nicht nur, weil sie sich verletzt haben könnte, sondern auch, weil sie gleich laut losheulen und die Eltern wecken würde. Er erinnert sich:

> *Die Krise ist die Mutter der Erfindung. Also tat ich das Einzige, was meinem panischen siebenjährigen Gehirn in diesem Moment einfiel. Ich rief: »Warte, Amy! Siehst du, wie du hingefallen bist? So landet kein Mensch! Du bist … ein Einhorn!«*[18]

Er wusste, dass sein Schwesterchen nichts lieber sein wollte als ein Einhorn. So beschloss sie, in diesem Moment nicht zu weinen, sondern freute sich an ihrer neu entdeckten Identität als Einhorn. Strahlend kletterte sie wieder hinauf aufs Bett, um weiterzuspielen.

Diese Geschichte ist deshalb so stark, weil sie für Momente der Entscheidung stehen kann, die unser gesamtes Leben durchziehen. Wir haben es selbst in der Hand, ob wir positiv oder negativ reagieren, und unsere Entscheidung hat Auswirkungen auf unsere Einstellung und unsere Zukunft. Wir haben nicht immer einen großen Bruder zur Hand, der uns sagt, dass wir ein Einhorn sein können. Aber wir wissen, wie wir mit Fehlern umgehen, ein positives Selbstbild entwickeln und Probleme mehrdimensional und kreativ angehen können, und wir wissen, dass wir mit unserer Reaktion auch über künftige Ergebnisse entscheiden. Die Veränderung unseres Selbstbildes verändert nicht nur unsere Wahrnehmung der Wirklichkeit, sondern sie verändert diese Wirklichkeit selbst.

Als Lehrerin und Professorin bin ich Schülern und Studenten begegnet, die sich von Grenzen aufhalten ließen. Aber ich habe auch Kinder und junge Erwachsene kennengelernt, die verstanden haben, dass sie alles erreichen können und dass nichts sie aufhalten kann, und ich habe erlebt, wie ihr positives Denken auf die Menschen in ihrer Umgebung abfärbt. Wenn sie von ihrem metaphorischen Stockbett fallen, wie das nun mal hin und wieder passiert, dann weinen sie nicht, sondern sagen sich: »Ich bin ein Einhorn!«

Mein letzter Rat für Sie ist daher: Nehmen Sie Fehler und Schwierigkeiten an, gehen Sie Risiken ein, und lassen Sie nicht zu, dass andere Ihnen Steine in den Weg legen. Wenn Sie auf ein Hindernis stoßen, dann suchen Sie sich einen anderen Weg oder einen neuen Ansatz. Wenn Sie im Beruf lieber andere Aufgaben wahrnehmen würden, dann bemühen Sie sich darum. Wenn das im Rahmen Ihrer jetzigen Stelle nicht möglich ist, dann suchen Sie sich eine andere. Akzeptieren Sie keine Einschränkungen. Statt auf Dinge zurückzublicken, die schiefgegangen sind, blicken Sie in die Zukunft und freuen Sie sich auf die Möglichkeit, dazuzulernen und besser zu werden. Sehen Sie andere als Partner, mit denen Sie lernen und wachsen können. Zeigen Sie ihnen

Ihre Unsicherheit und seien Sie offen für neue Denkweisen. Wenn Sie Lehr- oder Führungskraft sind, dann finden Sie heraus, was Ihre Schüler und Kollegen denken. Schätzen Sie unterschiedliche Denk-, Sicht- und Arbeitsweisen. Das Schönste an der Problemlösung ist, dass sich auf jede Frage eine große Bandbreite von Antworten finden lässt. Diese Vielfalt des Lebens ist von unersetzlichem Wert – in der Mathematik, der Kunst, der Geschichte, der Führung, im Sport und in jedem anderen Lebensbereich.

Versuchen Sie, einen einzigen Tag lang keine Grenzen zu akzeptieren, und Sie werden den Unterschied erkennen. Entfesseln Sie das Potenzial anderer Menschen, und seien Sie sich bewusst, dass Sie damit deren Leben bereichern und dass diese Menschen ihrerseits das Leben anderer bereichern werden. Vielleicht gibt es nichts Wichtigeres, als zu wissen, dass wir immer nach den Sternen greifen können. Manchmal erreichen wir sie nicht, aber das ist auch nicht so schlimm, denn es ist schon ein großer Schritt, sich auf den Weg zu machen.

DANK

Ich danke allen, die bei der Recherche zu diesem Buch mit mir gesprochen haben: Lehrern, Führungskräften, Eltern, Autoren und vielen anderen, die mir ihr Herz geöffnet und ihre Geschichten erzählt haben. Damit machten sie sich verwundbar – sie erzählten mir, wie ihr Leben aussah, ehe sie ihre inneren Grenzen überwanden. Viele berichteten, dass sie »perfekt« sein wollten, dass sie Angst davor hatten, etwas nicht zu wissen, oder dass andere ihnen gesagt hatten, sie würden ein bestimmtes Thema nie verstehen und taugten nicht für eine bestimmte Ausbildung oder ein Studium. Aber sie berichteten mir auch von ihrer Verwandlung und davon, wie sie heute andere Menschen inspirieren. Nicht alle, die ich befragt habe, werden namentlich in diesem Buch erwähnt, doch ich danke ihnen allen: Cherry Agapito, Caleb Austin, Terese Barham, Sara Boone, Angela Brennan, Jennifer Brich, Jim Brown, Heather Buske, Jodi Campinelli, Mark Cassar, Evelyn Chan, Holly Compton, Kate Cook, Stephanie Diehl, Robin Dubiel, Margriet Faber, Kirstie Fitzgerald, Shelley Fritz, Mariève Gagné, Marta García, Karen Gauthier, Allison Giacomini, Rene Grimes, Margaret Hall, Judith Harris, Suzanne Harris, Leah Haworth, Meg Hayes, Catherine Head, Susan Jachymiak, Lauren Johnson, Theresa Lambert, Linda Lapere, Zandi Lawrence, Lucia MacKenzie, Jean Maddox, Chelsea McClellan, Sara McGee, Shana McKay, Adele McKew, Jesse Melgares, Gail Metcalf, Crystal Morey, Jenny Morrill, Pete Noble, Marc Petrie, Meryl Polak, Beth

Powell, Justin Purvis, Nancy Qushair, Sunil Reddy, Evette Reece, Kate Rizzi, Daniel Rocha, Tami Sanders, Jennifer Schaefer, Michelle Scott, Erica Sharma, Nina Sudnick, Angela Thompson, Carrie Tomc, Laura Wagenman und Ben Woodford.

Wie bei jedem Buch bin ich meiner Familie dankbar, die mich so lange entbehren musste. Ich habe zwei wunderbare Töchter, Ariane und Jaime, die jeden Tag mit Freude füllen.

Außerdem danke ich meiner youcubed-Mitgründerin und guten Freundin Cathy Williams – sie ist meine Sparringspartnerin, sie erträgt meine verrücktesten Ideen und spornt mich sogar noch an. Viva la revolución, Cathy!

Genauso wichtig waren die Mitarbeiter von youcubed, ohne die ich dieses Buch niemals hätte schreiben können. Sie halfen mir bei den Gesprächen und unterstützen jeden Aspekt unserer Arbeit. Mein besonderer Dank gilt Montserrat Cordero, Suzanne Corkins, Kristina Dance, Jack Dieckmann, Jessica Method und Estelle Woodbury. Auch meine beiden Doktorandinnen Tanya LaMar und Robin Anderson haben mir unschätzbare Unterstützung und Hilfe geboten.

Mich inspirieren nicht nur die vielen Lehrenden, mit denen ich im Rahmen der Recherche gesprochen habe, sondern auch die vielen Lehrerinnen und Lehrer, denen ich im Alltag begegne. Einige mögen ihren Schülern ein statisches Selbstbild vermitteln, doch viele andere glauben an alle ihre Schüler, bringen viele Stunden mit der Vorbereitung ihres engagierten Unterrichts zu und leisten mehr, als man von ihnen erwarten kann. Wenn Lehrer mehr Einfluss darauf hätten, was und wie Kinder lernen, dann wäre es besser um unser Bildungswesen bestellt. Ein großes Dankeschön an alle Lehrer, mit denen ich in den vergangenen Jahren sprechen und von denen ich so viel lernen durfte.

UNTERRICHTSMATERIAL UND WEITERE HILFSMITTEL VON YOUCUBED

Vier motivierende Botschaften für Schüler
https://www.youcubed.org/resources/four-boosting-messages-jo-students

Onlinekurse (auf Englisch und Spanisch) für eine bessere Einstellung zur Mathematik
https://www.youcubed.org/online-student-course

Selbstbildvideos für Schüler
https://www.youcubed.org/resource/mindset-boosting-videos

Film zur Neubeurteilung des Talents
https://www.youcubed.org/rethinking-giftedness-film

Film zu unterschiedlichen Erfahrungen mit Mathematik
https://www.youcubed.org/resources/different-experiences-with-math-facts

Kreative visuelle Mathematikaufgaben
https://www.youcubed.org/tasks

Poster zum Herunterladen
https://www.youcubed.org/resource/posters

Zwei Onlinekurse für Mathematiklehrer und Eltern
https://www.youcubed.org/online-teacher-courses

Bücher für Grund- und Mittelstufe
https://www.youcubed.org/resource/k-8-curriculum

Artikel
https://www.youcubed.org/resource/in-the-news

ANHANG 1

Numerische und visuelle Lösungsansätze für Rechenaufgaben

In diesem Anhang finden Sie Rechenaufgaben mit visuellen Lösungen. Es handelt sich um die Art von Aufgaben, wie sie in der Schule Matheangst verursachen können, und aus gutem Grund. Ich habe viel darüber geschrieben, welchen Schaden lebensfremde Textaufgaben anrichten können, bei deren Beantwortung Schüler ihr Weltwissen ausklammern sollen. Doch sie lassen sich auch anders lösen, und beide Lösungsansätze sollen Ihnen zeigen, wie visuelles Denken funktionieren kann. Folgende Aufgabe geht auf die großartige Mathematiklehrerin Ruth Parker zurück:

Ein Mann will ein Viertelpfund Truthahnschinken kaufen. Die Verkäuferin gibt ihm drei Scheiben, die zusammen ein Drittelpfund wiegen. Welchen Anteil der drei Scheiben braucht er?

Rechnerischer Ansatz	Visueller Ansatz
3 Scheiben = $\frac{1}{3}$ Pfund x Scheiben = $\frac{1}{4}$ Pfund	 = $\frac{1}{3}$ Pfund
$\frac{1}{3}x = \frac{3}{4}$ $x = \frac{9}{4}$	 = 1 Pfund
	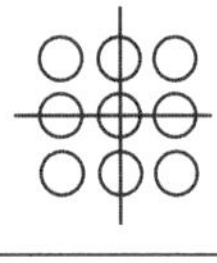 = $\frac{1}{4}$ Pfund (oder $2\frac{1}{4}$ Scheiben)

Die zweite Aufgabe ist eine dieser schrecklichen und lebensfernen Textaufgaben, wie sie die Schulbücher füllen:

Jo, Tesha und Holly haben eine bestimmte Anzahl Karten unter sich aufgeteilt. Das Verhältnis der Karten von Jo und Tesha ist 2 zu 3. Das Verhältnis der Karten von Tesha und Holly ist 2 zu 1. Wenn Tesha 4 Karten mehr hat als Jo, wie viele Karten hat dann Holly? Erkläre deine Antwort.

Rechnerischer Ansatz

Jo und Tesha 2:3

Tesha und Holly 2:1

Jo und Teshas Karten werden durch 5 geteilt, in einem Verhältnis von 2:3.

Tesha hat ⅕ mehr als Jo.
Tesha hat 4 Karten mehr als Jo.

⅕ der Karten = 4

alle Karten = 5×4 = 20

Es sind zusammen also 20 Karten.

Davon hat Jo ⅖ = 8
und Tesha ⅗ = 12

Tesha und Holly Kartenverhältnis ist 2 zu 1, also hat Holly 6 Karten

Visueller Ansatz

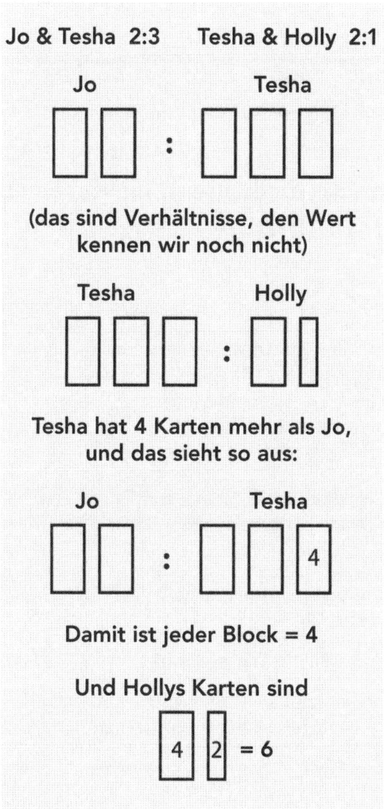

ANHANG 2

Beispiel für ein Bewertungsschema

Dies ist ein Bewertungsschema aus der Schule von Mark Cassar. Hier soll die Lehrerin beurteilen, inwieweit die Schülerin die Lernziele erreicht hat, und ihr Hinweise geben, was sie besser machen kann. Außerdem geht in die Bewertung ein Gespräch ein, das die Lehrerin mit der Schülerin führt, um das Verständnis zu klären.

Muster und Musterungen
Bewertung

Lernziel	1	2	3	4	Hinweis
Schaffen, erkennen und erweitern von Mustern		✓			*»Wie kannst du die Zahl der benötigten Einzelteile des Musters herausfinden?«*
Erstellen einer Tabelle mit Werten für ein Muster	✓				*»Eine Tabelle kann dir helfen, das Muster zu erkennen.«*
Kommunikation mathematischen Denkens in Wort und Bild (Gespräch und visuelle Darstellung)			✓		*Persönliches Gespräch mit Schülerin: »Erzähl mir von der Rechnung!«*

1 = Lernziel nicht erreicht; **2** = Lernziel annähernd erreicht;
3 = Lernziel erreicht; **4** = Lernziel übertroffen

ANMERKUNGEN

EINLEITUNG

1 Sue Johnston-Wilder, Janine Brindley und Philip Dent, *A Survey of Mathematics Anxiety and Mathematical Resilience Among Existing Apprentices.* London: Gatsby Charitable Foundation, 2014.

2 Sara Draznin, »Math Anxiety in Fundamentals of Algebra Students«, in: *The Eagle Feather*, Honors College, Univ. of North Texas, 1. Januar 1970; N. Betz, »Prevalence, Distribution, and Correlates of Math Anxiety in College Students«, in: *Journal of Counselling Psychology* 25/5 (1978), S. 441–48.

3 C. B. Young, S. S. Wu und V. Menon, »The Neurodevelopmental Basis of Math Anxiety«, in: *Psychological Science* 23/5 (2012), S. 492–501.

4 Daniel Coyle, *Die Talent-Lüge. Warum wir (fast) alles erreichen können.* Bergisch Gladbach: Ehrenwirth, 2010.

5 Michael Merzenich, *Soft-Wired. How the New Science of Brain Plasticity Can Change Your Life.* San Francisco: Parnassus, 2013.

6 Ebd.

7 K. Anders Ericsson und Robert Pool, *Top. Die neue Wissenschaft vom bewussten Lernen.* München: Pattloch, 2016.

8 Ebd., S. 21.

9 Carol Dweck, *Selbstbild. Wie unser Denken Erfolge oder Niederlagen bewirkt.* Frankfurt: Campus, 2007.

10 Carol S. Dweck, »Is Math a Gift? Beliefs That Put Females at Risk«, in: Stephen J. Ceci und Wendy M. Williams (Hrsg.), *Why Aren't More Women in Science? Top Researchers Debate the Evidence.* Washington, DC: American Psychological Association, 2006.

11 D. S. Yeager u. a., »Breaking the Cycle of Mistrust: Wise Interventions to Provide Critical Feedback Across the Racial Divide«, in: *Journal of Experimental Psychology: General* 143/2 (2014), S. 804.

KAPITEL 1

1 Michael Merzenich, *Soft-Wired*, S. 2.
2 Norman Doidge, *Neustart im Kopf. Wie sich unser Gehirn selbst repariert.* Frankfurt: Campus, 2008.
3 Ebd., S. 68.
4 E. Maguire, K. Woollett und H. Spiers, »London Taxi Drivers and Bus Drivers: A Structural MRI and Neuropsychological Analysis«, in: *Hippocampus* 16/12 (2006), S. 1091–101.
5 K. Woollett und E. A. Maguire, »Acquiring ›The Knowledge‹ of London's Layout Drives Structural Brain Changes«, in: *Current Biology* 21/24 (2011), S. 2109–14.
6 Elise McPherson u. a., »Rasmussen's Syndrome and Hemispherectomy: Girl Living with Half Her Brain«, in: *Neuroscience Fundamentals*, http://www.whatsonxiamen.com/news11183.html.
7 Doidge, *Neustart im Kopf*, S. 14.
8 Ebd., S. 32.
9 A. Dixon, editorial, in: *FORUM* 44/1 (2002), S. 1.
10 Sarah D. Sparks, »Are Classroom Reading Groups the Best Way to Teach Reading? Maybe Not«, in: *Education Week*, *edweek.org*, 26. August 2018.
11 Ebd.
12 Jo Boaler, *Mathematical Mindsets. Unleashing Students' Potential Through Creative Math, Inspiring Messages and Innovative Teaching.* San Francisco: Jossey-Bass, 2016.
13 Jo Boaler u. a., »How One City Got Math Right«, in: *The Hechinger Report*, 9. Oktober 2018, https://hechingerreport.org/opinion-how-one-city-got-math-right.
14 Lois Letchford, *Reversed. A Memoir.* Irvine, CA: Acorn, 2018.
15 Doidge, *Neustart im Kopf*, S. 48.
16 K. Lewis und D. Lynn, »Against the Odds: Insights from a Statistician with Dyscalculia«, in: *Education Sciences* 8/2 (2018), S. 63.
17 T. Iuculano u. a., »Cognitive Tutoring Induces Widespread Neuroplasticity and Remediates Brain Function in Children with Mathematical Learning Disabilities«, in: *Nature Communications* 6 (2015), S. 8453, https://doi.org/10.1038/ncomms9453.
18 Sarah-Jane Leslie u. a., »Expectations of Brilliance Underlie Gender Distributions Across Academic Disciplines«, in: *Science* 347/6219 (2015), S. 262–65.
19 Seth Stephens-Davidowitz, »Google, Tell Me. Is My Son a Genius?«, in: *New York Times*, *nytimes.com*, 18. Januar 2014.

20 D. Storage u. a., »The Frequency of ›Brilliant‹ and ›Genius‹ in Teaching Evaluations Predicts the Representation of Women and African Americans Across Fields«, in: *PLOS ONE* 11/3 (2016), https://doi.org/10.1371/journal.pone.0150194.
21 Piper Harron, »Welcome to Office Hours«, The Liberated Mathematician, 2015, http://www.theliberatedmathematician.com.
22 Eugenia Sapir, »Maryam Mirzakhani as Thesis Advisor«, in: *Notices of the AMS* 65/10 (November 2018), S. 1229–30.
23 http://www.youcubed.org/rethinking-giftedness-film (zuletzt aufgerufen am 3. März 2020).
24 Daniel Coyle, *Die Talent-Lüge*, S. 102.
25 Ericsson und Pool, *Top*.

KAPITEL 2

1 J. S. Moser u. a., »Mind Your Errors: Evidence for a Neural Mechanism Linking Growth Mind-set to Adaptive Posterror Adjustments«, in: *Psychological Science* 22/12 (2011), S. 1484–89.
2 Daniel Coyle, *Die Talent-Lüge*.
3 J. A. Mangels, u. a., »Why Do Beliefs About Intelligence Influence Learning Success? A Social Cognitive Neuroscience Model«, in: *Social Cognitive and Affective Neuroscience* 1/2 (2006), S. 75–86.
4 Moser u. a., »Mind Your Errors«.
5 Coyle, *Die Talent-Lüge*, S. 11–12.
6 Ebd., S. 12.
7 Ebd., S. 13.
8 Moser u. a., »Mind Your Errors«.
9 Ericsson und Pool, *Top*.
10 James W. Stigler und James Hiebert, *The Teaching Gap. Best Ideas from the World's Teachers for Improving Education in the Classroom*. New York: Free Press, 1999.
11 Elizabeth Ligon Bjork und Robert Bjork, »Making Things Hard on Yourself, but in a Good Way: Creating Desirable Difficulties to Enhance Learning«, in: Morton Ann Gernsbacher und James R. Pomerantz (Hrg.), *Psychology and the Real World*. New York: Worth, 2009, S. 55–64, https://bjorklab.psych.ucla.edu/wp-content/uploads/sites/13/2016/04/EBjork_RBjork_2011.pdf.
12 J. Boaler, K. Dance und E. Woodbury, »From Performance to Learning: Assessing to Encourage Growth Mindsets«, *youcubed*, 2018, tinyurl.com/A4Lyoucubed.
13 Coyle, *Die Talent-Lüge*, S. 13.

KAPITEL 3

1 O. H. Zahrt und A. J. Crum, »Perceived Physical Activity and Mortality: Evidence from Three Nationally Representative U.S. Samples«, in: *Health Psychology* 36/11 (2017), S. 1017–25, http://dx.doi.org/10.1037/hea0000531.

2 B. R. Levy u. a., »Longevity Increased by Positive Self-Perceptions of Aging«, in: *Journal of Personality and Social Psychology* 83/2 (2002), S. 261–70, https://doi.org/10.1037/0022-3514.83.2.261.

3 B. R. Levy u. a., »Age Stereotypes Held Earlier in Life Predict Cardiovascular Events in Later Life«, in: *Psychological Science* 20/3 (2009), S. 296–98, https://doi.org/10.1111/j.1467-9280.2009.02298.x.

4 Ebd.

5 A. J. Crum und E. J. Langer, »Mind-Set Matters: Exercise and the Placebo Effect«, in: *Psychological Science* 18/2 (2007), S. 165–71, https://doi.org/10.1111/j.1467-9280.2007.01867.x.

6 V. K. Ranganathan u. a., »From Mental Power to Muscle Power – Gaining Strength by Using the Mind«, in: *Neuropsychologia* 42/7 (2004), S. 944–56.

7 N. F. Bernardi u. a., »Mental Practice Promotes Motor Anticipation: Evidence from Skilled Music Performance«, in: *Frontiers in Human Neuroscience* 7 (2013), S. 451.

8 K. M. Davidson-Kelly, »Mental Imagery Rehearsal Strategies for Expert Pianists«, Edinburgh Research Archive, 26. November 2014, https://www.era.lib.ed.ac.uk/handle/1842/14215.

9 D. S. Yeager, K. H. Trzesniewski und C. S. Dweck, »An Implicit Theories of Personality Intervention Reduces Adolescent Aggression in Response to Victimization and Exclusion«, Child Development 84/3 (2013), S. 970–88.

10 P. B. Carr, C. S. Dweck und K. Pauker, »›Prejudiced‹ Behavior Without Prejudice? Beliefs About the Malleability of Prejudice Affect Interracial Interactions«, in: *Journal of Personality and Social Psychology* 103/3 (2012), S. 452.

11 L. S. Blackwell, K. H. Trzesniewski und C. S. Dweck, »Implicit Theories of Intelligence Predict Achievement Across an Adolescent Transition: A Longitudinal Study and an Intervention«, in: *Child Development* 78/1 (2007), S. 246–63.

12 Moser u. a., »Mind Your Errors«.

13 E. A. Gunderson u. a., »Parent Praise to 1- to 3-Year-Olds Predicts Children's Motivational Frameworks 5 Years Later«, in: *Child Development* 84/5 (2013), S. 1526–41.

14 Carol S. Dweck, »The Secret to Raising Smart Kids«, in: *Scientific American Mind* 18/6 (2007), S. 36–43, https://www.scientificamerican.com/article/the-secret-to-raising-smart-kids1/.

15 Carol S. Dweck, »Is Math a Gift?«.

16 Blackwell, Trzesniewski und Dweck, »Implicit Theories of Intelligence Predict Achievement«.

17 Angela Duckworth, *GRIT – Die neue Formel zum Erfolg. Mit Begeisterung und Ausdauer ans Ziel.* München: Bertelsmann, 2017.

18 J. Boaler, K. Dance und E. Woodbury, »From Performance to Learning«.

19 H. Y. Lee u. a., »An Entity Theory of Intelligence Predicts Higher Cortisol Levels When High School Grades Are Declining«, in: *Child Development*, 10. Juli 2018, https://doi.org/10.1111/cdev.13116.

20 Ericsson und Pool, *Top*. S. 28.

21 Carol Dweck, *Selbstbild*, S. 257.

22 Christine Gross-Loh, »How Praise Became a Consolation Prize«, in: *The Atlantic*, 16. Dezember 2016.

KAPITEL 4

1 Alfie Kohn, »The ›Mindset‹ Mindset«, 16. Juni 2015, http://www.alfiekohn.org/article/mindset.

2 V. Menon, »Salience Network«, in: Arthur W. Toga (Hrsg.), *Brain Mapping. An Encyclopedic Reference*, Bd. 2. London: Academic, 2015, S. 597–611.

3 J. Park und E. M. Brannon, »Training the Approximate Number System Improves Math Proficiency«, in: *Psychological Science* 24/10 (2013), S. 2013–19, https://doi.org/10.1177/0956797613482944.

4 I. Berteletti und J. R. Booth, »Perceiving Fingers in Single-Digit Arithmetic Problems«, in: *Frontiers in Psychology* 6 (2015), S. 226, https://doi.org/10.3389/fpsyg.2015.00226.

5 M. Penner-Wilger und M. L. Anderson, »The Relation Between Finger Gnosis and Mathematical Ability: Why Redeployment of Neural Circuits Best Explains the Finding«, in: *Frontiers in Psychology* 4 (2013), S. 877, https://doi.org/10.3389/fpsyg.2013.00877.

6 M. Penner-Wilger u. a., »Subitizing, Finger Gnosis, and the Representation of Number«, in: *Proceedings of the 31st Annual Cognitive Science Society* 31 (2009), S. 520–25.

7 S. Beilock, *How the Body Knows Its Mind. The Surprising Power of the Physical Environment to Influence How You Think and Feel.* New York: Simon and Schuster, 2015.

8 Ericsson und Pool, *Top*.

9 A. Sakakibara, »A Longitudinal Study of the Process of Acquiring Absolute Pitch: A Practical Report of Training with the ›Chord Identification Method‹«, in: *Psychology of Music* 42/1 (2014), S. 86–111, https://doi.org/10.1177/0305735612463948.

10 Thomas G. West, *Thinking Like Einstein. Returning to Our Visual Roots with the Emerging Revolution in Computer Information Visualization.* New York: Prometheus Books, 2004.

11 Claudia Kalb, »What Makes a Genius?«, in: *National Geographic*, Mai 2017.

12 Ebd.

13 M. A. Ferguson, J. S. Anderson und R. N. Spreng, »Fluid and Flexible Minds: Intelligence Reflects Synchrony in the Brain's Intrinsic Network Architecture«, in: *Network Neuroscience* 1/2 (2017), S. 192–207.

14 M. Galloway, J. Conner und D. Pope, »Nonacademic Effects of Homework in Privileged, High-Performing High Schools«, in: *Journal of Experimental Education* 81/4 (2013), S. 490–510.

15 M. E. Libertus, L. Feigenson und J. Halberda, »Preschool Acuity of the Approximate Number System Correlates with School Math Ability«, in: *Developmental Science* 14/6 (2011), S. 1292–1300.

16 R. Anderson, J. Boaler und J. Dieckmann, »Achieving Elusive Teacher Change Through Challenging Myths About Learning: A Blended Approach«, in: *Education Sciences* 8/3 (2018), S. 98.

17 Ebd.

18 J. Boaler, K. Dance und E. Woodbury, »From Performance to Learning«.

KAPITEL 5

1 Kalb, »What Makes a Genius?«.

2 Sian Beilock, *Choke. What the Secrets of the Brain Reveal About Getting It Right When You Have To.* New York: Simon and Schuster, 2010.

3 Siehe Jo Boaler, Cathy Williams und Amanda Confer, »Fluency Without Fear: Research Evidence on the Best Ways to Learn Math Facts«, *youcubed*, 28. Januar 2015, https://www.youcubed.org/evidence/fluency-without-fear.

4 E. A. Maloney u. a., »Intergenerational Effects of Parents' Math Anxiety on Children's Math Achievement and Anxiety«, in: *Psychological Science* 26/9 (2015), S. 1480–88, https://doi.org/10.1177/0956797615592630.

5 S. L. Beilock u. a., »Female Teachers' Math Anxiety Affects Girls' Math Achievement«, in: *Proceedings of the National Academy of Sciences of the United States of America* 107/5 (2010), S. 1860–63.
6 Laurent Schwartz, *A Mathematician Grappling with His Century*. Basel: Birkhäuser, 2001.
7 Kenza Bryan, »Trailblazing Maths Genius Who Was First Woman to Win Fields Medal Dies Aged 40«, in: *Independent*, *independent.co.uk*, 15, Juli 2017.
8 Schwartz, *A Mathematician Grappling with His Century*, S. 30–31.
9 Doidge, *Neustart im Gehirn*, S. 202.
10 Ebd.
11 K. Supekar u. a., »Neural Predictors of Individual Differences in Response to Math Tutoring in Primary-Grade School Children«, in: *Proceedings of the National Academy of Sciences of the United States of America* 110/20 (2013), S. 8230–35.
12 E. M. Gray und D. O. Tall, »Duality, Ambiguity, and Flexibility: A ›Proceptual‹ View of Simple Arithmetic«, in: *Journal for Research in Mathematics Education* 25/2 (1994), S. 116–40.
13 W. P. Thurston, »Mathematical Education«, in: *Notices of the American Mathematical Society* 37 (1990), S. 844–50.
14 Gray und Tall, »Duality, Ambiguity, and Flexibility«.
15 Jo Boaler und Pablo Zoida, »Why Math Education in the U.S. Doesn't Add Up«, in: *Scientific American*, *scientificamerican.com*, 1. November 2016.
16 Adam Grant, *Nonkonformisten. Warum Originalität die Welt bewegt*, München: Droemer, 2016.
17 Ebd., S. 40–42.

KAPITEL 6

1 P. U. Treisman, »Studying Students Studying Calculus: A Look at the Lives of Minority Mathematics Students in College«, in: *College Mathematics Journal* 23/5 (1992), S. 362–72 (368).
2 Ebd., S. 368.
3 Organisation for Economic Co-operation and Development, *The ABC of Gender Equality in Education: Aptitude, Behaviour, Confidence.* Paris: PISA, OECD Publishing, 2015.
4 Ebd.
5 M. I. Núñez-Peña, M. Suárez-Pellicioni und R. Bono, »Gender Differences in Test Anxiety and Their Impact on Higher Education Students' Academic Achievement«, in: *Procedia – Social and Behavioral Sciences* 228 (2016), S. 154–60.

6 Organisation for Economic Co-operation and Development, »Collaborative Problem Solving«, in: *PISA 2015 Results* (Volume V), Paris: PISA, OECD Publishing, 2017, https://doi.org/10.1787/9789264285521-en.
7 J. Decety u. a., »The Neural Bases of Cooperation and Competition: An fMRI Investigation«, in: *Neuroimage* 23/2 (2004), S. 744–51.
8 V. Goertzel u. a., *Cradles of Eminence. Childhoods of More than 700 Famous Men and Women.* Gifted Psychology Press: 2004, S. 133–55.
9 Meg Jay, »The Secrets of Resilience«, in: *The Wall Street Journal*, 10. November 2017, https://www.wsj.com/articles/the-secrets-of-resilience-1510329202.
10 Jo Boaler, »Open and Closed Mathematics: Student Experiences and Understandings«, in: *Journal for Research in Mathematics Education* 29/1 (1998), S. 41–62.
11 Jo Boaler, *Experiencing School Mathematics. Traditional and Reform Approaches to Teaching and Their Impact on Student Learning.* New York: Routledge, 2002.
12 J. Boaler und S. Selling, »Psychological Imprisonment or Intellectual Freedom? A Longitudinal Study of Contrasting School Mathematics Approaches and Their Impact on Adults' Lives«, in: *Journal of Research in Mathematics Education* 48/1 (2017), S. 78–105.
13 J. Boaler und M. Staples, »Creating Mathematical Futures Through an Equitable Teaching Approach: The Case of Railside School«, in: *Teachers' College Record* 110/3 (2008), S. 608–45.
14 Jo Boaler, »When Academic Disagreement Becomes Harassment and Persecution«, Oktober 2012, http://web.stanford.edu/~joboaler.
15 Shane Feldman, »Pain to Purpose: How Freshman Year Changed My Life«, https://www.youtube.com/watch?v=BpMq7Q54cwI.
16 Jo Boaler, »Promoting ›Relational Equity‹ and High Mathematics Achievement Through an Innovative Mixed Ability Approach«, in: *British Educational Research Journal* 34/2 (2008), S. 167–94.
17 John J. Cogan und Ray Derricott, *Citizenship for the 21st Century. An International Perspective on Education*. London: Kogan Page, 1988, 29; Gita Steiner-Khamsi, Judith Torney-Purta und John Schwille (Hrg.), *New Paradigms and Recurring Paradoxes in Education for Citizenship. An International Comparison*. Bingley, UK: Emerald Group, 2002.
18 Boaler und Staples, »Creating Mathematical Futures …«.
19 Jenny Morrill und Paula Youmell, *Weaving Healing Wisdom*. New York: Lexingford, 2017.

SCHLUSS

1 Étienne Wenger, *Communities of Practice. Learning, Meaning, and Identity.* Cambridge: Cambridge University Press, 1999.
2 Angela Duckworth, *GRIT – Die neue Formel zum Erfolg.*
3 Nicole M. Joseph, persönliche Mitteilung, 2019.
4 Henry Fraser, *Die großen kleinen Dinge. Ein junger Mann glaubt an das Leben, jeder Tag kann ein guter Tag sein.* München: Mosaik, 2018.
5 Ebd., S. 201.
6 R. A. Emmons und M. E. McCullough, »Counting Blessings Versus Burdens: An Experimental Investigation of Gratitude and Subjective Well-Being in Daily Life«, in: *Journal of Personality and Social Psychology* 84/2 (2003), S. 377.
7 Shawn Achor, *The Happiness Advantage. The Seven Principles of Positive Psychology That Fuel Success and Performance at Work.* New York: Random House, 2011.
8 Ericsson und Pool, *Top*.
9 C. Hertzog und D. R. Touron, »Age Differences in Memory Retrieval Shift: Governed by Feeling-of-Knowing?« in: *Psychology and Aging* 26/3 (2011), S. 647–60.
10 D. R. Touron und C. Hertzog, »Age Differences in Strategic Behavior During a Computation-Based Skill Acquisition Task«, in: *Psychology and Aging* 24/3 (2009), S. 574.
11 F. Sofi u. a., »Physical Activity and Risk of Cognitive Decline: A Meta-Analysis of Prospective Studies«, in: *Journal of Internal Medicine* 269/1 (2011), S. 107–17.
12 D. C. Park u. a., »The Impact of Sustained Engagement on Cognitive Function in Older Adults: The Synapse Project«, in: *Psychological Science* 25/1 (2013), S. 103–12.
13 Martin Samuels, »In Defense of Mistakes«, *The Health Care Blog*, 7. Oktober 2015, http://thehealthcareblog.com/blog/2015/10/07/in-defense-of-mistakes.
14 Erica Klarreich, »How to Cut Cake Fairly and Finally Eat It Too«, *Quanta Magazine*, 6. Oktober 2016, https://www.quantamagazine.org/new-algorithm-solves-cake-cutting-problem-20161006/#.
15 Adam Grant, *Nonkonformisten*.
16 J. Boaler, K. Dance und E. Woodbury, »From Performance to Learning«.
17 Achor, *The Happiness Advantage*, S. 62–63.
18 Ebd.

ABBILDUNGSNACHWEIS

S. 69: James Nottingham, *The Learning Challenge. How to Guide Your Students Through the Learning Pit to Achieve Deeper Understanding*. Thousand Oaks, CA: Corwin, 2017.

S. 86: Nach der Vorlage in L. S. Blackwell, K. H. Trzesniewski und C. S. Dweck, »Implicit Theories of Intelligence Predict Achievement Across an Adolescent Transition: A Longitudinal Study and an Intervention«, in: *Child Development* 78/1 (2007), S. 246–63.

S. 90: Nach einer Vorlage in L. S. Blackwell, K. H. Trzesniewski und C. S. Dweck, »Implicit Theories of Intelligence Predict Achievement Across an Adolescent Transition: A Longitudinal Study and an Intervention«, in: *Child Development* 78/1 (2007), S. 246–63.

S. 143: Nach einer Vorlage in E. M. Gray und D. O. Tall, »Duality, Ambiguity, and Flexibility: A ›Proceptual‹ View of Simple Arithmetic«, in: *Journal for Research in Mathematics Education* 25/2 (1994), S. 116–40.